中华人民共和国行业推荐性标准

公路桥梁加固设计规范

Specifications for Strengthening Design of Highway Bridges

JTG/T J22—2008

主编单位：中交第一公路勘察设计研究院有限公司
批准部门：中华人民共和国交通运输部
实施日期：2008 年 10 月 01 日

人民交通出版社

图书在版编目（CIP）数据

公路桥梁加固设计规范：JTG/T J22—2008/中交第一公路勘察设计研究院有限公司主编 .—北京：人民交通出版社，2008.9

ISBN 978 - 7 - 114 - 07380 - 9

Ⅰ. 公…　Ⅱ. 中…　Ⅲ. 公路桥 - 加固 - 设计规范　Ⅳ. U448.145.7-65

中国版本图书馆 CIP 数据核字（2008）第 140721 号

中华人民共和国行业推荐性标准

公路桥梁加固设计规范

JTG/T J22—2008

中交第一公路勘察设计研究院有限公司　主编

人民交通出版社出版发行

（100011　北京市朝阳区安定门外外馆斜街 3 号）

各地新华书店经销

北京市密东印刷有限公司印刷

开本：880×1230　1/16　印张：13　字数：271 千

2008 年 9 月　第 1 版

2022 年 6 月　第 10 次印刷

定价：52.00 元

ISBN 978-7-114- 07380- 9

中华人民共和国交通运输部
公　　告

2008年第24号

关于公布《公路桥梁加固设计规范》(JTG/T J22—2008)公告

现公布《公路桥梁加固设计规范》(JTG/T J22—2008),作为公路工程行业推荐性标准,自2008年10月1日起施行。

该规范的管理权和解释权归交通运输部,日常解释及管理工作由主编单位中交第一公路勘察设计研究院有限公司负责。请各有关单位在实践中注意总结经验,若有修改意见请函告中交第一公路勘察设计研究院有限公司,以便修订时研用。

特此公告。

中华人民共和国交通运输部

二〇〇八年八月二十九日

主题词:公路　行业　规范　公告

交通运输部办公厅　　2008年9月2日印发

前　言

根据交通部"关于下达2005年度公路行业标准制修订项目计划的通知"(交公路发【2005】354号),中交第一公路勘察设计研究院有限公司作为主编单位组织有关专家编制了《公路桥梁加固设计规范》(JTG/T J22—2008)。

在编制过程中,编写组开展了各项专题调查与研究工作,吸取了国内研究成果和加固设计经验,借鉴了国际先进的标准规范,与国内相关规范作了比较和协调。通过召开专家审查会、发函等方式征求了有关单位和个人的意见,经过反复讨论、修改,最后由交通运输部会同有关部门审查定稿。

本规范共分17章和7个附录,主要内容包括:

1. 总则;
2. 桥梁加固设计原则、程序与基本要求;
3. 桥梁加固材料的选用原则及主要材料的安全性能指标;
4. 常用构件的加固方法;
5. 梁桥、拱桥、悬索桥、斜拉桥、钢桥及钢—混组合结构桥的加固设计计算和构造要求;
6. 桥梁下部结构及基础加固设计计算和构造要求;
7. 桥梁抗震加固的方法与构造措施;
8. 混凝土桥梁裂缝处理的规定及方法;
9. 桥梁支座、伸缩缝的更换方法,等等。

请各单位在使用过程中注意总结经验,将发现的问题与意见及时函告主编单位中交第一公路勘察设计研究院有限公司(地址:西安市西高新区沣惠南路20号华晶商务广场A座12层,邮政编码:710075,联系电话:029-88372535,电子邮箱:JTG-J22-2008@163.com),以便修订时研用。

主 编 单 位:中交第一公路勘察设计研究院有限公司
参 编 单 位:东南大学
长安大学
哈尔滨工业大学
重庆交通大学
交通部公路科学研究院
同济大学
主要起草人:刘士林　许宏元　叶见曙　贺拴海　黄　侨　向中富　李建中　牛　宏
李承昌　鲍卫刚　杨炳成　杜进生　杨玉凤　宋　宁　侯　旭

目　录

1　总则

1.0.1　为了提高公路桥梁的加固设计水平,指导桥梁加固设计,满足安全适用、技术可靠、经久耐用、经济合理、环境保护的要求,制定本规范。

1.0.2　本规范适用于各类公路桥梁以恢复使用功能、提高承载能力、增强安全性和耐久性为目的的加固设计。一般养护工程可参照使用。

1.0.3　桥梁加固前,应按照有关要求及相关规范对其技术状况、承载能力进行检测、评定,并对建设方案进行社会、经济、技术比较。

1.0.4　有特殊使用要求的桥梁,其荷载标准、加固设计基准期、功能要求通过专门研究确定。

1.0.5　公路桥梁的加固设计除应满足本规范有关规定外,尚应符合国家、行业相关标准、规范的规定。

2 术语、符号

2.1 术语

2.1.1 桥梁加固 strengthening of existing bridges

对桥梁的主要承重结构、构件及其相关部分采取增强、局部更换或调整其内力等措施,使其满足现行设计规范要求。

2.1.2 原构件 existing structure member

桥梁实施加固前的原有构件。

2.1.3 主要承重构件 main structure member

其自身失效将直接影响或危及桥梁结构安全的承重构件。

2.1.4 纤维复合材料 fibre reinforced ploymer(FRP)

高强度的连续纤维按一定规则排列,经用胶黏剂浸渍、黏结固化后形成的具有纤维增强效应的复合材料。

2.1.5 植筋 bonded rebars

以专用的结构胶黏剂将带肋钢筋或螺杆锚固于基材中。

2.1.6 锚栓 anchor bolt

将被连接件锚固到混凝土基材上的锚固组件。

2.1.7 结构胶黏剂 structural adhesives

用于承重构件能长期承受外力和环境作用的胶黏剂。

2.1.8 聚合物砂浆 polymer mortar

掺有改性环氧乳液或其他改性共聚物乳液的高强度水泥砂浆。

2.1.9 环氧混凝土 epoxy resin concrete

以改性环氧树脂乳液为主剂,掺入石子、砂等材料形成的高强度混凝土。

2.1.10 阻锈剂 corrosion inhibitor for reinforcing steel in concrete

对混凝土结构钢筋起保护作用,能抑制或减轻其锈蚀的材料。

2.1.11 增大截面加固法 structure member strengthening with R. C & P. C

通过增大原构件截面面积并增配钢筋,以提高其承载力和刚度的方法。

2.1.12 粘贴钢板加固法 structure member strengthening with bonded steel plate

采用结构胶黏剂粘贴钢板(型钢)以提高构件承载力的方法。

2.1.13 粘贴纤维复合材料加固法 structure member strengthening with FRP

采用结构胶黏剂粘贴纤维复合材料以提高构件承载力的方法。

2.1.14 体外预应力加固法 structure member strengthening with external prestressing

通过施加体外预应力,使原结构、构件的受力得到改善或调整的方法。

2.1.15 改变结构体系加固法 strengthening by changing structure system

通过改变结构体系,使原结构的受力得到改善或调整的方法。

2.2 符号

2.2.1 材料性能符号

E_{s1}——原构件普通钢筋的弹性模量;

E_{s2}——新增普通钢筋的弹性模量;

E_c——原构件混凝土的弹性模量;

E_{sp}——粘贴钢板的弹性模量;

E_f——纤维复合材料的弹性模量;

$E_{p,e}$、$E_{pb,e}$——分别为体外预应力水平筋(束)、斜筋(束)的弹性模量;

$f_{cu,k}$——原构件混凝土强度等级;

f_{cd1}、f_{cd}——分别为原构件和新增截面混凝土轴心抗压强度设计值;

f_{sd1}、f'_{sd1}——分别为原构件普通钢筋的抗拉强度设计值和抗压强度设计值;

f_{sd2}、f'_{sd2}——分别为新增钢筋的抗拉强度设计值和抗压强度设计值;

$f_{sd,v}$、$f_{sd,b}$——分别为原梁箍筋和弯起普通钢筋的抗拉强度设计值;

$f_{pd,i}$——原构件体内预应力筋的抗拉强度设计值;

f_p、f'_p——加固钢板的抗拉、抗压强度设计值;

f_f——纤维复合材料抗拉强度设计值。

2.2.2 作用效应及承载力符号

M_d——构件加固后的弯矩组合设计值;

N_d——构件加固后的轴向力组合设计值;

V_d——构件加固后剪力组合设计值;

$\sigma_{pu,e}$——体外预应力筋(束)的极限应力设计值;

ε_p——粘贴钢板的拉应变;

ε_f——纤维复合材料的拉应变。

2.2.3 几何参数符号

A_{s1}、A'_{s1}——分别为原构件受拉区和受压区普通钢筋的截面面积;

A_{s2}——新增普通钢筋的截面面积;

A_{c1}——原构件混凝土截面面积;

A_{c2}——新增部分混凝土截面面积;

$A_{p,i}$——原梁体内预应力筋的截面面积;

$A_{p,e}$——体外预应力筋(束)的截面面积;

A_{sp}——钢板的截面面积;

A_f——纤维复合材料的截面面积;

h_0——加固后构件截面有效高度;

h——加固后构件截面的高度;

h'_c——截面受压较大边的加厚混凝土厚度;

h_c——截面受拉边或受压较小边的加厚混凝土厚度;

$h_{p,e}$——体外预应力筋(束)合力点到截面顶面的距离;

l_e——计算跨体外索的有效长度;

l_p——受拉钢板粘贴延伸长度;

l_d——纤维复合材料从强度充分利用截面向外延伸所需的黏结长度。

2.2.4 计算系数及其他有关符号

α_{Es}——原构件钢筋与混凝土弹性模量之比;

α_{Ep}——原梁体内预应力钢筋与混凝土的弹性模量之比;

ψ——修正系数、折减系数或不均匀系数;

η——增大系数或提高系数。

3 基本规定

3.1 一般规定

3.1.1 桥梁经过技术状况评定及承载能力鉴定，确认经过加固能满足结构安全或正常使用要求，方可进行加固，加固工作的内容及范围应根据评定结论和使用要求确定。

3.1.2 桥梁加固应尽可能不损伤原结构，避免不必要的拆除及更换，防止加固中造成新的结构损伤或病害。

3.1.3 因特殊环境（高温、冻融、腐蚀等）造成的桥梁结构病害，加固设计应采取针对性的处治措施。

3.1.4 有抗震要求的桥梁，加固时还应进行抗震能力验算。

3.1.5 加固施工方法、流程、工艺的设计，应考虑结构或构件出现倾斜、失稳、坍塌等的可能性，并采取有效措施。

3.1.6 特大桥、大桥主要承重构件加固时，应作多方案的技术、经济比选。

3.2 加固设计计算基本假定

3.2.1 桥梁加固时，应考虑分阶段受力，在新加材料与原结构（构件）未有效结合前，其恒载（含新加材料重量）应由原结构截面承担；有效结合后施加的荷载（恒载、活载、附加载）由加固后的组合截面承担。

3.2.2 在不同受力阶段，截面变形符合平截面假定。

3.2.3 在极限状态下，原结构受压区边缘混凝土的应变达到极限值，截面受压区应力可以简化为矩形计算，混凝土取抗压强度设计值。

3.2.4 在极限状态下，原结构受拉区钢筋仍为理想弹塑性材料，钢筋取抗拉强度设计值。

3.2.5 混凝土结构加固后的极限承载力,应以原结构截面中混凝土或钢筋强度设计值控制。

3.3 加固基本原则与设计程序

3.3.1 加固设计应依据原桥梁竣工图和设计图及检测评估报告进行,并经现场核对。

3.3.2 加固设计计算,应考虑结构病害影响、材料劣化、新旧材料的结合性能及材性差异。材料、几何等参数的取值,应采用桥梁现状的检测结果。

3.3.3 加固设计应进行各施工阶段构件的强度、稳定性及结构变形验算。

3.3.4 加固后的结构验算应考虑附加荷载(温度变化、混凝土收缩及徐变、预加应力、墩台位移、安装应力等)的影响。

3.3.5 改变结构体系加固时,结构构件任一截面上的应力不宜超过材料强度的设计值。

3.3.6 加固验算时,应根据桥梁建设年代的设计荷载、材料性能进行相应计算。

3.3.7 桥梁加固设计可按下列程序进行:加固工程可行性研究(含估算)→加固方案初步设计(含概算)→加固施工图设计(含预算)。

4 加固用材料

4.1 材料选用原则

4.1.1 桥梁加固用材料的品种、规格及使用性能，应符合国家、行业相关标准的规定，并满足设计要求。

4.1.2 采用纤维复合材料加固桥梁结构时，应采用与此纤维材料相配套的树脂类找平、黏结和表面防护材料。

4.1.3 桥梁加固用新材料必须通过相关管理部门组织的技术鉴定。

4.2 水泥混凝土

4.2.1 桥梁结构加固用混凝土的强度等级应比原结构构件提高一级，且不得低于C30；当采用预应力混凝土进行加固时，其强度等级不得低于C40。

4.2.2 水泥的品种、性能和质量应满足下列要求：

1 应采用强度等级不低于32.5级的硅酸盐水泥、快硬硅酸盐水泥或普通硅酸盐水泥；当有耐腐蚀、耐高温的要求时，应采用相应的特种水泥。

2 当配置加固用聚合物砂浆时，所采用的水泥强度等级不应低于42.5级。

4.2.3 集料的品种和质量应满足下列要求：

1 粗集料应选用质密、坚硬、强度高、耐久性好的碎石或卵石。对于主要承重构件，加固用集料的最大粒径：拌和混凝土应不超过20mm，小石子混凝土不超过10mm。不得使用含有活性二氧化硅石料制成的粗集料。

2 细集料应选用中、粗砂，其细度模数宜控制在2.6~3.7之间。

4.2.4 混凝土拌和用水应满足下列要求：

1 水中不应含有影响水泥正常凝结与硬化的有害杂质或油脂、糖类及游离酸类等。

2 污水、pH值小于5的酸性水及含硫酸盐量按SO_4^{2-}计超过水的质量0.27mg/cm^{3}的水不得使用。

3 不得用海水拌制混凝土。

4 供饮用的水。

4.2.5 混凝土所掺的粉煤灰应是I级灰,且烧失量不应大于3%。

4.2.6 当桥梁加固选用聚合物混凝土、微膨胀混凝土或合成短纤维混凝土时,应在施工前进行试配,并应检验其强度、抗干缩性及耐腐蚀性。

4.2.7 混凝土中掺用外加剂时,其质量及相关技术规定应符合《混凝土外加剂》(GB 8076)与《混凝土外加剂使用技术规范》(GB 50119)的要求;不得使用含有氯盐、亚硝酸盐、碳酸盐和硫氰酸盐类成分的外加剂;不应使用铝粉作为混凝土的膨胀剂。

4.3 钢材

4.3.1 普通钢筋应采用热轧R235、HRB335、HRB400及KL400钢筋。

4.3.2 钢板、型钢、扁钢和钢管应采用Q235钢、Q345钢、Q390钢、Q420钢;对重要结构的焊接构件,应采用Q235-B级、Q345-C级等可焊性好的钢材。

4.3.3 预应力钢材的品种、质量和性能应满足下列要求:

1 预应力钢材的基本性能指标应满足《公路钢筋混凝土及预应力混凝土桥涵设计规范》(JTG D62—2004)表3.2.3-2的要求。

2 体外预应力索应采用防腐性能可靠的产品,宜采用成品索;采用环氧涂层预应力钢材时,应检测涂层的质量及主要性能指标。

4.3.4 焊接材料的型号和质量应满足下列要求:

1 焊条材料的品种、规格应满足设计要求;其型号应与被焊接钢材的强度相适应。

2 焊缝连接的设计指标应符合公路桥梁钢结构设计规范的相关规定。

4.3.5 高强度螺栓应符合国家、行业现行规范的相关规定。

4.4 锚固件

4.4.1 桥梁加固需要植筋时,宜采用HRB335级热轧带肋钢筋,也可采用HRB400级和RRB400级热轧带肋钢筋。

4.4.2 锚固件使用钢螺杆时,应采用全螺纹非焊接螺杆,钢材等级应为Q345级或

Q235 级。

4.4.3 锚固件为锚栓时，其钢材的性能指标必须符合表 4.4.3 中的有关规定。

表 4.4.3 加固用锚栓主要性能指标

性能等级 \ 性能项目		抗拉强度标准值（MPa）	屈服强度标准值（MPa）	伸长率（%）
碳素钢及合金钢锚栓	4.8 级	400	320	14
	5.8 级	500	400	10
	6.8 级	600	480	8
	8.8 级	800	640	12
不锈钢锚栓	50（$d\leqslant$39mm）	500	210	0.6d
	70（$d\leqslant$24mm）	700	450	0.4d
	80（$d\leqslant$24mm）	800	600	0.3d

注：表中的 d 表示锚栓的公称直径。

4.5 纤维复合材料

4.5.1 纤维复合材料用的纤维应为连续纤维，通常采用碳纤维、玻璃纤维及芳纶纤维，其品种和性能应满足下列要求：

1 碳纤维应选用不大于 12k（1k = 1 000）的小丝束聚丙烯腈基（PAN 基纤维），不得使用大丝束纤维。

2 玻璃纤维，应选用 S 型玻璃纤维或 E 型玻璃纤维，不得使用 A 型玻璃纤维或 C 型玻璃纤维。

3 碳纤维与玻璃纤维复合材料的主要力学性能，应符合表 4.5.1 的规定。

表 4.5.1 桥梁加固用纤维复合材料主要力学性能指标

纤维类别 \ 性能项目			抗拉强度标准值（MPa）	弹性模量（MPa）	伸长率（%）	弯曲强度（MPa）	纤维复合材料与混凝土正拉黏结强度（MPa）	层间剪切强度（MPa）
碳纤维	布材	Ⅰ级	≥3 400	$\geqslant 2.4\times10^{5}$	≥1.7	≥700	≥2.5 且为混凝土内聚破坏	≥45
		Ⅱ级	≥3 000	$\geqslant 2.1\times10^{5}$	≥1.5	≥600		≥35
	板材	Ⅰ级	≥2 400	$\geqslant 1.6\times10^{5}$	≥1.7	—		≥50
		Ⅱ级	≥2 000	$\geqslant 1.4\times10^{5}$	≥1.5	—		≥40
玻璃纤维	S 型（高强）		≥2 200	$\geqslant 1.0\times10^{5}$	≥2.5	≥600		≥40
	E 型（无碱）		≥1 500	$\geqslant 7.2\times10^{4}$	≥2.0	≥500		≥35

注：纤维复合材料的抗拉强度标准值应根据置信水平 C = 0.99、保证率为 95% 的要求确定。

4 芳纶纤维复合材料的力学指标参照《桥梁结构用芳纶纤维复合材料》（JT/T 531—2004）执行。

4.5.2 加固用纤维复合材料与胶黏剂应进行以下适配性检验,且检验结果必须符合表4.5.1的规定。

1 抗拉强度标准值;

2 纤维复合材料与混凝土正拉黏结强度;

3 层间剪切强度。

4.5.3 在材料性能检验和桥梁加固设计中,纤维复合材料截面面积的计算应符合以下规定:

1 对纤维布材,应按纤维的净截面积计算,即取纤维布材的计算厚度乘以宽度,纤维布材的计算厚度应按其单位面积质量除以纤维密度确定。

2 对单向纤维板材,应按不扣除树脂体积的板截面面积计算,即应按实测的板厚乘以宽度计算。

4.5.4 纤维复合材料的单位面积纤维质量和纤维体积应符合下列规定:

1 单层碳纤维布材的单位面积纤维质量,不应低于200g/m^2,不宜高于300g/m^2。单向碳纤维板材的厚度不应小于1.0mm,不宜大于2.0mm;板的宽度不宜大于150mm;碳纤维体积含量不应低于60%。

2 单层芳纶纤维布材的单位面积纤维质量,不应低于280g/m^2,不宜高于830g/m^2。

3 玻璃纤维布材的单位面积纤维质量,不应低于300g/m^2,不宜高于600g/m^2。

4.6 胶黏剂

4.6.1 桥梁加固用胶黏剂,根据所加固结构的重要程度分为A级胶与B级胶;其中A级胶用于重要结构或构件的加固,B级胶用于一般结构或构件的加固。

4.6.2 桥梁承重结构(构件)加固用浸渍、粘贴纤维复合材料的胶黏剂的安全性能指标必须符合表4.6.2的规定。不得使用不饱和聚酯树脂、醇酸树脂等作为浸渍、粘贴胶黏剂。

4.6.3 浸渍、粘贴芳纶纤维复合材料用的胶黏剂,其安全性能指标不应低于A级胶的要求,采用的底胶与修补胶也应与之相适配。

4.6.4 粘贴纤维复合材料用的底胶与修补胶应与浸渍、粘贴胶黏剂相适配,其安全性能指标必须符合表4.6.4的规定。

4.6.5 粘贴钢板或型钢用的胶黏剂,其安全性能指标必须符合表4.6.5的规定。

表 4.6.2　碳纤维浸渍、粘贴用胶黏剂安全性能指标

性能项目		性能要求	
		A 级胶	B 级胶
胶体性能	抗拉强度(MPa)	≥40	≥30
	抗拉弹性模量(MPa)	≥2 500	≥1 500
	抗弯强度(MPa)	≥50	≥40
		且不得呈脆性破坏	
	抗压强度(MPa)	≥70	
	伸长率(%)	≥1.5	
黏结能力	钢—钢拉伸抗剪强度标准值(MPa)	≥14	≥10
	钢—钢不均匀扯离强度(kN/m)	≥20	≥15
	与混凝土的正拉黏结强度(MPa)	≥2.5,且为混凝土内聚破坏	
不挥发物含量(固体含量)(%)		≥99	

注:1. 表中的胶黏剂性能指标,应根据置信水平 $C=0.90$、保证率为 95% 的要求确定。
2. 表中的性能指标除标有标准值者外,其余均为平均值。
3. 用于粘贴碳纤维板的胶黏剂,当涂抹厚度小于 3mm 时,材料的流挂应小于 1mm。

表 4.6.4　底胶及修补胶的安全性能指标

性能项目		性能要求	
		A 级胶	B 级胶
底胶	钢—钢拉伸抗剪强度标准值(MPa)	≥14	≥10
	与混凝土的正拉黏结强度(MPa)	≥2.5,且为混凝土内聚破坏	
	不挥发物含量(固体含量)(%)	≥99	
	混合后初黏度(23℃时)(mPa·s)	≤6 000	
修补胶	胶体抗拉强度(MPa)	≥30	
	胶体抗弯强度(MPa)	≥40,且不得呈脆裂破坏	
	与混凝土的正拉黏结强度(MPa)	≥2.5,且为混凝土内聚破坏	

注:表中的性能指标除标有标准值者外,其余均为平均值。

表 4.6.5　粘贴钢板或型钢用胶黏剂的安全性能指标

性能项目		性能要求	
		A 级胶	B 级胶
胶体性能	抗拉强度(MPa)	≥30	≥25
	抗拉弹性模量(MPa)	≥3 500(≥3 000)	
	抗弯强度(MPa)	≥45	≥35
		且不得呈脆性破坏	
	抗压强度(MPa)	≥65	
	伸长率(%)	≥1.3	≥1.0

续上表

性能项目		性能要求	
		A 级胶	B 级胶
黏结能力	钢—钢拉伸抗剪强度标准值(MPa)	≥15	≥12
	钢—钢不均匀扯离强度(kN/m)	≥16	≥12
	钢—钢黏结抗拉强度(MPa)	≥33	≥25
	与混凝土的正拉黏结强度(MPa)	≥2.5,且为混凝土内聚破坏	
不挥发物含量(固体含量)(%)		≥99	

注:表中括号内的抗拉弹性模量指标仅用于灌注黏结型胶黏剂。

4.6.6 混凝土桥梁结构锚固用的胶黏剂,必须采用专用改性环氧胶黏剂、改性乙烯基酯胶黏剂或改性氨基甲酸酯胶黏剂,其安全性能指标必须符合表 4.6.6 的规定;其填料必须在工厂制胶时添加,严禁在施工现场掺入。

不得使用以水泥和微膨胀剂为主要成分配制的锚固剂作为黏结材料。

表 4.6.6 锚固用胶黏剂的安全性能指标

性能项目			性能要求	
			A 级胶	B 级胶
胶体性能	劈裂抗拉强度(MPa)		≥8.5	≥7.0
	抗压强度(MPa)		≥60	
	抗弯强度(MPa)		≥50	≥40
黏结能力	钢—钢(钢套筒法)拉伸抗剪强度标准值(MPa)		≥16	≥13
	约束拉拔条件下带肋钢筋与混凝土的黏结强度(MPa)	C30 $\phi25$ $L=150\text{mm}$	≥11	≥8.5
		C60 $\phi25$ $L=125\text{mm}$	≥17	≥14
不挥发物含量(固体含量)(%)			≥99	

注:表中的性能指标除标有标准值者外,其余均为平均值。

4.6.7 混凝土桥梁加固用胶黏剂,其钢—钢黏结抗剪性能必须经过湿热老化检验合格,湿热老化检验应在 50℃温度和 98% 相对湿度环境下进行;老化时间:重要构件不得小于 90d,一般构件不得小于 60d;经湿热老化后的试件,应在常温条件下进行钢—钢黏结拉伸抗剪试验,其强度降低的百分率(%)应符合下列要求:

1 A 级胶不得大于 10%;

2 B 级胶不得大于 15%。

4.6.8 桥梁加固用胶黏剂应进行毒性检验,对完全固化的胶黏剂,其检验结果应符合实际无毒卫生等级的规定。

4.6.9 在桥梁加固用的胶黏剂中,不得使用乙二胺作为改性环氧树脂的固化剂;不得在其中掺入挥发性有害溶剂和非反应性稀释剂。

4.6.10 寒冷地区桥梁加固用胶黏剂应通过耐冻融性能检验。

4.7 裂缝修补用材料

4.7.1 混凝土桥梁裂缝注射或压力灌注用修补胶的安全性能指标必须符合表4.7.1的规定。

表4.7.1 裂缝修补用胶(注射剂)的安全性能指标

性能项目		性能指标
胶体性能	抗拉强度(MPa)	≥20
	抗拉弹性模量(MPa)	≥1 500
	抗压强度(MPa)	≥50
	抗弯强度(MPa)	≥30,且不得呈脆性破坏
钢—钢拉伸抗剪强度标准值(MPa)		≥10
不挥发物含量(固体含量)(%)		≥99
可灌注性		在产品说明书规定的压力下,能注入宽度为0.1mm

4.7.2 桥梁混凝土裂缝修补用聚合物水泥注浆料的安全性能指标必须符合表4.7.2的规定。

表4.7.2 裂缝修补用聚合物水泥注浆料的安全性能指标

性能项目		性能指标
浆体性能	劈裂抗拉强度(MPa)	≥5
	抗压强度(MPa)	≥40
	抗折强度(MPa)	≥10
注浆料与混凝土的正拉黏结强度(MPa)		≥2.5,且为混凝土破坏

4.8 混凝土表层缺陷修复及防护用材料

4.8.1 混凝土表层缺陷修复材料可采用混凝土(砂浆)、聚合物水泥混凝土(砂浆)、改性环氧混凝土(砂浆)等材料。其质量及性能应符合现行相关标准、规范的规定或满足设计要求。

4.8.2 处于侵蚀性环境桥梁的钢筋防锈宜采用渗透型阻锈剂,其质量及性能指标应符合现行国家、行业标准的相关规定;不得采用以亚硝酸盐类为主成分的阳极型阻锈剂。

4.8.3 受侵蚀性环境影响的混凝土桥梁,其表面防护用涂装材料可采用丙烯酸类、聚氨酯类、硅烷类或环氧类涂料,各层涂料间应具有良好的相容性。

5 增大截面加固法

5.1 一般规定

5.1.1 本方法适用于钢筋混凝土和预应力混凝土受弯构件、钢筋混凝土受压构件的加固,以提高受弯构件的抗弯承载力、抗剪承载力和刚度;提高受压构件的正截面承载力和刚度。

5.1.2 按现场检测结果确定的原结构构件混凝土强度应满足下列要求:

1 钢筋混凝土受弯构件不应低于C20,受压构件不应低于C15。

2 预应力混凝土构件不应低于C30。

5.1.3 界面构造、原构件混凝土表面处理符合本规范第5.5.1条、第5.5.3条、第5.5.5条规定且施工质量满足要求时,新加混凝土与原构件混凝土变形协调、共同受力,可按加固后构件整体截面计算。

5.1.4 增大截面加固桥梁构件的作用(或荷载)效应,按下列两个阶段进行计算:

1 第一阶段:新浇混凝土层达到强度标准值之前,构件按原构件截面计算,荷载应考虑加固时包括原构件自重在内的恒载、现浇混凝土层自重及施工荷载。

2 第二阶段:新浇混凝土层达到强度标准值后,构件按加固后整体截面计算,作用(或荷载)应考虑包括加固后构件自重在内的恒载、二期作用的恒载及使用阶段的可变作用。作用效应组合系数取值:恒载的荷载效应分项系数取1.2;使用阶段的可变作用效应分项系数按现行《公路桥涵设计通用规范》(JTG D60)取用。

5.2 受弯构件加固计算

5.2.1 采用增大正截面的加固可分为在截面受压区或受拉区增设现浇混凝土加厚层两种方法。

5.2.2 仅在受压区增设现浇混凝土加厚层的钢筋混凝土和预应力混凝土受弯构件,在加固施工中以原构件为支撑,在其上浇筑混凝土加厚层并与原构件组合,构件的计算应按《公路钢筋混凝土及预应力混凝土桥涵设计规范》(JTG D62—2004)第8.1节的规定进行。

1　受弯构件截面增大后的相对界限受压区高度 ξ_b，可根据原构件混凝土强度等级和截面受拉区钢筋种类，按照《公路钢筋混凝土及预应力混凝土桥涵设计规范》(JTG D62—2004)表 5.2.1 取用。

2　计算现浇混凝土加厚层与原构件之间混凝土收缩差效应时，应考虑混凝土徐变的影响。无可靠技术资料作依据时，对整体浇筑的混凝土加厚层，可按相应于温度降低 15℃～20℃考虑；对分段浇筑的混凝土加厚层，可按相应于温度降低 10℃～15℃考虑。

3　若计算结果表明增设现浇混凝土加厚层即可满足要求，也应按构造要求配置加厚层内的钢筋。

5.2.3　在受拉区加固受弯构件时的承载力计算，除应符合现行《公路钢筋混凝土及预应力混凝土桥涵设计规范》(JTG D62)对受弯构件正截面承载力计算的基本假定外，尚应满足下列要求：

1　在受弯承载能力极限状态下，截面受压边缘混凝土应变达到极限压应变 ε_{cu}。截面受压区混凝土应力按等效矩形应力图形，混凝土抗压强度取原构件混凝土轴心抗压强度设计值 f_{cd1}。

2　构件达到受弯承载能力极限状态时，新增普通钢筋的拉应变 ε_{s2} 按平截面假定确定。新增普通钢筋的拉应力 σ_{s2} 应为钢筋的弹性模量 E_{s2} 与其拉应变 ε_{s2} 的乘积。

5.2.4　在矩形截面或翼缘位于受拉边的 T 形截面钢筋混凝土受弯构件的受拉区进行抗弯加固时，其正截面受弯承载力应按下列公式计算(图 5.2.4)：

$$\gamma_0 M_d \leq f_{cd1} bx\left(h_0 - \frac{x}{2}\right) + f'_{sd1} A'_{s1}(h_0 - a'_{s1}) \quad (5.2.4\text{-}1)$$

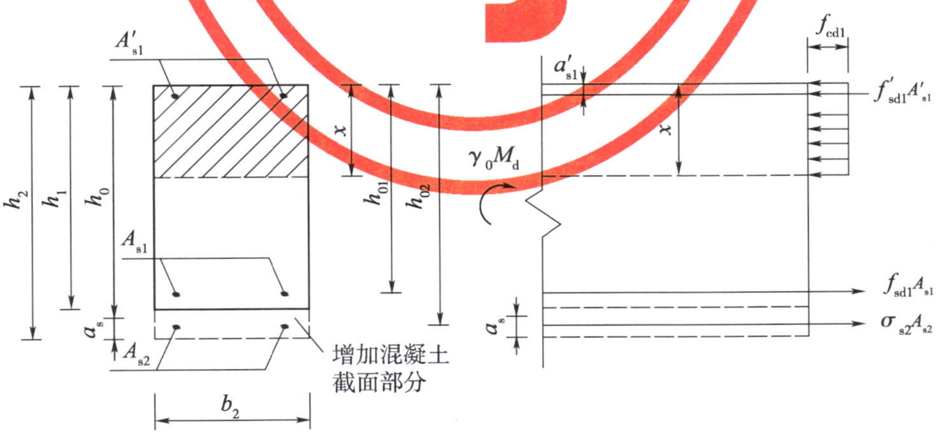

图 5.2.4　受弯构件的抗弯承载力计算

混凝土受压区高度应按下式确定：

$$f_{cd1} bx = f_{sd1} A_{s1} - f'_{sd1} A'_{s1} + \sigma_{s2} A_{s2} \quad (5.2.4\text{-}2)$$

$$\sigma_{s2} = \varepsilon_{s2} E_{s2} \leq f_{sd2} \quad (5.2.4\text{-}3)$$

混凝土受压区高度尚应符合下列条件：

$$2a'_{s1} \leqslant x \leqslant \xi_b h_{01} \tag{5.2.4-4}$$

式中：γ_0——桥梁结构的重要性系数，按照现行《公路钢筋混凝土及预应力混凝土桥涵设计规范》(JTG D62)规定采用；

M_d——第二阶段弯矩组合设计值；

f_{cd1}——原构件混凝土轴心抗压强度设计值，可根据现场检测强度推算值按照现行《公路钢筋混凝土及预应力混凝土桥涵设计规范》(JTG D62)确定；

f_{sd1}、f'_{sd1}——分别为原构件纵向普通钢筋的抗拉强度设计值和抗压强度设计值；

A_{s1}、A'_{s1}——分别为原构件受拉区和受压区纵向普通钢筋的截面面积；

A_{s2}——新增纵向普通钢筋的截面面积；

b_2——加固后构件截面宽度；

h_0——加固后截面有效高度，$h_0 = h_2 - a_s$，此处 h_2 为加固后截面全高，a_s 为受拉区纵向普通钢筋 A_{s1} 和 A_{s2} 的合力点至截面受拉区边缘的距离；

h_{01}——原构件截面有效高度，为原构件受拉区纵向普通钢筋 A_{s1} 合力点至截面受压区边缘距离；

x——等效矩形应力图形的混凝土受压区高度，简称混凝土受压区高度；

σ_{s2}——新增纵向普通钢筋的拉应力；

E_{s2}——新增纵向普通钢筋的弹性模量；

ε_{s2}——在构件达到承载能力极限状态时，新增纵向普通钢筋的拉应变，按本规范第5.2.6条计算；

f_{sd2}——新增纵向普通钢筋的抗拉强度设计值；

ξ_b——正截面相对界限受压区高度，按原构件混凝土和受拉钢筋强度级别，按照《公路钢筋混凝土及预应力混凝土桥涵设计规范》(JTG D62—2004)表5.2.1规定选用。

当 $x < 2a'_{s1}$ 时，正截面抗弯承载力按下列公式计算：

$$\gamma_0 M_d \leqslant f_{sd1} A_{s1}(h_{01} - a'_{s1}) + \sigma_{s2} A_{s2}(h_{02} - a'_{s1}) \tag{5.2.4-5}$$

式中：h_{02}——新增纵向普通钢筋的合力点至截面受压边缘的距离。

其他符号意义见式(5.2.4-1)~式(5.2.4-4)。

5.2.5 对翼缘位于受压区的T形钢筋混凝土截面受弯构件，在其受拉区采用增大截面进行抗弯加固后的正截面抗弯承载力应按下列规定计算。

1 当混凝土受压区高度 $x \leqslant h'_f$ 时，应以宽度为 b'_f 的矩形截面[图5.2.5a)]，按本规范第5.2.4条公式计算正截面抗弯承载力。

2 当混凝土受压区高度 $x > h'_f$ 时，其正截面抗弯承载力应按下列公式计算[图5.2.5b)]：

$$\gamma_0 M_d \leqslant f_{cd}\left[b_2 x\left(h_0 - \frac{x}{2}\right) + (b'_f - b_2)h'_f\left(h_0 - \frac{h'_f}{2}\right)\right] \tag{5.2.5-1}$$

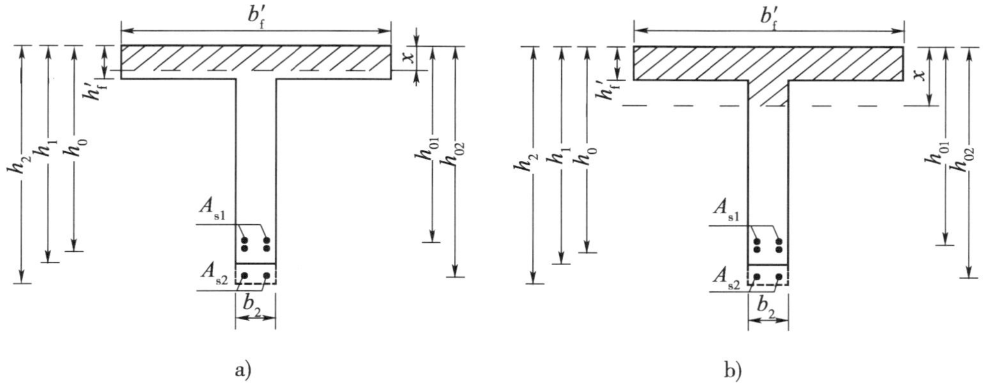

a)　　　　　b)

图 5.2.5　T 形截面受弯构件正截面承载力计算

a) $x \leq h'_f$；b) $x > h'_f$

混凝土受压区高度应按下式计算，并应满足本规范式（5.2.4-4）的要求：

$$f_{cd}b_2x + f_{cd}(b'_f - b_2)h'_f = f_{sd1}A_{s1} + \sigma_{s2}A_{s2} \tag{5.2.5-2}$$

式中：h'_f——T 形截面受压翼缘厚度；

b'_f——T 形截面受压翼缘的有效宽度，按《公路钢筋混凝土及预应力混凝土桥涵设计规范》（JTG D62—2004）第 4.2.2 条的规定采用。

其他符号意义见式（5.2.4-1）～式（5.2.4-4）。

5.2.6　在受拉区采用增大截面加固的钢筋混凝土受弯构件达到受弯承载能力极限状态时，新增纵向普通钢筋的拉应变 ε_{s2} 按下列公式计算，参见图 5.2.6：

$$\varepsilon_{s2} = \frac{\varepsilon_{cu}(\beta h_{02} - x)}{x} - \frac{\varepsilon_{c1}(h_{02} - x_1)}{x_1} \tag{5.2.6-1}$$

$$\varepsilon_{c1} = \frac{M_{d1}}{E_c I_{cr}}x_1 \tag{5.2.6-2}$$

式中：M_{d1}——第一阶段弯矩组合设计值；

ε_{cu}——混凝土极限压应变，当混凝土强度等级为 C50 及 C50 以下时，取 $\varepsilon_{cu} = 0.0033$；

β——截面受压区矩形应力图高度与实际受压区高度的比值，当混凝土强度等级为 C50 及 C50 以下时，取 $\beta = 0.8$；

h_{02}——受拉区新增纵向普通钢筋 A_{s2} 合力点至截面受压区边缘距离；

ε_{c1}——在 M_{d1} 作用下，原构件截面上边缘的混凝土压应变；

x_1——加固前原构件开裂截面换算截面的混凝土受压区高度；

I_{cr}——加固前原构件开裂截面换算截面的惯

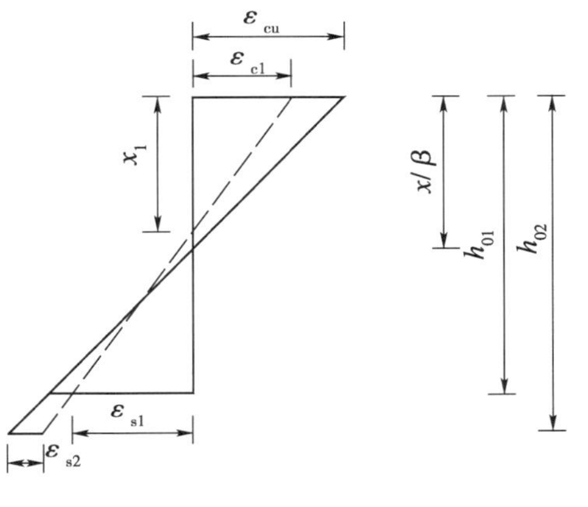

图 5.2.6　截面应变图

性距;

E_c——原构件混凝土的弹性模量。

图5.2.6中,ε_{s1}为在M_{d1}作用下原构件截面上受拉区纵向普通钢筋的拉应变。

5.2.7 钢筋混凝土受弯构件在截面受拉区加固和增大梁肋厚度后,其截面尺寸应满足下列要求:

$$\frac{\gamma_0 V_{d1}}{b_1 h_{01}}+\frac{\gamma_0 V_{d2}}{b_2 h_0}\leqslant 0.51\times 10^{-3}\sqrt{f_{cu,k}} \tag{5.2.7}$$

式中:V_{d1}——加固时原构件由荷载产生的验算截面处的剪力组合设计值(kN),若封闭桥上交通进行加固,则为恒载作用的剪力组合设计值;

V_{d2}——加固后构件验算截面处由后加恒载、车辆荷载及其他作用产生的剪力组合设计值(kN);

b_1、b_2——分别为原构件截面宽度和加固后构件宽度(mm);

h_{01}——原构件相应于剪力组合设计值处的截面有效高度(mm);

h_0——加固后构件相应于剪力组合设计值处的截面有效高度,即自原构件截面纵向受拉钢筋和新增纵向受拉钢筋的合力点至截面受压边缘的距离(mm);

$f_{cu,k}$——原构件混凝土强度等级。

5.2.8 钢筋混凝土受弯构件在截面受拉区加固后,斜截面抗剪承载力按下列公式计算:

$$\gamma_0 V_d \leqslant 0.43\times 10^{-3}\alpha_1\alpha_3 b_2 h_0 \psi_{cs}\sqrt{(2+0.6P)}\sqrt{f_{cu,k}}\rho_{sv}f_{sv} + 0.75\times 10^{-3} f_{sd}A_{sb}+\psi_{vb}V_{d2} \tag{5.2.8}$$

式中:V_d——加固后构件验算截面处第二阶段剪力组合设计值(kN);

V_{d2}——加固后由后期恒载、车辆荷载及其他可变荷载作用的剪力组合设计值(kN);

α_1——异号弯矩影响系数,计算简支梁和连续梁近边支点梁段的抗剪承载力时,$\alpha_1=1.0$;计算连续梁和悬臂梁近中间支点梁段的抗剪承载力时,$\alpha_1=0.9$;

α_3——受压翼缘的影响系数,对矩形截面$\alpha_3=1.0$;对具有受压翼缘的T形或工字形截面,取$\alpha_3=1.1$;

b_2——加固后梁斜截面顶端正截面处腹板宽度(mm);

h_0——加固后梁斜截面受压端正截面的有效高度(mm),参见式(5.2.4-1);

ψ_{cs}——与原梁斜裂缝有关的修正系数,加固前未出现斜裂缝时,取$\psi_{cs}=1.0$;斜裂缝宽度小于0.2mm时,取$\psi_{cs}=0.835$;斜裂缝宽度大于0.2mm时,取$\psi_{cs}=0.78$;

P——加固后计算截面斜裂缝范围纵向钢筋的配筋百分率,$P=100\rho$,$\rho=(A_{s1}+A_{s2})/(bh_0)$,$A_{s1}$和$A_{s2}$分别为原梁截面纵向钢筋面积和新增纵向钢筋面积,当$P>2.5$时,取$P=2.5$;

ρ_{sv}——原梁斜截面内箍筋配筋率,$\rho_{sv}=A_{sv1}/(S_v b_2)$;

S_v——原梁斜截面内箍筋的间距(mm);

A_{sv1}——原梁斜截面内配置在同一截面的箍筋各肢总截面面积(mm^2);

A_{sb}——与斜裂缝相交的普通弯起钢筋的总截面面积(mm^2);

f_{sv}——原梁箍筋抗拉强度设计值(MPa);

f_{sd}——普通弯起钢筋的抗拉强度设计值(MPa);

ψ_{vb}——修正系数,ψ_{vb}计算公式为:

$$\psi_{vb}=\frac{0.8A_{sv2}}{A_{sv1}+0.707A_{sb}+A_{sv2}}$$

A_{sv2}——与斜裂缝相交的同一截面后增箍筋各肢总截面面积(mm^2);

其他符号意义见式(5.2.4-1)。

5.3 受压构件加固计算

5.3.1 采用增大截面加固钢筋混凝土轴心受压构件时,其正截面受压承载力应按下列公式计算:

$$\gamma_0 N_d \leqslant 0.9\varphi(f_{cd1}A_{c1}+f'_{sd1}A'_{s1}+\sigma_{c2}A_{c2}+\sigma_{s2}A'_{s2}) \tag{5.3.1-1}$$

式中: γ_0——桥梁结构的重要性系数,按照现行《公路钢筋混凝土及预应力混凝土桥涵设计规范》(JTG D62)规定采用;

N_d——第二阶段轴向力组合设计值;

φ——轴心受压构件稳定系数,按表5.3.1采用;

f_{cd1}、f'_{sd1}——分别为原构件混凝土轴心抗压强度设计值和纵向钢筋抗压强度设计值;

A_{c1}、A_{c2}——分别为原构件和新增部分混凝土截面面积;

A'_{s1}、A'_{s2}——分别为原有纵向普通钢筋和新增纵向普通钢筋的全部截面面积;

σ_{c2}——在达到承载能力极限状态时,新增混凝土的应力,$\sigma_{c2}=E_c\varepsilon_{c2}\leqslant f_{cd1}$;

ε_{c2}——新增混凝土的应变;

$$\varepsilon_{c2}=\varepsilon_{cu}-\frac{N_{d1}}{(b_1h_1+\alpha_{Es}A'_{s1})E_c} \tag{5.3.1-2}$$

σ_{s2}——在达到承载能力极限状态时,新增纵向钢筋A'_{s2}的应力,$\sigma_{s2}=E_{s2}\varepsilon_{s2}\leqslant f'_{sd2}$;

ε_{s2}——新增钢筋A_{s2}的应变;

$$\varepsilon_{s2}=\varepsilon_{cu}-\frac{N_{d1}}{(b_1h_1+\alpha_{Es}A'_{s1})E_c} \tag{5.3.1-3}$$

ε_{cu}——轴心受压混凝土极限压应变,计算时可取$\varepsilon_{cu}=0.002$;

E_c、E_{s2}——分别为原构件混凝土弹性模量和新增纵向受压钢筋的弹性模量;

α_{Es}——原构件纵向普通钢筋与混凝土弹性模量比,$\alpha_{Es}=E_{s1}/E_c$;

b_1、h_1——分别为原构件截面宽度与高度;

N_{d1}——第一阶段轴向力组合设计值。

表 5.3.1 钢筋混凝土轴心受压构件的稳定系数 φ

l_0/b_2	≤8	10	12	14	16	18	20	22	24	26	28
l_0/d_2	≤7	8.5	10.5	12	14	15.5	17	19	21	22.5	24
l_0/r_2	≤28	35	42	48	55	62	69	76	83	90	97
φ	1.0	0.98	0.95	0.92	0.87	0.81	0.75	0.70	0.65	0.60	0.56
l_0/b_2	30	32	34	36	38	40	42	44	46	48	50
l_0/d_2	26	28	29.5	31	33	34.5	36.5	38	40	41.5	43
l_0/r_2	104	111	118	125	132	139	146	153	160	167	174
φ	0.52	0.48	0.44	0.40	0.36	0.32	0.29	0.26	0.23	0.21	0.19

注:1. 表中 l_0 为加固后构件计算长度,b_2 为矩形截面短边尺寸,d_2 为圆形截面直径,r_2 为截面最小回转半径。

2. 构件计算长度 l_0 的确定,两端固定为 0.5 l(l 为单跨计算跨径);一端固定、一端为不移动的铰为 0.7 l;两端均不移动的铰为 l;一端固定、一端自由为 $2l$。

当加固后截面全部纵向钢筋配筋率大于3%时,式(5.3.1-1)中的 A_{c1} 应改用 $A_{n1}=A_{c1}-A'_{s1}$,A_{c2} 应改用 $A_{n2}=A_{c2}-A'_{s2}$。

5.3.2 钢筋混凝土矩形截面偏心受压构件,可采用在原构件截面的单侧加厚和两侧加厚的增大截面加固法。

5.3.3 两侧加厚的矩形截面偏心受压正截面抗压承载力按下列公式计算:

$$\gamma_0 N_d \leq f_{cd1} b_2 x + f'_{sd2} A'_{s2} + f'_{sd1} A'_{s1} - \sigma_{s1} A_{s1} - \sigma_{s2} A_{s2} \tag{5.3.3-1}$$

$$\gamma_0 N_d e_s \leq f_{cd1} b_2 x\left(h_0 - \frac{x}{2}\right) + f'_{sd2} A'_{s2}(h_0 - a'_{s2}) + f'_{sd1} A'_{s1}(h_0 - a'_{s1}) \tag{5.3.3-2}$$

$$f_{cd1} b x\left(e_s - h_0 + \frac{x}{2}\right) = (\sigma_{s1} A_{s1} + \sigma_{s2} A_{s2}) e_s - (f'_{sd1} A'_{s1} + f'_{sd2} A'_{s2}) e'_s \tag{5.3.3-3}$$

$$e_s = \eta e_0 + \frac{h_2}{2} - a_s \tag{5.3.3-4}$$

$$e'_s = \eta e_0 - \frac{h_2}{2} + a'_s \tag{5.3.3-5}$$

式中: N_d——第二阶段轴向力组合设计值;

e_s——轴向力作用点至加固后截面受拉边或受压较小边纵向钢筋 A_{s1} 和 A_{s2} 合力点的距离;

e_0——轴向力对加固后截面重心轴的偏心距,$e_0=M_d/N_d$;

M_d——相应于轴向力 N_d 的第二阶段弯矩组合设计值;

x——加固后构件截面混凝土受压区高度;

f_{cd1}——原构件混凝土抗压强度设计值;

σ_{s1}、σ_{s2}——构件达到承载能力极限状态时,原构件截面受拉边或受压较小边的纵向普通钢筋应力和新增纵向普通钢筋的应力,$\sigma_{s1}\leq f_{sd1}$,$\sigma_{s2}\leq f_{sd2}$;

A'_{s1}、A'_{s2}——分别为原构件截面受压较大边的纵向普通钢筋截面积和新增的纵向普通钢筋截面积；

A_{s1}、A_{s2}——分别为原构件截面受拉边或受压较小边的纵向钢筋截面积和新增的纵向钢筋截面积；

f'_{sd1}、f'_{sd2}——分别为原构件截面受压较大边纵向普通钢筋抗压强度设计值和新增的纵向普通钢筋抗压强度设计值；

h_2——加固后截面的高度；

h_0——加固后构件截面受拉边或受压较小边纵向普通钢筋 A_{s1} 和 A_{s2} 截面重心至受压较大边缘的距离，$h_0 = h_2 - a_s$；

η——偏心受压构件轴向力偏心距增大系数，按本规范第 5.3.7 条的规定计算；

a_s——原构件截面受拉边或受压较小边纵向普通钢筋 A_{s1} 和新增纵向普通钢筋 A_{s2} 的合力作用点至加固后截面受拉边或受压较小边的距离；

a'_s——原构件截面受压较大边纵向普通钢筋 A'_{s1} 和新增的纵向普通钢筋 A'_{s2} 的合力作用点至加固后截面受压较大边缘的距离；

其他符号意义见图 5.3.3。

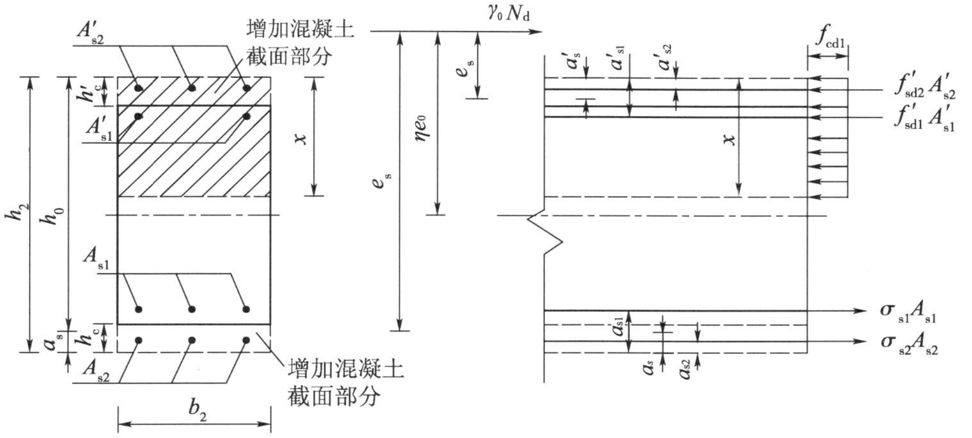

图 5.3.3　两侧加厚矩形截面偏心受压构件正截面抗压承载力计算图式

在承载力计算中，考虑截面受压较大边的纵向受压钢筋时，受压区高应符合以下规定：

$$x \geq 2a'_s \tag{5.3.3-6}$$

若不符合公式(5.3.3-6)的条件时，加固后的偏心受压构件正截面抗压承载力的计算应符合下列规定：

$$\gamma_0 N_d e'_s \leq f_{sd1}A_{s1}(h_2 - a_{s1} - a'_s) + f_{sd2}A_{s2}(h_2 - a_{s2} - a'_s) \tag{5.3.3-7}$$

式中：f_{sd1}、f_{sd2}——分别为截面受拉边原构件纵向普通钢筋和新增纵向普通钢筋的抗拉强度设计值；

其他符号意义见图 5.3.3。

对小偏心受压构件，当轴向力作用在纵向普通钢筋 A'_{s1} 和 A'_{s2} 合力点与 A_{s1} 和 A_{s2} 合力点之间时，抗压承载力计算尚应符合下列规定：

$$\gamma_0 N_d e' \leq f_{cd1} b_2 h_2 \left(h'_0 - \frac{h_2}{2}\right) + f'_{sd1} A_{s1}(h'_0 - a_{s1}) + f'_{sd2} A_{s2}(h'_0 - a_{s2})$$

(5.3.3-8)

$$e' = \frac{h_2}{2} - e_0 - a'_s \quad (5.3.3\text{-}9)$$

式中：e'——轴向力作用点至截面受压较大边纵向普通钢筋 A'_{s1} 和 A'_{s2} 合力点的距离，计算时偏心距 e_0 可不考虑增大系数 η；

h'_0——截面受压较小边边缘至受压较大边纵向普通钢筋合力点的距离，$h'_0 = h_2 - a'_s$；

h_2——加固后构件截面的高度；

其他符号意义见式(5.3.3-1)和式(5.3.3-7)。

5.3.4 两侧加厚的矩形截面偏心受压构件截面受拉边或受压较小边纵向普通钢筋的应力 σ_{s1} 应按下列情况采用。

1 当 $\xi \leq \xi_b$ 时为大偏心受压构件，此处，相对受压区高度 $\xi = \frac{x}{h_0}$，$h_0 = h_2 - a_s$，h_2 为加固后截面的高度。原构件截面受拉边纵向普通钢筋 A_{s1} 的应力取 $\sigma_{s1} = f_{sd1}$。

2 当 $\xi > \xi_b$ 时为小偏心受压构件，原构件截面受拉边或受压较小边纵向普通钢筋 A_{s1} 的应力可按下列公式计算：

$$\sigma_{s1} = \varepsilon_{cu} E_{s1} \left(\frac{\beta h_{01}}{x - \beta h'_c} - 1\right) \quad (5.3.4\text{-}1)$$

$$-f_{sd1} \leq \sigma_{s1} \leq f_{sd1} \quad (5.3.4\text{-}2)$$

式中：σ_{s1}——构件达到承载能力极限状态时，原构件截面受拉边或受压较小边的纵向普通钢筋应力，压应力为负号，拉应力为正号；

ε_{cu}——混凝土极限区应变，当混凝土强度等级为 C50 及 C50 以下时，取 $\varepsilon_{cu} = 0.0033$；

E_{s1}——原构件截面受拉边或受压较小边的纵向普通钢筋的弹性模量；

h_{01}——原构件截面有效高度；

f_{sd1}——原构件纵向普通钢筋的抗拉强度设计值；

x——加固后构件截面混凝土受压区高度；

β——截面受压区矩形应力图高度与实际受压区高度的比值，当混凝土强度等级为 C50 及 C50 以下时，取 $\beta = 0.8$；

其他符号意义见图 5.3.3。

5.3.5 两侧加厚的矩形截面偏心受压构件截面受拉边或受压较小边新增加纵向普通钢筋的应力 σ_{s2} 应按下列公式计算：

$$-f_{sd2} \leq \sigma_{s2} = E_{s2}\varepsilon_{s2} \leq f_{sd2} \quad (5.3.5\text{-}1)$$

$$\varepsilon_{s2} = \left(\frac{\beta h_{02} - x}{x - \beta h'_c}\right)\varepsilon_{cu} - \varepsilon'_{s2} \quad (5.3.5\text{-}2)$$

式中：E_{s2}——截面受拉边或受压较小边新增纵向普通钢筋 A_{s2} 的弹性模量；

ε_{s2}——截面受拉边或受压较小边新增纵向普通钢筋的应变，拉应变为正号，压应变为负号；

ε'_{s2}——第一阶段受力时原构件截面相应于新增纵向普通钢筋 A_{s2} 位置处的应变，计算时应计入应变符号，拉应变为正号，压应变为负号；

f_{sd2}——截面受拉边或受压较小边新增纵向普通钢筋的强度设计值；

h_{02}——加固后截面受拉边或受压较小边新增纵向普通钢筋 A_{s2} 截面重心至受压较大边缘距离，$h_{02}=h_2-a_{s2}$；

其他符号意义见图 5.3.3。

5.3.6 第一阶段受力时原矩形截面偏心受压构件截面受压较大边缘混凝土压应变 ε_{c1} 和相应于新增纵向普通钢筋 A_{s2} 位置处的应变 ε'_{s2} 按下列公式计算：

1 原构件为轴心受压构件时

$$\varepsilon_{c1}=\frac{N_{d1}}{[b_1h_1+\alpha_{Es}(A_{s1}+A'_{s1})]E_c} \tag{5.3.6-1}$$

$$\varepsilon'_{s2}=\varepsilon_{c1} \tag{5.3.6-2}$$

式中：N_{d1}——第一阶段轴力组合设计值；

b_1、h_1——分别为原构件矩形截面的宽度和高度；

A_{s1}、A'_{s1}——分别为原构件截面受拉边或受压较小边纵向普通钢筋面积和截面受压较大边纵向普通钢筋面积；

α_{Es}——原构件钢筋与混凝土弹性模量之比；

E_c——原构件混凝土弹性模量。

2 原构件为大偏心受压构件时

$$\varepsilon'_{s2}=\frac{x_1-h_{02}+h'_c}{x_1}\varepsilon_{c1} \tag{5.3.6-3}$$

式中：h_{02}——加固后截面受拉边新增纵向普通钢筋 A_{s2} 截面重心至受压较大边缘距离，$h_{02}=h_2-a_{s2}$，见图 5.3.3；

x_1——原构件开裂截面换算截面的混凝土受压区高度；

h'_c——截面受压较大边的加厚混凝土厚度；

ε_{c1}——原构件截面受压较大边混凝土的计算压应变，按本规范附录 C 的规定计算。

3 当原构件为小偏心受压构件时

$$\varepsilon'_{s2}=\varepsilon_{c1}-\frac{h_{02}-h'_c}{h_{01}-h'_c}(\varepsilon_{c1}-\varepsilon_{s1}) \tag{5.3.6-4}$$

式中：h_{01}——原构件受拉边或受压较小边纵向普通钢筋 A_{s1} 至加固后截面受压较大边缘的距离；

ε_{s1}——第一阶段原构件截面受拉边或受压较小边纵向普通钢筋 A_{s1} 的应变，按本规范附录 C 的规定计算；

其他符号意义见图5.3.3。

运用式(5.3.6-1)~式(5.3.6-4)计算时,应变应计入应变符号,拉应变为正号,压应变为负号。

5.3.7 计算偏心受压构件正截面承载力时,对长细比 $l_0/i>17.5$ 的构件,应考虑构件在弯矩作用平面内的挠曲对轴向力偏心距的影响。此时,应将轴向力对截面重心的偏心距 e_0 乘以偏心距增大系数 η,其值按下列公式计算:

$$\eta=\left[1+\frac{1}{1400e_0/h_0}\left(\frac{l_0}{h_2}\right)^2\zeta_1\zeta_2\right]\psi_\eta \tag{5.3.7-1}$$

$$\zeta_1=0.2+2.7\frac{e_0}{h_0}\leqslant 1.0 \tag{5.3.7-2}$$

$$\zeta_2=1.15-0.01\frac{l_0}{h_2}\leqslant 1.0 \tag{5.3.7-3}$$

式中:l_0——构件的计算长度,按照现行《公路钢筋混凝土及预应力混凝土桥涵设计规范》(JTG D62)选用;

ζ_1——荷载偏心率对截面曲率的影响系数;

ζ_2——构件长细比对截面曲率的影响系数;

ψ_η——偏心距增大系数的修正系数,可按截面增大形式选用:

采用对称形式的增大截面,当 $e_0/h_2\geqslant 0.3$ 时,$\psi_\eta=1.1$;当 $e_0/h_2<0.3$ 时,$\psi_\eta=1.2$;

采用非对称形式的增大截面,当 $e_0/h_2\geqslant 0.3$ 时,$\psi_\eta=1.2$;当 $e_0/h_2<0.3$ 时,$\psi_\eta=1.3$;

其他符号意义见式(5.3.3-4)。

5.3.8 对加固后偏心受压构件,还应按轴心受压构件复核垂直于弯矩作用平面的承载力。此时不考虑弯矩作用,按第二阶段作用轴心受压构件计算,计算公式见第5.3.1条。

5.4 新老混凝土结合计算

5.4.1 在受压区增设现浇混凝土加厚层的梁,当满足本规范第5.5.1条、第5.5.3条和第5.5.5条构造要求时,原构件与新增混凝土现浇层之间结合面的抗剪承载力按下式计算:

$$\gamma_0 V_d\leqslant 0.12f_{cd}bh_0+0.85f_{sv}\frac{A_{sv}}{S_v}h_0 \tag{5.4.1}$$

式中:V_d——加固后最大剪力组合设计值(N);

f_{cd}——混凝土抗压强度设计值,当原构件与现浇混凝土不同时,取两者中较低者(MPa);

b——新老混凝土的结合面宽度(mm);

h_0——加固后构件截面的有效高度(mm);

f_{sv}——结合面配置的箍筋或植筋抗拉强度设计值(MPa);

A_{sv}——结合面上同一竖向截面配置的箍筋各肢总截面面积或植筋总截面面积(mm^2);

S_v——箍筋或植筋的间距(mm)。

5.4.2 在受压区增设现浇混凝土加厚层的板,当在新老混凝土的结合面上不配置抗剪钢筋且符合本规范第5.5.5条的构造规定时,其结合面抗剪承载力应满足下列要求:

$$\frac{\gamma_0 V_d}{bh_0} \leqslant 0.45 \quad (\text{MPa}) \tag{5.4.2-1}$$

式中符号意义见式(5.4.1)。

当结合面符合本规范第5.5.3条的构造规定,且同一竖向截面配置不少于$0.3\frac{bS_v}{f_{sd}}$(以mm^2计)的竖向结合钢筋时,新老混凝土结合面抗剪承载力应满足下列要求:

$$\frac{\gamma_0 V_d}{bh_0} \leqslant 2 \quad (\text{MPa}) \tag{5.4.2-2}$$

在受拉区采用增大截面加固的受弯梁,原构件与新增混凝土现浇层之间结合面的抗剪承载力可按式(5.4.1)计算。

5.5 构造要求

5.5.1 新浇混凝土应符合下列规定:

1 新浇混凝土强度级别宜比原构件混凝土强度提高一级,且不低于C30。

2 新浇混凝土层的最小厚度,对板不宜小于100mm,对梁和受压构件不宜小于150mm。

3 当新浇混凝土层厚度小于100mm时,可采用小石子混凝土或喷射高性能抗拉复合砂浆。在结构尺寸复杂和新浇混凝土施工条件差的情况下,可采用微膨胀或自密实混凝土。

5.5.2 加固用受力钢筋直径不小于12mm,不宜大于25mm;构造钢筋直径不小于10mm;箍筋直径不宜小于8mm。

5.5.3 新增钢筋应按现行《公路钢筋混凝土及预应力混凝土桥涵设计规范》(JTG D62)要求进行设置,并应符合下列规定:

1 当新增纵向钢筋与原构件受力钢筋采用短筋焊接时,短筋的直径不宜小于12mm,各短筋的中距不应大于500mm。

2 当用单侧或双侧加固时,应设置U形箍筋或封闭式箍筋并与原构件牢固连接。

5.5.4 在受拉区增设混凝土加固的受弯构件,新增纵向钢筋需截断时,应从计算截断点外至少增加一个锚固长度。受压构件新增纵向受力钢筋应伸入原结构中并满足锚固要求。

5.5.5 新老混凝土结合面处,原构件的表面应凿成凹凸差不小于6mm的粗糙面。

5.5.6 为满足式(5.4.1)和式(5.4.2-2)要求,需要在原构件混凝土中植抗剪钢筋时,数量应根据受力及构造要求确定,植筋设计见本规范附录A。

6 粘贴钢板加固法

6.1 一般规定

6.1.1 本方法适用于钢筋混凝土受弯、受拉和受压构件的加固。

6.1.2 被加固混凝土构件的混凝土强度要求见本规范第5.1.2条。

6.1.3 粘贴钢板外表面应进行防护处理。表面防护材料对钢板及胶黏剂应无害。

6.1.4 被加固构件处于特殊环境(如高温、高湿、介质侵蚀等)时,应采用耐环境因素作用的胶黏剂,并按专门的工艺要求施工。

6.1.5 粘贴钢板加固混凝土构件时,宜将钢板受力方式设计成仅承受轴向力作用。

6.1.6 粘贴钢板加固桥梁构件的作用效应宜分别按下列两个阶段进行计算:

1 第一阶段:粘贴钢板加固施工前,作用(或荷载)应考虑加固时包括原构件自重在内的实际恒载及施工时的其他荷载。

2 第二阶段:粘贴钢板加固后,作用(或荷载)应考虑包括构件自重在内的恒载、二期恒载作用及使用阶段的可变作用。作用效应组合系数取值:恒载的荷载效应分项系数1.2;使用阶段的可变作用效应分项系数按现行《公路桥涵设计通用规范》(JTG D60)取用。

6.2 受弯构件加固计算

6.2.1 采用粘贴钢板对钢筋混凝土受弯构件进行抗弯加固时,除应遵守《公路钢筋混凝土及预应力混凝土桥涵设计规范》(JTG D62—2004)第5.1.4条正截面承载力计算的基本假定外,尚应符合下列规定:

1 构件达到受弯承载能力极限状态时,应按平截面假定确定钢板的拉应变 ε_{sp}。钢板应力 σ_{sp} 等于拉应变 e_{sp} 与弹性模量 E_{sp} 的乘积,且小于钢板抗拉强度设计值。

2 在达到受弯承载能力极限状态前,必须采取可靠的锚固措施,避免发生钢板与混凝土之间的黏结剥离破坏。

6.2.2 在矩形截面或翼缘位于受拉区的钢筋混凝土 T 形截面受弯构件的受拉面粘贴钢板进行加固时,其正截面承载力应按下列公式计算(图 6.2.2):

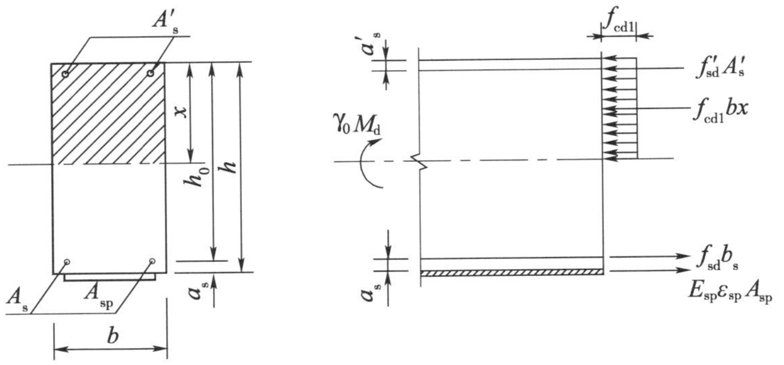

图 6.2.2 正截面受弯承载力计算

$$\gamma_0 M_d \leqslant f_{cd1} bx\left(h_0 - \frac{x}{2}\right) + f'_{sd} A'_s (h_0 - a'_s) + E_{sp}\varepsilon_{sp}A_{sp}a_s \qquad (6.2.2\text{-}1)$$

混凝土受压区高度应按下式确定:

$$f_{cd1} bx = f_{sd}A_s + E_{sp}\varepsilon_{sp}A_{sp} - f'_{sd}A'_s \qquad (6.2.2\text{-}2)$$

混凝土受压区高度尚应满足下列条件:

$$2a'_s \leqslant x \leqslant \xi_b h_0 \qquad (6.2.2\text{-}3)$$

式中:γ_0——桥梁结构的重要性系数,按照现行《公路钢筋混凝土及预应力混凝土桥涵设计规范》(JTG D62)规定采用;

M_d——第二阶段弯矩组合设计值;

f_{cd1}——原构件混凝土抗压强度设计值;

x——等效矩形应力图形的混凝土受压区高度,简称混凝土受压区高度;

b、h——分别为原构件截面宽度和高度;

f_{sd}、f'_{sd}——分别为原构件纵向普通钢筋的抗拉强度设计值和抗压强度设计值;

E_{sp}——加固钢板的弹性模量;

ε_{sp}——构件达到承载能力极限状态时,加固钢板的拉应变;

A_{sp}——加固钢板的截面面积;

A_s、A'_s——分别为原构件受拉区、受压区纵向普通钢筋的截面面积;

a_s、a'_s——受拉区、受压区普通的钢筋合力点至受拉区边缘、受压区边缘的距离;

h_0——原构件截面有效高度,$h_0 = h - a_s$;

ε_{cu}——混凝土极限压应变,当混凝土强度等级为 C50 及 C50 以下时,取 $\varepsilon_{cu} = 0.0033$;

ξ_b——相对界限受压区高度,按原构件混凝土和受拉普通钢筋强度级别,应按照《公路钢筋混凝土及预应力混凝土桥涵设计规范》(JTG D62—2004)表 5.2.1 规定选用。

当 $x < 2a'_s$ 时,正截面抗弯承载力按下式计算:

$$\gamma_0 M_d \leqslant f_{sd}A_s(h_0 - a'_s) + E_{sp}\varepsilon_{sp}A_{sp}(h - a'_s) \qquad (6.2.2\text{-}4)$$

式中各项符号意义见式(6.2.2-1)。

6.2.3 加固钢板的拉应变 ε_{sp} 按下列公式计算：

$$\varepsilon_{sp} = \frac{\varepsilon_{cu}(\beta h - x)}{x} - \frac{\varepsilon_{c1}(h - x_1)}{x_1} \tag{6.2.3-1}$$

$$\varepsilon_{c1} = \frac{M_{d1}x_1}{E_c I_{cr}} \tag{6.2.3-2}$$

式中：M_{d1}——第一阶段弯矩组合设计值；

f_{sp}——加固钢板的抗拉强度设计值；

x——混凝土受压区高度；

x_1——加固前原构件开裂截面换算截面的混凝土受压区高度；

β——截面受压区矩形应力图高度与实际受压区高度的比值，当混凝土强度等级为 C50 及 C50 以下时，取 $\beta = 0.8$；

E_c——原加固构件混凝土的弹性模量；

I_{cr}——加固前原构件开裂截面换算截面的惯性矩；

ε_{c1}——在 M_{d1} 作用下，原构件截面受压边缘混凝土压应变；

其他符号意义见式(6.2.2-1)。

6.2.4 对翼缘位于受压区的 T 形截面受弯构件的受拉面粘贴钢板进行受弯加固时，可参照本规范第 5.2.5 条方法计算。

6.2.5 对受弯构件正弯矩区的正截面加固，受拉钢板的截断位置距其充分利用截面的距离应不小于按下式确定的粘贴延伸长度：

$$l_p = \frac{f_{sp}A_{sp}}{\tau_p b_p} + 300 \tag{6.2.5}$$

式中：l_p——受拉钢板粘贴延伸长度(mm)；

b_p——对梁为受拉面粘贴钢板的总宽度(mm)，对板为 1m 板宽范围内粘贴钢板的总宽度(mm)；

f_{sp}——加固钢板的抗拉强度设计值；

A_{sp}——加固钢板的截面面积；

τ_p——钢板与混凝土之间的黏结强度设计值(MPa)，设计时可参照表 6.2.5 的设计值采用。

表 6.2.5 钢板与混凝土之间的黏结强度设计值(MPa)

混凝土强度等级	C15	C20	C25	C30	C35	C40	C45	C50	≥C60
黏结强度设计值 τ_p	0.61	0.80	0.94	1.05	1.14	1.21	1.26	1.31	1.35

6.2.6 受弯构件加固后的斜截面应满足下列条件：

$$\gamma_0 V_d \leq 0.51 \times 10^{-3} \sqrt{f_{cu,k}} b h_0 \tag{6.2.6}$$

式中：V_d——加固后构件验算截面处的第二阶段剪力设计组合值(kN)；

γ_0——桥梁结构的重要系数，按照现行《公路钢筋混凝土及预应力混凝土桥涵设计规范》(JTG D62)规定采用；

$f_{cu,k}$——原构件混凝土强度等级；

b——原构件截面宽度(mm)；

h_0——原构件截面有效高度(mm)。

6.2.7 采用加锚箍、竖直粘贴的各种U形箍、L形箍或斜向钢板对钢筋混凝土梁进行抗剪加固时，其斜截面承载力按照本规范第5.2.8条计算，其中系数ψ_{vb}按下式计算：

$$\psi_{vb} = \frac{0.8 A_{spv} E_{sp}}{A_{sv} E_{sv} + 0.707 A_{sb} E_{sb} + A_{spv} E_{sp}} \tag{6.2.7-1}$$

式中：A_{spv}——配置在同一截面处箍板的全部截面面积(mm²)，$A_{spv} = 2 b_{spv} t_{spv} \sin\theta_{spv}$；此处，$b_{spv}$、$t_{spv}$和$\theta_{spv}$分别为箍板宽度、箍板厚度和箍板的切线与梁纵轴的夹角；

A_{sv}——配置在同一截面处箍筋的全部截面面积(mm²)；

A_{sb}——与斜裂缝相交的普通弯起钢筋的总截面面积(mm²)；

E_{sp}——钢板的弹性模量(MPa)；

E_{sv}——配置在同一截面处箍筋的弹性模量(MPa)；

E_{sb}——配置在同一截面处弯起钢筋的弹性模量(MPa)。

6.3 偏心受压构件加固计算

6.3.1 偏心受压的钢筋混凝土构件正截面承载力应按下列公式计算(图6.3.1)：

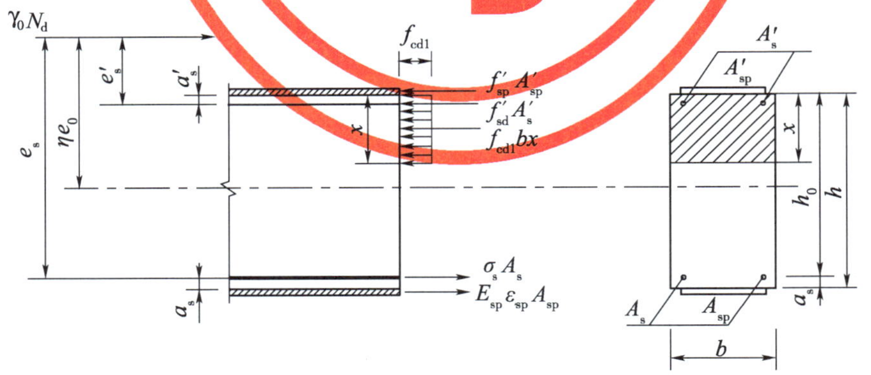

图6.3.1 偏心受压构件正截面承载力计算

$$\gamma_0 N_d \leq f_{cd1} b x + f'_{sd} A'_s + f'_{sp} A'_{sp} - \sigma_s A_s - E_{sp} \varepsilon_{sp} A_{sp} \tag{6.3.1-1}$$

$$\gamma_0 N_d e_s \leq f_{cd1} b x \left(h_0 - \frac{x}{2}\right) + f'_{sd} A'_s (h_0 - a'_s) + f'_{sp} A'_{sp} h_0 + E_{sp} \varepsilon_{sp} A_{sp} a_s \tag{6.3.1-2}$$

$$f_{cd1}bx\left(e_s - h_0 + \frac{x}{2}\right) = \sigma_s A_s e_s + E_{sp}\varepsilon_{sp}A_{sp}(e_s + a_s) - f'_{sd}A'_s e'_s - f'_{sp}A'_{sp}(e'_s - a'_s)$$

(6.3.1-3)

$$e_s = \eta e_0 + \frac{h}{2} - a_s \tag{6.3.1-4}$$

$$e'_s = \eta e_0 - \frac{h}{2} + a'_s \tag{6.3.1-5}$$

式中：γ_0——桥梁结构的重要性系数，按照现行《公路钢筋混凝土及预应力混凝土桥涵设计规范》(JTG D62)规定采用；

N_d——第二阶段轴向力组合设计值；

f_{cd1}——原构件混凝土抗压强度设计值；

A_s、A'_s——分别为构件截面受拉边或受压较小边普通钢筋和受压普通钢筋的截面面积；

A_{sp}、A'_{sp}——分别为构件截面受拉边或受压较小边钢板和受压钢板的截面面积；

x——混凝土受压区高度；

b、h——分别为原构件截面宽度和高度；

a_s、a'_s——受拉区、受压区普通钢筋合力点至受拉区边缘、受压区边缘的距离；

h_0——原构件截面有效高度，$h_0 = h - a_s$；

e_s、e'_s——分别为轴向力作用点至截面受拉普通钢筋 A_s 合力点和受压普通钢筋 A'_s 合力点的距离；

e_0——轴向力对截面重心轴的偏心距，$e_0 = M_d/N_d$；

η——偏心受压构件考虑二阶弯矩影响的轴向压力偏心距增大系数，按本规范第5.3.7条的规定计算；

f'_{sp}——加固钢板的抗压强度设计值；

σ_s——受拉边或受压较小边纵向普通钢筋的应力；

M_d——相应于 N_d 的第二阶段弯矩组合设计值；

E_{sp}——加固钢板的弹性模量；

ε_{sp}——构件达到承载能力极限状态时加固钢板的拉应变。

6.3.2 两侧粘贴钢板加固的矩形截面偏心受压构件截面受拉边或受压较小边纵向普通钢筋的应力 σ_s 应按下列情况采用：

1 当 $\xi \leqslant \xi_b$ 时为大偏心受压构件，截面受拉边原构件纵向普通钢筋 A_s 的应力取 $\sigma_s = f_{sd}$。

2 当 $\xi > \xi_b$ 时为小偏心受压构件，截面受拉边原构件纵向普通钢筋 A_s 的应力可按下列公式计算：

$$\sigma_s = \varepsilon_{cu}E_s\left(\frac{\beta h_0}{x} - 1\right) \tag{6.3.2-1}$$

$$-f_{sd} \leqslant \sigma_s \leqslant f_{sd} \tag{6.3.2-2}$$

式中：ε_{cu}——混凝土极限区应变，当混凝土强度等级为 C50 及 C50 以下时，取 $\varepsilon_{cu}=0.0033$；

E_s——原构件受拉区纵向普通钢筋的弹性模量；

β——截面受压区矩形应力图高度与实际受压区高度的比值，当混凝土强度等级为 C50 及 C50 以下时，取 $\beta=0.8$；

f_{sd}——原构件纵向普通钢筋抗拉强度设计值；

其他符号意义见式(6.3.1-2)。

6.3.3 两侧粘贴钢板加固的矩形截面偏心受压构件截面受拉边或受压较小边钢板的应力 σ_{sp} 可按下列公式计算：

$$-f_{sp} \leqslant \sigma_{sp} = \varepsilon_{sp}E_{sp} \leqslant f_{sp} \tag{6.3.3-1}$$

$$\varepsilon_{sp} = \frac{\beta h - x}{x}\varepsilon_{cu} - \varepsilon_{p1} \tag{6.3.3-2}$$

式中：ε_{sp}——截面受拉边或受压较小边钢板的应变，拉应变为正号，压应变为负号；

ε_{p1}——原构件在第一阶段荷载作用下钢板的滞后应变，按本规范第 6.3.4 条的规定计算，计算时应计入应变符号，拉应变为正号，压应变为负号；

f_{sp}——加固钢板的抗拉强度设计值；

其他符号意义见式(6.3.1-1)、式(6.3.1-5)、式(6.3.2-1)。

6.3.4 两侧粘贴钢板加固的矩形截面偏心受压构件钢板的滞后应变应 ε_{p1} 按下列公式计算：

1 第一阶段受力时，原构件为轴心受压构件

$$\varepsilon_{p1} = \frac{N_{d1}}{[bh + \alpha_{Es}(A_s + A'_s)]E_c} \tag{6.3.4-1}$$

$$\varepsilon_{c1} = \varepsilon_{p1} \tag{6.3.4-2}$$

式中：N_{d1}——第一阶段轴力组合设计值；

α_{Es}——原构件普通钢筋与混凝土弹性模量之比；

E_c——原构件混凝土弹性模量。

2 第一阶段受力时，原构件为大偏心受压构件

$$\varepsilon_{p1} = \frac{h - x_1}{x_1}\varepsilon_{c1} \tag{6.3.4-3}$$

式中：x_1——加固前原构件开裂截面换算截面的混凝土受压区高度；

ε_{c1}——原构件受压较大边混凝土的应变(负号)，按本规范附录 C 的规定计算。

3 当原构件为小偏心受压构件时

$$\varepsilon_{p1} = \varepsilon_{c1} - \frac{h}{h_0}(\varepsilon_{c1} - \varepsilon_{s1}) \tag{6.3.4-4}$$

式中：ε_{s1}——第一阶段原构件截面受拉边或受压较小边纵向普通钢筋的应变，按本规范附录 C 的规定计算；

其他符号意义见式(6.3.1-1)、式(6.3.1-5)、式(6.3.4-3)。

6.3.5 对小偏心受压构件，当轴向力作用在纵向普通钢筋 A_s 合力点与 A'_s 合力点之间时，抗压承载力计算尚应符合下列规定：

$$\gamma_0 N_d e' \leqslant f_{cd1} bh\left(h'_0 - \frac{h}{2}\right) + f'_{sd1} A_{s1}(h'_0 - a_s) + f'_{sp} A_{sp} h'_0 - f'_{sp} A'_{sp} a'_s \tag{6.3.5-1}$$

$$e' = \frac{h}{2} - e_0 - a'_s \tag{6.3.5-2}$$

式中：e'——轴向力作用点至截面受压较大边纵向普通钢筋 A'_s 合力点的距离，计算时偏心距 e_0 可不考虑增大系数 η；

h'_0——截面受压较小边边缘至受压较大边纵向普通钢筋合力点的距离，$h'_0 = h - a_s$；

h——原构件截面高度；

其他符号意义见式(6.3.1-1)、式(6.3.1-5)。

6.3.6 单侧贴钢板加固或两侧粘贴钢板加固的 I 形截面偏心受压构件，正截面承载力计算应按照《公路钢筋混凝土及预应力混凝土桥涵设计规范》(JTG D62—2004)第 5.3.6 条和本规范第 6.3.1 条 ~ 第 6.3.4 条方法进行。

6.4 受拉构件正截面加固计算

6.4.1 两侧粘贴钢板加固轴心受拉构件的正截面承载力应按下列公式确定(图 6.4.1)：

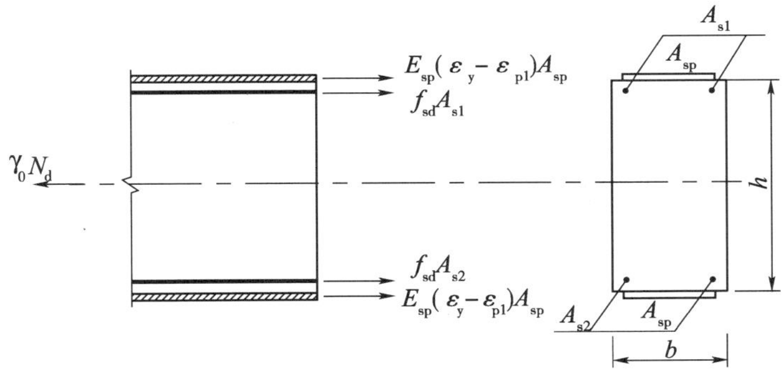

图 6.4.1 轴心受拉构件正截面承载力计算

$$\gamma_0 N_d \leqslant f_{sd} A_s + E_{sp}(\varepsilon_y - \varepsilon_{p1}) A_{sp} \tag{6.4.1-1}$$

$$\varepsilon_{p1} = \frac{N_{d1}}{A_s E_s} \tag{6.4.1-2}$$

式中：N_d——第二阶段轴向力组合设计值；

N_{d1}——第一阶段轴向力组合设计值；

f_{sd}——原构件纵向普通钢筋的抗拉强度设计值；

A_s——原构件受拉普通钢筋全部截面面积；

A_{sp}——钢板全部截面面积；

E_s——原构件受拉普通钢筋的弹性模量；

E_{sp}——加固钢板的弹性模量；

ε_y——与原构件受拉普通钢筋强度设计值相对应的应变，$\varepsilon_y = f_{sd}/E_s$；

ε_{p1}——原构件在第一阶段荷载作用下受拉边钢板的滞后应变；

其他符号意义见图 6.4.1。

6.4.2 两侧粘贴钢板加固矩形截面大偏心受拉构件的正截面承载力按下列公式计算(图 6.4.2)：

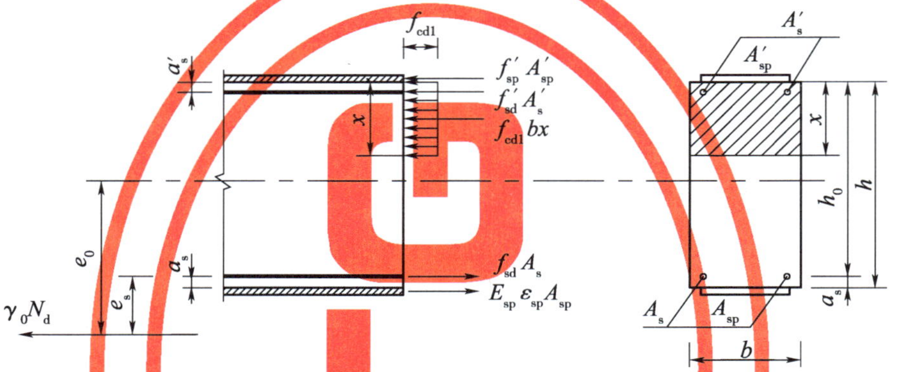

图 6.4.2 大偏心受拉构件正截面承载力计算

$$\gamma_0 N_d \leq f_{sd}A_s + E_{sp}\varepsilon_{sp}A_{sp} - f_{cd1}bx - f'_{sd}A'_s - f'_{sp}A'_{sp} \tag{6.4.2-1}$$

$$\gamma_0 N_d e_s \leq f_{cd1}bx\left(h_0 - \frac{x}{2}\right) + f'_{sd}A'_s(h_0 - a'_s) + f'_{sp}A'_{sp}h_0 + E_{sp}\varepsilon_{sp}A_{sp}a_s \tag{6.4.2-2}$$

$$e_s = e_0 - \frac{h}{2} + a_s \tag{6.4.2-3}$$

混凝土受压区高度尚应满足下列条件：

$$2a'_s \leq x \leq \xi_b h_0 \tag{6.4.2-4}$$

式中：γ_0——桥梁结构的重要性系数，按照现行《公路钢筋混凝土及预应力混凝土桥涵设计规范》(JTG D62)采用；

N_d——第二阶段轴向力组合设计值；

f_{cd1}——原构件混凝土抗压强度设计值；

f_{sd}、f'_{sd}——分别为原构件纵向普通钢筋的抗拉强度设计值和抗压强度设计值；

A_s、A'_s——分别为原构件受拉区和受压纵向普通钢筋的截面面积；

A_{sp}、A'_{sp}——分别为受拉钢板和受压钢板的截面面积；

x——混凝土受压区高度；

b、h——分别为矩形截面宽度和高度；

a_s、a'_s——受拉区、受压区普通钢筋合力点至受拉区边缘、受压区边缘的距离；

h_0——原构件截面有效高度，$h_0 = h - a_s$；

e_s——轴向力作用点至截面受拉普通钢筋 A_s 合力点的距离；

e_0——轴向力对截面重心轴的偏心距，$e_0 = M_d / N_d$；

f'_{sp}——加固钢板的抗压强度设计值；

E_{sp}——加固钢板的弹性模量；

ε_{sp}——构件达到承载能力极限状态时，加固钢板的拉应变；

ξ_b——相对界限受压区高度，按原构件混凝土和受拉普通钢筋强度级别，应按照《公路钢筋混凝土及预应力混凝土桥涵设计规范》（JTG D62—2004）表5.2.1选用。

6.4.3 两侧粘贴钢板加固的矩形截面大偏心受拉构件截面受拉边钢板的应力 σ_{sp} 应按下列公式计算：

$$\sigma_{sp} = \varepsilon_{sp} E_{sp} \tag{6.4.3-1}$$

$$\varepsilon_{sp} = \frac{\varepsilon_{cu}(\beta h - x)}{x} - \frac{\varepsilon_{c1}(h - x_1)}{x_1} \leqslant \frac{f_{sp}}{E_{sp}} \tag{6.4.3-2}$$

$$\varepsilon_{c1} = \frac{N_{d1} e_0 x_1}{E_c I_{cr}} \tag{6.4.3-3}$$

式中：f_{sp}——加固钢板的抗拉强度设计值；

x_1——加固前原构件开裂截面换算截面的混凝土受压区高度；

β——截面受压区矩形应力图高度与实际受压区高度的比值，当混凝土强度等级为C50及C50以下时，取 $\beta = 0.8$；

E_c——原构件混凝土的弹性模量；

E_{sp}——加固钢板的弹性模量；

I_{cr}——加固前原构件开裂截面换算截面的惯性矩；

e_0——轴向力对截面重心轴的偏心距，$e_0 = M_{d1} / N_{d1}$；

ε_{c1}——在 $N_{d1} e_0$ 作用下，原构件截面上边缘混凝土压应变。

6.5 构造要求

6.5.1 采用直接涂胶粘贴的钢板厚度不应大于5mm；钢板厚度大于5mm时，应采用压力注胶黏结。

6.5.2 对钢筋混凝土受弯构件进行正截面加固时，钢板宜采用条带粘贴，钢板的宽厚比不应小于30。

6.5.3 当粘贴的钢板延伸至支座边缘仍不满足本规范第6.2.5条延伸长度的要求时，应采取下列锚固措施：

1　对梁,应在延伸长度范围内均匀设置U形箍(图6.5.3),且应在延伸长度的端部设置一道加强箍。U形箍应伸至梁翼缘板底面。U形箍的宽度,对端箍不应小于200mm;对中间箍不应小于受弯加固钢板宽度的1/2,且不应小于100mm。U形箍的厚度不应小于受弯加固钢板厚度的1/2。U形箍的上端应设置纵向钢压条;压条下面的空隙应加胶粘钢垫块填平。

2　对板,应在延伸长度范围内通长设置垂直于受力钢板方向的压条。压条应在延伸长度范围内均匀布置,且应在延伸长度的端部设置一道。钢压条的宽度不应小于受弯加固钢板宽度的3/5,钢压条的厚度不应小于受弯加固钢板厚度的1/2。

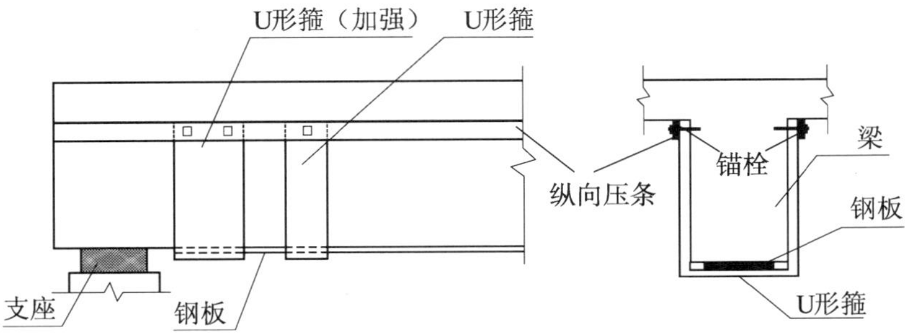

图6.5.3　梁粘贴钢板端部锚固措施

6.5.4　当采用钢板对受弯构件负弯矩区进行正截面承载力加固时,应采取下列构造措施(图6.5.4):

1　对负弯矩区进行加固时,钢板应在负弯矩包络图范围内连续粘贴;其延伸长度的截断点应按本规范6.2.5条的原则确定。

2　对无法延伸的一侧,应粘贴钢板压条进行锚固。钢压条下面的空隙应加胶粘钢垫块填平。

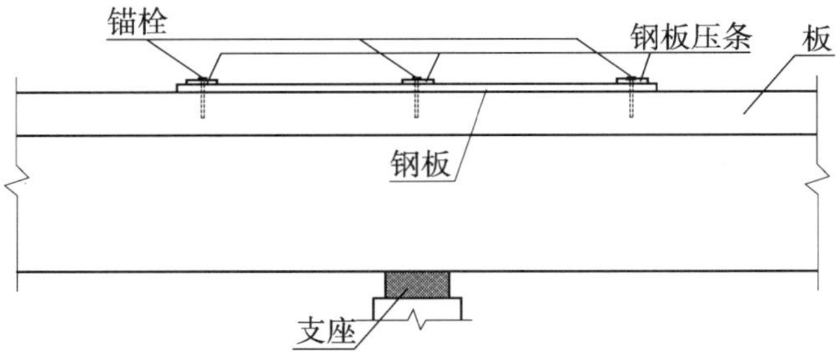

图6.5.4　负弯矩区粘贴钢板端部锚固措施

6.5.5　当加固的受弯构件需粘贴一层以上钢板时,相邻两层的截断位置应错开一定距离,错开的距离不应小于300mm,并应在截断处加设U形箍(对梁)或横向压条(对板)进行锚固。

6.5.6　当采用钢板进行斜截面承载力加固时,应粘贴成斜向钢板、U形箍或L形箍(图6.5.6)。斜向钢板和U形箍、L形箍的上端应粘贴纵向钢压条予以锚固。

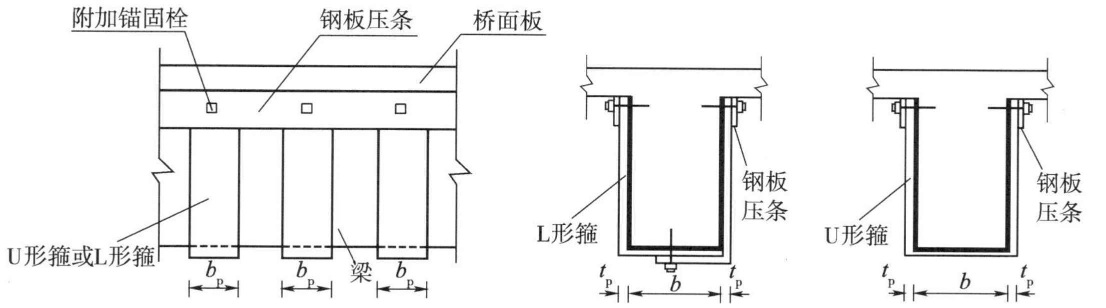

图 6.5.6　钢板抗剪箍及其粘贴方式示意图

6.5.7　直接涂胶粘贴钢板宜使用锚固螺栓，锚固深度不应小于6.5倍螺栓直径。螺栓布置的间距应满足下列要求：

1　螺栓中心最大间距为24倍钢板厚度；最小间距为3倍螺栓孔径。

2　螺栓中心距钢板边缘最大距离为8倍钢板厚度或120mm中的较小者。最小距离为2倍螺栓孔径。

如果螺栓只用于钢板定位或粘贴加压时，不受上述限制。

7 粘贴纤维复合材料加固法

7.1 一般规定

7.1.1 本方法适用于钢筋混凝土受压柱,以提高延性、耐久性的加固;亦可用于梁、板的加固。

7.1.2 采用纤维复合材料加固受压柱时,原构件混凝土强度等级不宜低于 C15。

采用碳纤维复合材料加固梁、板时,混凝土强度等级不宜低于 C25;采用芳纶纤维复合材料、玻璃纤维复合材料时,混凝土强度等级不宜低于 C20。

混凝土表面的黏结强度应满足拉拔试验要求,试验方法见本规范附录 D。

7.1.3 纤维复合材料、黏结材料和表面防护材料的性能及使用环境等均应符合本规范第 4.5 节和第 4.6 节的要求。

7.1.4 采用纤维复合材料加固时,必须将纤维复合材料与构件牢固地粘贴在一起,变形协调,共同受力。

7.1.5 加固时宜卸除作用在结构上的部分荷载。

7.1.6 结构设计计算,必须进行分阶段受力和整桥结构验算。

7.1.7 加固后构件的承载能力由原构件中受拉钢筋(预应力钢束)或受压混凝土达到其强度设计值控制。

7.1.8 采用纤维复合材料加固受弯构件时,其破坏形式应为正截面破坏先于斜截面破坏。

7.1.9 墩柱延性不足时,应采用全长无间隔环向连续粘贴纤维复合材料加固,即环向围束法加固。

7.1.10 必要时应采取可靠的锚固措施。

7.2 受压构件加固计算

7.2.1 一般规定

1 轴心受压构件可采用全长无间隔环向连续粘贴纤维复合材料的方法(环向围束法)进行加固。

2 环向围束加固轴心受压构件适用于下列情况:

1)长细比 $l/D \leq 12$ 的圆形截面柱;

2)长细比 $l/b \leq 14$、截面高宽比 $h/b \leq 1.5$,且截面棱角经过圆化打磨的正方形或矩形截面柱。圆化半径见本规范第 7.7.1 条第 4 款的规定。

7.2.2 加固计算

1 环向围束加固的轴心受压构件,正截面承载力应符合下列规定:

$$\gamma_0 N_d \leq 0.9[(f_{cd} + 4\sigma_1)A_{cor} + f'_{sd}A'_s] \tag{7.2.2-1}$$

$$\sigma_1 = 0.5\beta_c k_c \rho_f E_f \varepsilon_{fe} \tag{7.2.2-2}$$

式中:f_{cd}——原构件混凝土抗压强度设计值,可根据现场检测强度推算值按照现行《公路钢筋混凝土及预应力混凝土桥涵设计规范》(JTG D62)确定;

σ_1——有效约束应力;

A_{cor}——原构件构件截面有效面积,按式(7.2.2-6)、式(7.2.2-7)计算;

β_c——混凝土强度系数,当混凝土强度等级不大于 C50 时,$\beta_c = 1.0$;当混凝土强度等级为 C80 时,$\beta_c = 0.8$;其间按线性内插法确定;

k_c——环向围束的有效约束系数;

ρ_f——环向围束体积比;

E_f——纤维复合材料的弹性模量;

ε_{fe}——纤维复合材料的有效拉应变设计值;取 $\varepsilon_{fe} = 0.0035$;

其他符号意义见本规范第 6.3.1 条。

2 计算参数 k_c 和 ρ_f。

1)有效约束系数 k_c 值

对圆形截面柱约束系数为 $k_c = 0.95$;

对正方形和矩形截面柱,应按下式计算:

$$k_c = 1 - \frac{(b - 2r)^2 + (h - 2r)^2}{3A_{cor}(1 - \rho_s)} \tag{7.2.2-3}$$

式中:ρ_s——柱中纵向钢筋的配筋率;

r——截面棱角的圆化半径;

b——正方形截面边长或矩形截面宽度;

h——矩形截面高度;

其他符号意义见式(7.2.2-1)。

2)体积比ρ_f值

对圆形截面柱,应按下式计算:

$$\rho_f = 4n_f t_f / D \quad (7.2.2\text{-}4)$$

对正方形和矩形截面柱,应按下式计算:

$$\rho_f = 2n_f t_f (b + h) / A_{cor} \quad (7.2.2\text{-}5)$$

式中:n_f、t_f——分别为纤维复合材料的层数及每层厚度;

D——圆形截面直径;

其他符号意义见式(7.2.2-3)。

3 A_{cor}的计算。

对圆截面:

$$A_{cor} = \pi D^2 / 4 \quad (7.2.2\text{-}6)$$

对矩形截面(图7.2.2):

$$A_{cor} = bh - (4 - \pi) r^2 \quad (7.2.2\text{-}7)$$

式中:D——圆截面有效直径;

r——截面棱角的圆化半径;

其他符号意义见式(7.2.2-5)。

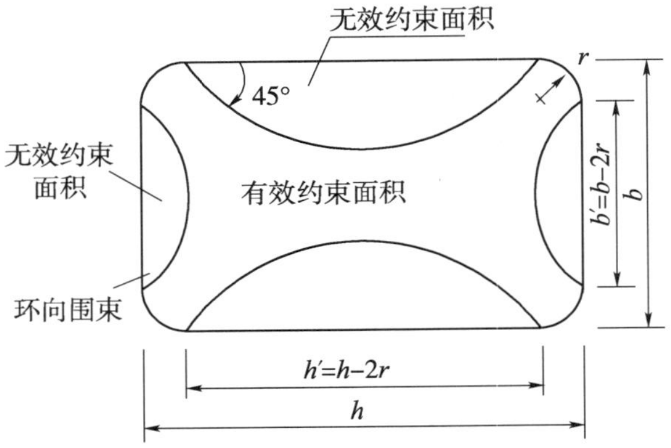

图7.2.2 环向围束内矩形截面有效约束面积

7.3 大偏心受压构件加固计算

对矩形截面大偏心受压构件进行加固时,其正截面承载力应按下列公式计算(图7.3):

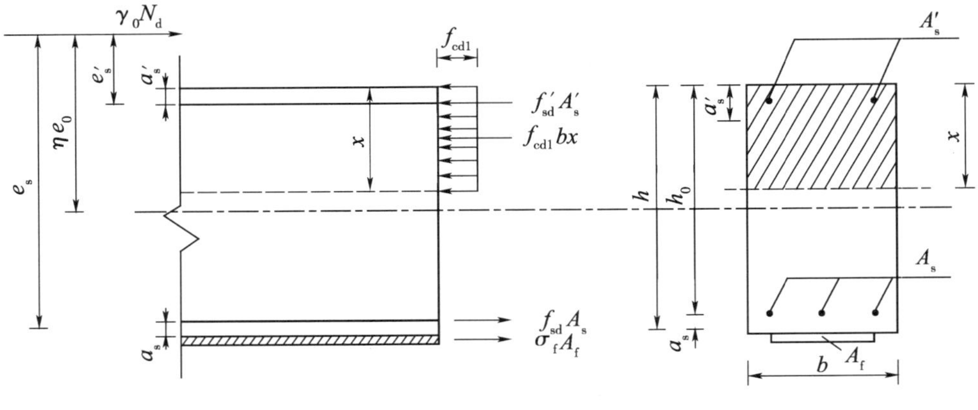

图7.3 大偏心受压构件正截面承载力计算

$$\gamma_0 N_d \leqslant f_{cd1} bx + f'_{sd} A'_s - f_{sd} A_s - \sigma_f A_f \quad (7.3\text{-}1)$$

$$\gamma_0 N_d e \leqslant f_{cd1} bx\left(h_0 - \frac{x}{2}\right) + f'_{sd} A'_s (h_0 - a') + \sigma_f A_f a_s \quad (7.3\text{-}2)$$

$$f_{cd1} bx\left(e_s - h_0 + \frac{x}{2}\right) = f_{sd} A_s e_s + \sigma_f A_f (e_s + a_s) - f'_{sd} A'_s e'_s \quad (7.3\text{-}3)$$

$$e_s = \eta e_0 + \frac{h}{2} - a_s \quad (7.3\text{-}4)$$

$$e'_s = \eta e_0 - \frac{h}{2} + a'_s \tag{7.3-5}$$

式中：f_{cd1}——原构件混凝土抗压强度设计值；

η——偏心受压构件考虑二阶弯矩影响的轴向压力偏心距增大系数，按本规范第5.3.7条规定计算；

A_f——纤维复合材料的面积；

σ_f——纤维复合材料应力计算值，按平截面假定计算；

其他符号意义见本规范第6.3.1条。

7.4 墩柱延性加固计算

采用粘贴封闭式纤维复合材料对墩柱的延性加固后，总折算体积含筋率可按下列公式计算：

$$\rho_v = \rho_{ve} + \rho_{vf} \tag{7.4-1}$$

$$\rho_{vf} = k_c \rho_f \frac{b_f f_f}{s_f f_{sv}} \tag{7.4-2}$$

式中：ρ_{ve}——被加固柱原有箍筋的体积含筋率；当需要重新复核时，应按箍筋范围内的核心截面进行计算；

ρ_{vf}——环向围束作为附加箍筋换算的箍筋体积含筋率的增量；

ρ_f——环向围束体积比，按本规范式(7.2.2-4)、式(7.2.2-5)计算；

k_c——环向围束的有效约束系数，圆形截面取0.90；正方形截面取0.66；矩形截面取0.42；

b_f——环向围束条带的宽度；

s_f——环向围束条带的中心间距；

f_f——环向围束纤维复合材料的抗拉强度设计值，参见本规范表4.5.1之规定；

f_{sv}——原构件箍筋抗拉强度设计值。

7.5 受拉构件加固计算

7.5.1 对轴心受拉构件进行加固时，正截面承载力应符合下列要求：

$$\gamma_0 N_d \le f_{sd} A_s + \sigma_f A_f \tag{7.5.1}$$

式中：N_d——轴向拉力设计值；

其他符号意义见本规范第7.3节。

7.5.2 对矩形截面大偏心受拉构件加固时，正截面承载力应按下列公式计算（图7.5.2）：

$$\gamma_0 N_d \le f_{sd} A_s + \sigma_f A_f - f_{cd1} bx - f'_{sd} A'_s \tag{7.5.2-1}$$

$$\gamma_0 N_d e_s \le f_{cd1} bx\left(h_0 - \frac{x}{2}\right) + f'_{sd} A'_s (h_0 - a'_s) + \sigma_f A_f a_s \tag{7.5.2-2}$$

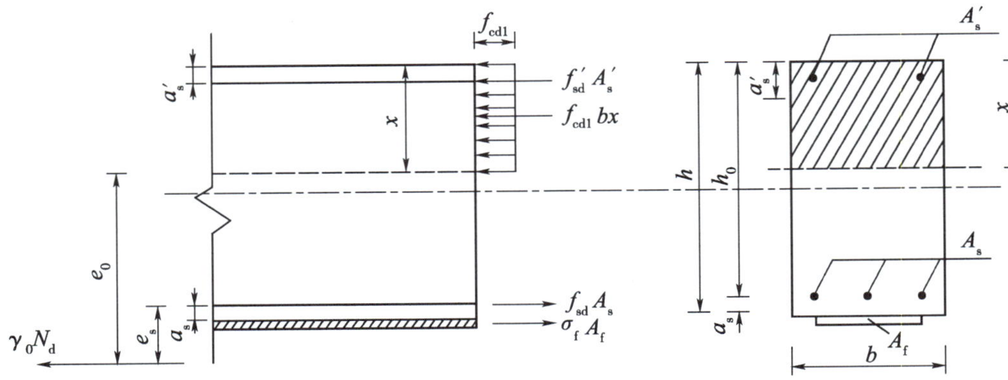

图 7.5.2　大偏心受拉构件正截面承载力计算

$$e_s = e_0 - \frac{h}{2} + a_s \tag{7.5.2-3}$$

式中:e_s——轴向拉力作用点至纵向受拉钢筋合力点的距离;

其他符号意义见本规范第 7.3 节。

7.6　受弯构件加固计算

7.6.1　对钢筋混凝土受弯构件进行抗弯加固时,除应遵守现行《公路钢筋混凝土及预应力混凝土桥涵设计规范》(JTG D62)相关假定外,尚应遵守下列规定:

1　受弯构件的作用荷载效应应按两个阶段受力进行计算。

第一阶段为加固前,作用(或荷载)应包括原构件自重在内的实际恒载及施工荷载。

第二阶段为加固后,作用(或荷载)应考虑包括构件自重在内的恒载、二期作用的恒载及使用阶段的可变作用。作用效应组合系数取值:恒载的荷载效应分项系数取 1.2;使用阶段的可变作用效应分项系数按现行《公路桥涵设计通用规范》(JTG D60)取用。

2　达到受弯承载能力极限状态时,按平截面假定确定纤维复合材料的拉应变 ε_f,且纤维复合材料的拉应变 ε_f 不应超过纤维复合材料的允许拉应变$[\varepsilon_f]$。

纤维复合材料应力 σ_f 取拉应变 ε_f 与弹性模量 E_f 的乘积,即 $\sigma_f = E_f\varepsilon_f$。

3　构件达到正截面承载能力极限状态时,纤维复合材料与混凝土之间不应发生黏结剥离破坏。

7.6.2　对矩形截面或翼板位于受拉边的钢筋混凝土 T 形截面受弯构件,在受拉面粘贴加固时,正截面承载力按下列公式计算(图 7.6.2):

1　当混凝土受压区高度 x 大于 $\xi_{fb}h$,且小于 $\xi_b h_0$ 时

$$\gamma_0 M_d \leqslant f_{cd}bx\left(h_0 - \frac{1}{2}x\right) + f'_{sd}A'_s(h_0 - a'_s) + E_f\varepsilon_f A_f a_s \tag{7.6.2-1}$$

混凝土受压区高度 x 和受拉面纤维复合材料拉应变 ε_f 按下列公式联立求解:

$$f'_{sd}A'_s + f_{cd}bx = f_{sd}A_s + E_f\varepsilon_f A_f \tag{7.6.2-2}$$

$$(\varepsilon_{cu} + \varepsilon_f + \varepsilon_1)x = 0.8\varepsilon_{cu}h \tag{7.6.2-3}$$

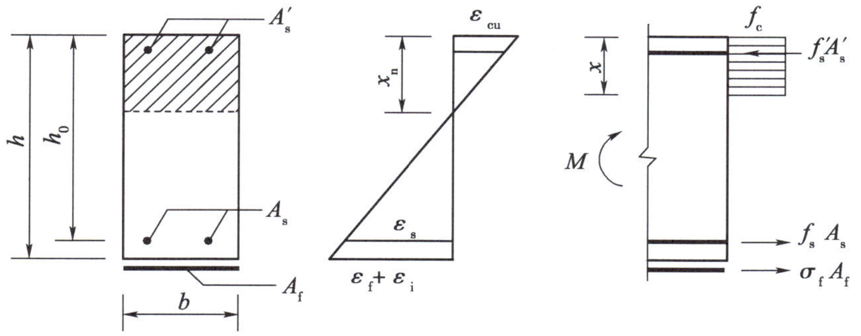

a)

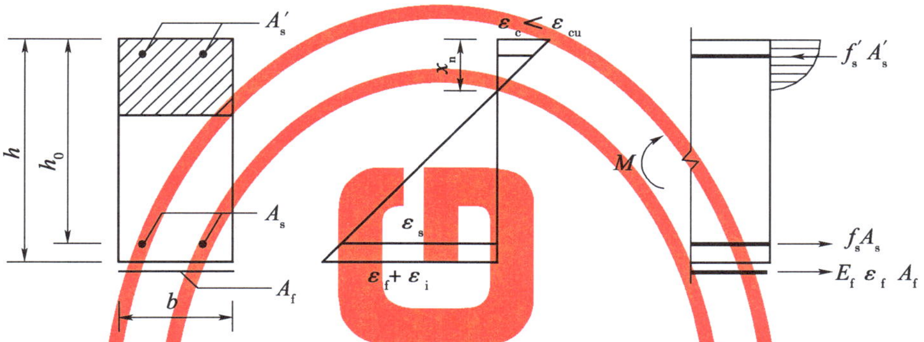

b)

图 7.6.2 粘贴纤维复合材料的矩形截面正截面受弯承载力计算

a) $x>\xi_{fb}h$ 时；b) $x\leqslant\xi_{fb}h$ 时

2 当混凝土受压区高度 $x\leqslant\xi_{fb}h$ 时

$$\gamma_0 M_d \leqslant f_{sd}A_s(h_0-0.5\xi_{fb}h)+E_f\varepsilon_f A_f h(1-0.5\xi_{fb}) \tag{7.6.2-4}$$

3 当混凝土受压区高度 $x<2a'_s$ 时

$$\gamma_0 M_d \leqslant f_{sd}A_s(h_0-a'_s)+E_f\varepsilon_f A_f(h-a'_s) \tag{7.6.2-5}$$

式中：A_f——受拉面粘贴的纤维复合材料的截面面积；

f_{cd}——原构件混凝土抗压强度设计值，可根据现场检测强度推算值按照现行《公路钢筋混凝土及预应力混凝土桥涵设计规范》（JTG D62）确定；

E_f——纤维复合材料的弹性模量；

x_n——混凝土实际受压区高度，见图 7.6.2；

ε_f——纤维复合材料的拉应变；

ξ_{fb}——纤维复合材料达到其允许拉应变与混凝土压坏同时发生时的界限相对受压区高度；

$$\xi_{fb}=\frac{0.8\varepsilon_{cu}}{\varepsilon_{cu}+[\varepsilon_f]+\varepsilon_1}h \tag{7.6.2-6}$$

ε_1——考虑二次受力影响时，加固前构件在初始弯矩作用下，截面受拉边缘混凝土的初始应变，按式（7.6.2-8）计算；当不考虑二次受力时，取 0；

$[\varepsilon_f]$——纤维复合材料的允许拉应变，取 $[\varepsilon_f]=\kappa_m\varepsilon_{fu}$，且不应大于纤维复合材料极限拉应变的 2/3 和 0.007 两者中的较小值，ε_{fu} 为纤维复合材料的极限拉应变；

κ_m——纤维复合材料强度折减因子,取 κ_{m1} 与 κ_{m2} 中的较小值,κ_{m1} 按公式(7.6.2-7)计算,κ_{m2} 的取值见表7.6.2;

$$\kappa_{m1} = \begin{cases} 1 - \dfrac{n_f E_f t_f}{428000} & n_f E_f t_f \leqslant 214000 \\ \dfrac{107000}{n_f E_f t_f} & n_f E_f t_f > 214000 \end{cases} \tag{7.6.2-7}$$

当 $\kappa_m > 0.9$ 时,取 $\kappa_m = 0.9$;

n_f——纤维复合材料的层数;

t_f——每层纤维复合材料的厚度;

其他符号意义见本规范第6.2.2条。

表7.6.2 纤维复合材料环境影响折减系数 κ_{m2}

环境分类	片材类型	折减系数
Ⅰ类	碳纤维	0.85
	芳纶纤维	0.75
	玻璃纤维	0.65
Ⅱ、Ⅲ、Ⅳ类	碳纤维	0.85
	芳纶纤维	0.70
	玻璃纤维	0.50

4 加固前在第一阶段弯矩 M_{d1} 作用下,截面受拉边缘混凝土的初始应变 ε_1(纤维复合材料的滞后应变)按下列公式计算:

$$\varepsilon_1 = \frac{M_{d1} x_1}{E_c I_{cr}} \tag{7.6.2-8}$$

式中符号意义见本规范第6.2.3条。

当弯矩 M_{k1} 小于未加固截面受弯承载力的20%时,可忽略二次受力的影响。

7.6.3 对翼缘位于受压区的T形截面受弯构件,当在其受拉面粘贴纤维复合材料时,应按本规范第7.6.2条的规定和《公路钢筋混凝土及预应力混凝土桥涵设计规范》(JTG D62—2004)第5.2.3条计算。

7.6.4 计算正截面受弯承载力时,尚应满足下列要求:

1 受压区高度 x 不宜大于 $0.8\xi_b h_0$,其中界限相对受压区高度 ξ_b 按现行《公路钢筋混凝土及预应力混凝土桥涵设计规范》(JTG D62)的规定确定;

2 加固后在荷载效应基本组合下受拉钢筋的拉应力不应超过其抗拉强度设计值。

7.6.5 纤维复合材料粘贴于受拉区的梁侧时,正截面受弯承载力按式(7.6.2-1)~式(7.6.2-4)计算,其中 h 采用纤维复合材料截面面积形心至梁受压区边缘的距离 h_{f0} 代替,并将侧面纤维复合材料的截面面积乘以折减系数 $(1-0.5h_f/h)$。其中 h_f 为侧面纤维复合材料的粘贴高度。

7.6.6 加固后的受弯构件截面应满足下列条件:

$$\gamma_0 V_d \leqslant 0.51 \times 10^{-3} C \sqrt{f_{cu,k}} b h_0 \quad (7.6.6)$$

式中:C——截面翼缘扩大系数,对T形、I形截面取 $C=1.1$,其他截面取 $C=1$;

其他符号意义见本规范第6.2.6条。

7.6.7 采用纤维复合材料对梁、板构件进行斜截面加固时,其斜截面承载能力计算应满足下列要求(图7.6.7):

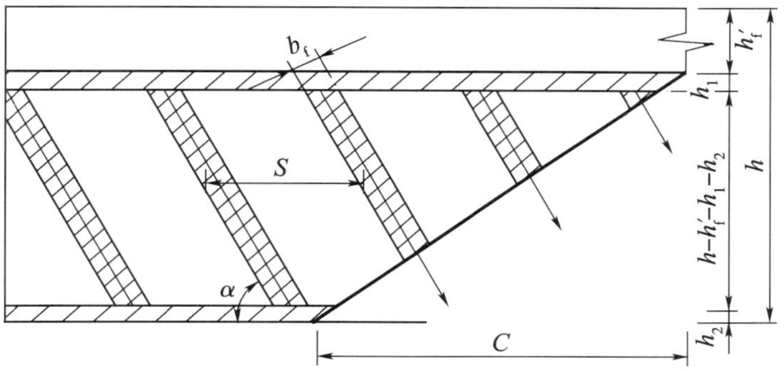

图7.6.7 粘贴纤维复合材料抗剪加固计算

$$\gamma_0 V_d \leqslant 0.43 \times 10^{-3} \alpha_1 \alpha_3 b h_0 \psi_{cs} \sqrt{(2+0.6P)\sqrt{f_{cu,k}} \rho_{sv} f_{sv}} + 0.75 \times 10^{-3} f_{sd} \sum A_{sb} \sin\theta_b + V_f \quad (7.6.7\text{-}1)$$

$$V_f = D_{sh} \kappa_m f_f n_f t_f b_f \frac{C - C_1}{s} \sin\alpha \quad (7.6.7\text{-}2)$$

$$C_1 = \frac{C(h_1 + h_2)}{h - h'_f} \quad (7.6.7\text{-}3)$$

式中:V_f——粘贴纤维复合材料加固后抗剪承载力的提高值;

C——斜裂缝水平投影长度,$C=0.6mh_0$;

h_1——纤维上侧锚固区压条宽度;

h_2——纤维下侧锚固区压条宽度,对于U形粘贴取0;

h'_f——梁顶面至上侧锚固区上边缘的距离;

m——原构件的剪跨比;

D_{sh}——纤维应力分布系数;$D_{sh} = 1 - \dfrac{L_e}{h - h'_f - h_1} \sin\alpha$;

α——纤维受力方向与梁轴线的夹角(≤90°);

L_e——有效粘贴长度,$L_e = \sqrt{\dfrac{E_f n_f t_f}{\sqrt{1.18 f_{ck}}}}$;

b_f——纤维条带宽度(mm);

f_f——复合纤维材料的抗拉强度设计值,应符合本规范第4.5.1条规定;

L——粘贴长度(mm);

S——斜截面加固纤维条带间距,应满足

$$S \leqslant S_{max} = \frac{h - h'_f - h_1}{2\tan\alpha} \tag{7.6.7-4}$$

其他符号意义见本规范第5.2.8条。

7.7 构造要求

7.7.1 一般规定

1 纤维复合材料宜粘贴成条带状,非围束时板材不宜超过2层,布材不宜超过3层。

2 对钢筋混凝土柱进行粘贴纤维复合材料加固时,条带应粘贴成环形箍,且纤维方向应与柱的纵轴线垂直。

加固大偏心受压构件,可将纤维复合材料粘贴于构件受拉区边缘混凝土表面,纤维方向应与柱的纵轴线方向一致。

加固受拉构件,纤维方向应与构件受拉方向一致。

梁的受拉区两侧粘贴纤维复合材料进行抗弯加固时,粘贴高度不宜高于1/4梁高。

采用封闭式粘贴或U形粘贴对梁、柱构件进行斜截面加固,纤维方向宜与构件轴线垂直或与其主拉应力方向平行。

3 纤维复合材料沿纤维受力方向的搭接长度不应小于100mm;当采用多条或多层纤维复合材加固时,其搭接位置应相互错开。

4 当纤维复合材料绕过构件(截面)的外倒角时,构件的截面棱角应在粘贴前打磨成圆弧面(图7.7.1-1)。圆化半径,梁不应小于20mm;柱不应小于25mm。对于主要受力纤维复合材料不宜绕过内倒角。

5 粘贴多层纤维复合材料加固时,宜将纤维复合材料逐层截断,并在每层截断处最外侧加压条,其粘贴形式采用内短外长式,见图7.7.1-2。

6 采用纤维复合材料对钢筋混凝土梁或柱的斜截面承载力进行加固时,其构造应符合下列规定:

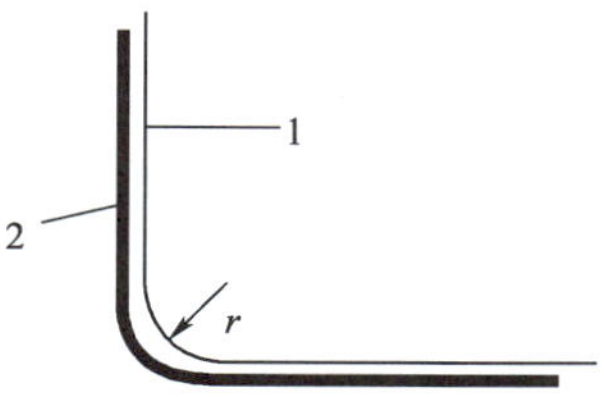

图7.7.1-1 构件外倒角处粘贴示意

1-构件;2-纤维复合材料

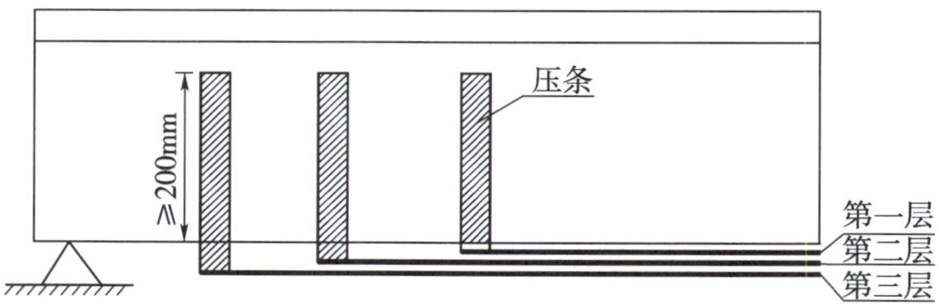

图7.7.1-2 多层纤维复合材料粘贴构造

1)宜选用环形箍或加锚固的U形箍;仅按构造需要设箍时,也可采用一般U形箍。

2）U 形箍的纤维受力方向应与构件轴向垂直。

3）一般情况下，在梁的中部应增设一道纵向中压带。

7.7.2 柱的加固

1 沿柱轴向粘贴纤维复合材料加固时，应有足够的锚固长度。必要时可在纤维复合材料两端增设锚固措施。

2 采用纤维复合材料的环向围束对钢筋混凝土柱进行延性加固时，其构造应符合下列规定：

1）环向围束的纤维复合材料层数，对圆形截面不应少于 2 层，对矩形截面不应少于 3 层。

2）环向围束上下层之间的搭接宽度不应小于 50mm，纤维织物环向截断点的延伸长度不应小于 200mm，且各条带搭接位置应相互错开。

7.7.3 梁和板加固

对梁、板进行抗弯加固时，可在纤维复合材料两端设置 U 形箍或横向压条。其切断位置距其充分利用截面的距离不应小于按下式计算得出的黏结长度 l_d（图 7.7.3-1）：

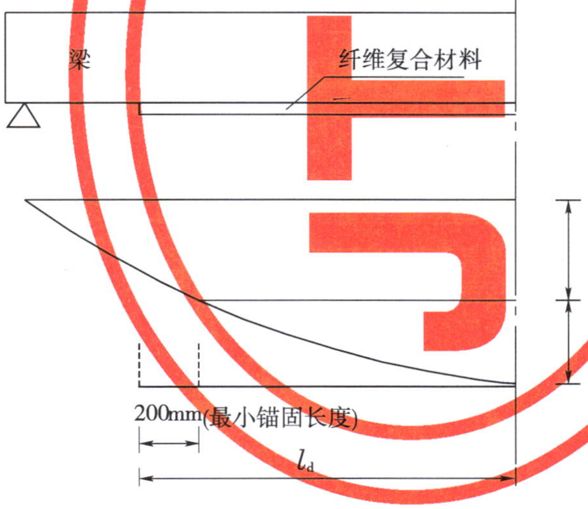

图 7.7.3-1 纤维复合材料的粘贴延伸长度

$$l_d = \frac{E_f \varepsilon_f A_f}{\tau_f b_f} + 200 \qquad (7.7.3)$$

式中：l_d——纤维复合材料从强度充分利用截面向外延伸所需的黏结长度（mm）；

ε_f——充分利用截面处纤维复合材料的拉应变，按本规范第 7.6.2 条确定；

τ_f——纤维复合材料与混凝土间的黏结强度设计值，一般取 0.5MPa；

b_f——受拉面上粘贴的纤维复合材料的宽度（mm）。

当纤维复合材料延伸至支座边缘仍不满足黏结长度 l_d 的规定时，应采取以下锚固措施：

1　对于梁,在纤维复合材料延伸长度范围内至少应设置两道纤维复合材料 U 形箍锚固[图 7.7.3-2a)]。U 形箍宜在延伸长度范围内均匀布置,且在延伸长度端部必须设置一道。U 形箍的粘贴高度宜伸至顶板底面。每道 U 形箍的宽度不宜小于受弯加固纤维复合材料宽度的 1/2,U 形箍的厚度不宜小于受弯加固纤维复合材料厚度的 1/2。

2　对于板,在纤维复合材料延伸长度范围内至少设置两道垂直于受力纤维方向的压条[图 7.7.3-2b)]。压条宜在延伸锚固长度范围内均匀布置,且在延伸长度端部必须设置一道。每道压条的宽度不宜小于受弯加固纤维复合材料条带宽度的 1/2,压条的厚度不宜小于受弯加固纤维复合材料厚度的 1/2。

3　当纤维复合材料的黏结长度小于按公式(7.7.3)计算所得长度的 1/2 时,应采取可靠的附加机械锚固措施。

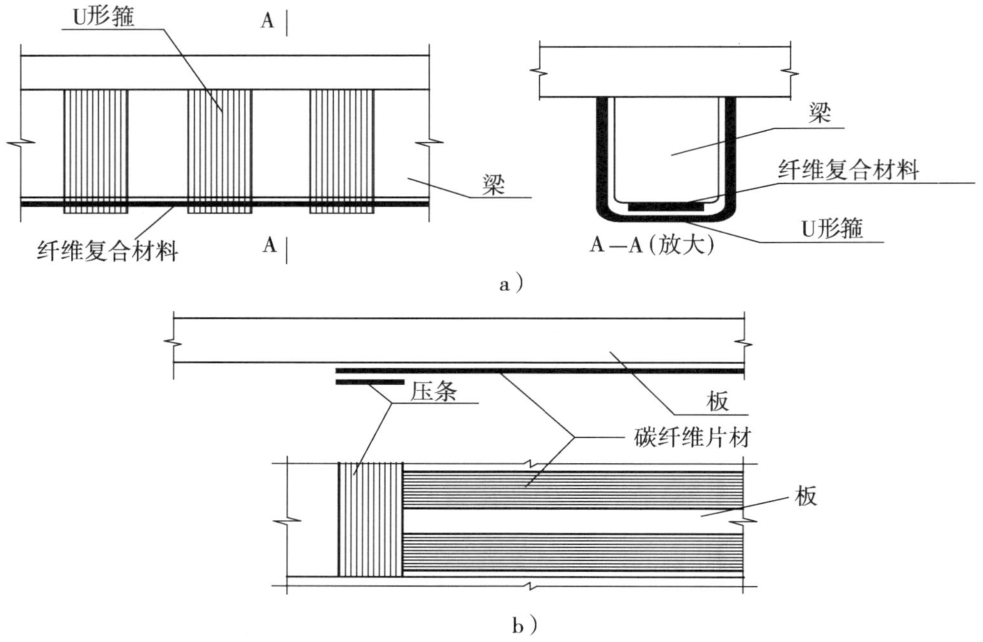

图 7.7.3-2　抗弯加固时纤维复合材料端部附加锚固措施

a)U 形箍;b)纤维复合材压条

8 体外预应力加固法

8.1 一般规定

8.1.1 体外预应力(简称体外索)加固是通过增设体外预应力索(包括钢绞线、高强钢丝束和精轧螺纹钢筋)对既有混凝土梁体主动施加外力,以改善原结构的受力状况的加固方法。

8.1.2 预应力钢筋(束)可由水平筋(束)和斜筋(束)组成,亦可由通长布置的钢丝束或钢绞线组成。加固中采用的体外索应具有防腐能力,且宜具有可更换性。

8.1.3 转向装置可采用钢部件、现浇混凝土块体或附加钢锚箱结构。转向装置必须与梁体连接可靠,其连接强度必须进行验算。

8.1.4 体外索的自由长度超过10m时应设置定位装置。

8.1.5 当被加固构件的混凝土强度等级低于C25时,不宜采用预应力加固方法。

8.1.6 转向装置的尺寸设计应综合考虑体外预应力产生的径向力大小、体外预应力束的根数及其曲线形状、孔道直径、普通钢筋间距及混凝土保护层等因素。

8.2 加固计算

8.2.1 体外索加固整体计算应包括:持久状况承载能力极限状态计算、持久状况正常使用极限状态计算、持久状况和短暂状况的应力计算。

8.2.2 体外索加固局部计算内容:转向构造的承载力和抗裂性计算、锚固区的承载力和抗裂性计算、持久状况下的其他局部构件的承载力计算。

8.2.3 持久状况承载能力极限状态计算

1 正截面抗弯承载力计算

1)体外索加固梁的正截面抗弯承载力计算图式,参见图8.2.3-1。

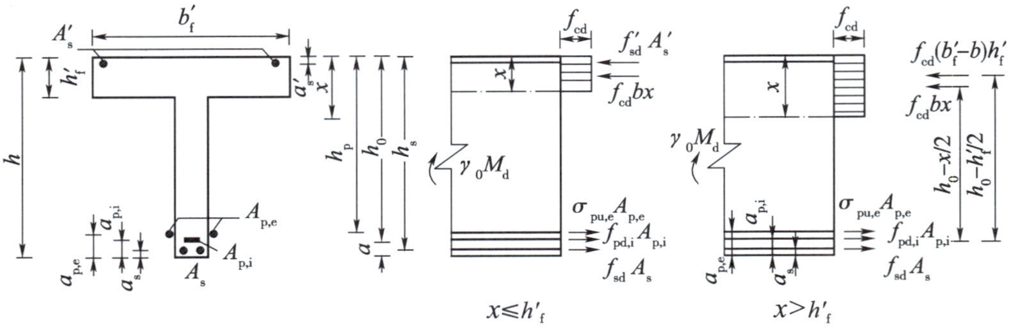

图 8.2.3-1　矩形、T 形截面梁正截面抗弯承载力计算图式

2)加固结构抗弯承载力计算时应根据截面形状和中性轴的位置分两种情况考虑。

(1)矩形截面或中性轴位于 T 形或 I 形截面翼板内($x \leqslant h'_{\mathrm{f}}$):

$$f_{\mathrm{cd}} b'_{\mathrm{f}} x + f'_{\mathrm{sd}} A'_{\mathrm{s}} = \sigma_{\mathrm{pu,e}} A_{\mathrm{p,e}} + f_{\mathrm{pd,i}} A_{\mathrm{p,i}} + f_{\mathrm{sd}} A_{\mathrm{s}} \tag{8.2.3-1}$$

$$\gamma_0 M_{\mathrm{d}} \leqslant f_{\mathrm{cd}} b'_{\mathrm{f}} x \left(h_0 - \frac{x}{2} \right) \tag{8.2.3-2}$$

(2)T 形或 I 形截面且中性轴位于截面腹板内($x > h'_{\mathrm{f}}$):

$$f_{\mathrm{cd}} bx + f_{\mathrm{cd}} (b'_{\mathrm{f}} - b) h'_{\mathrm{f}} + f'_{\mathrm{sd}} A'_{\mathrm{s}} = \sigma_{\mathrm{pu,e}} A_{\mathrm{p,e}} + f_{\mathrm{pd,i}} A_{\mathrm{p,i}} + f_{\mathrm{sd}} A_{\mathrm{s}} \tag{8.2.3-3}$$

$$\gamma_0 M_{\mathrm{d}} \leqslant f_{\mathrm{cd}} bx \left(h_0 - \frac{x}{2} \right) + f_{\mathrm{cd}} (b'_{\mathrm{f}} - b) h'_{\mathrm{f}} \left(h_0 - \frac{h'_{\mathrm{f}}}{2} \right) + f'_{\mathrm{sd}} A'_{\mathrm{s}} (h_0 - a'_{\mathrm{s}}) \tag{8.2.3-4}$$

为确保加固后的混凝土梁仍为塑性破坏,上述公式中的截面受压区高度 x 应满足下列条件:

$$x \leqslant \xi_{\mathrm{b}} h_{\mathrm{s}} \text{ 或 } x \leqslant \xi_{\mathrm{b}} h_{\mathrm{p}}$$

$$x \geqslant 2a'_{\mathrm{s}}$$

式中:γ_0——桥梁结构重要性系数;

M_{d}——计算截面弯矩组合设计值;

$A_{\mathrm{p,e}}$——体外预应力水平钢筋(束)的截面面积;

$\sigma_{\mathrm{pu,e}}$——当构件达到极限抗弯承载能力时,体外预应力筋(束)的极限应力计算值按式(8.2.3-5)计算;

$A_{\mathrm{p,i}}$——原梁体内预应力筋的截面面积;

$f_{\mathrm{pd,i}}$——原梁体内预应力筋的抗拉强度设计值;

A_{s}——原梁体内纵向受拉普通钢筋的截面积;

A'_{s}——原梁体内纵向受压普通钢筋的截面积;

f_{sd}——原梁体内纵向受拉普通钢筋的抗拉强度设计值;

f_{cd}——混凝土的抗压强度设计值;

b'_{f}——受压翼板的有效宽度,按《公路钢筋混凝土及预应力混凝土桥涵设计规范》(JTG D62—2004)第 4.2.2 条规定取用;

b——矩形截面宽度或 T 形截面的腹板宽度;

h'_{f}——受压翼板的厚度;

h_{s}、h_{p}——分别为原梁中普通钢筋和预应力钢筋的合力作用点至梁顶面的距离;

h_0——体(内)外预应力筋和原梁普通钢筋的合力点到梁顶面的距离,$h_0=h-a$;

a——受拉区体内(外)预应力筋(束)和普通钢筋的合力作用点至受拉区边缘的距离;

a'_s——受压区普通钢筋的合力作用点至受压区边缘的距离;

ξ_b——原钢筋混凝土梁或原预应力混凝土梁的相对界限受压区高度。

3)相对界限受压区高度 ξ_b 可根据原梁中受拉钢筋的种类由表 8.2.3 查取。

表 8.2.3　相对界限受压区高度 ξ_b

原结构中钢筋种类	C50 及 C50 以下混凝土	原结构中钢筋种类	C50 及 C50 以下混凝土
R235(Ⅰ级钢筋)	0.62	5 号钢	0.60
HRB335(Ⅱ级钢筋)	0.56	钢绞线、钢丝	0.40
HRB400、KL400(Ⅳ级钢筋)	0.53	精轧螺纹钢筋	0.40

注:1. 截面受拉区内配置不同种类钢筋的受弯构件,其 ξ_b 值应选用相应于各种钢筋的较小者。

2. 原构件混凝土强度等级超过 C50 时,ξ_b 应按照《公路钢筋混凝土及预应力混凝土桥涵设计规范》(JTG D62—2004)第 5.2.1 条规定取值。

3. 表中Ⅰ、Ⅱ、Ⅳ级钢筋及 5 号钢是指《公路钢筋混凝土及预应力混凝土桥涵设计规范》(JTJ 023—85)中的钢筋牌号。

4)正截面抗弯承载力计算中,体外索的水平筋(束)极限应力 $\sigma_{pu,e}$ 按下式计算:

$$\sigma_{pu,e}=\sigma_{pe,e}+0.03E_{p,e}\frac{h_{p,e}-c}{\gamma_p l_e}\leqslant f_{pd,e} \tag{8.2.3-5}$$

式中:l_e——计算跨体外索的有效长度,$l_e=\dfrac{2l_i}{N_s+2}$;

N_s——构件失效时形成的塑性铰数目,对于简支梁 $N_s=0$,对于连续梁 $N_s=n-1$;n 为连续梁的跨数;

l_i——两端锚具间体外索的总长度;对于简支梁加固体系,$l_e=l_i$;

γ_p——体外预应力钢材的安全系数,取 $\gamma_p=2.2$;

$h_{p,e}$——体外预应力筋(束)合力点到截面顶面的距离;

$E_{p,e}$——体外预应力筋(束)的弹性模量;

c——截面中性轴到混凝土受压区顶面的距离;

对于 T 形截面:$c=\dfrac{A_{p,e}\sigma_{pu,e}+A_s f_{sk}+A_p f_{pk}-A'_s f'_{sk}-0.75f_{cu,k}\beta(b'_f-b)h'_f}{0.75f_{cu,k}b\beta}$

对于矩形截面:$c=\dfrac{A_{p,e}\sigma_{pu,e}+A_s f_{sk}+A_p f_{pk}-A'_s f'_{sk}}{0.75f_{cu,k}b\beta}$

β——混凝土受压区高度折减系数,取 $\beta=0.80$;当混凝土强度等级高于 C50 时,应按《公路钢筋混凝土及预应力混凝土桥涵设计规范》(JTG D62—2004)表 5.3.3折减;

$f_{cu,k}$——混凝土轴心抗压强度标准值;

$f_{pd,e}$——体外预应力筋(束)的抗拉强度设计值;

$\sigma_{pe,e}$——体外预应力筋(束)的永存预应力;

$A_{p,e}$——体外预应力筋(束)的截面面积;

其他符号意义见式(8.2.3-1)~式(8.2.3-4)。

2　斜截面抗剪承载力计算

1)体外索加固的矩形、T形和I形截面的受弯构件,其截面尺寸应符合下列要求:

$$\gamma_0 V_d - \frac{1}{\gamma_{fs}}\sigma_{pub,e}A_{pb,e}\sin\theta_e \leqslant 0.51\times10^{-3}\sqrt{f_{cu,k}}bh_0 \tag{8.2.3-6}$$

式中:V_d——斜截面受压端剪力的组合设计值(kN),变高度梁段应考虑附加剪力的影响,见《公路钢筋混凝土及预应力混凝土桥涵设计规范》(JTG D62—2004)第5.2.7条注(3);

γ_0——结构重要性系数;

γ_{fs}——体外预应力斜筋(束)的材料安全系数,对于钢绞线和钢丝 $\gamma_{fs}=1.47$;对于精轧螺纹钢 $\gamma_{fs}=1.2$;

$\sigma_{pub,e}$——体外预应力斜筋(束)的极限应力(MPa);

$A_{pb,e}$——体外预应力斜筋(束)的截面面积(mm^2);

b——相应于剪力组合设计值处的矩形截面宽度(mm)或T形和I形截面腹板宽度(mm);

h_0——相应于剪力组合设计值处的截面有效高度,即自纵向受拉钢筋合力点至受压边缘的距离(mm);

θ_e——体外预应力筋(束)在竖直平面内的弯起角度(竖弯角),$\theta_e\leqslant45°$;

其他符号意义同前。

2)体外索加固梁的斜截面的抗剪承载力可按钢筋混凝土或预应力混凝土梁计算,参见图8.2.3-2,但必须考虑穿过验算斜截面的体外预应力斜筋的竖向分力的影响,见式(8.2.3-7)。

$$\begin{aligned}\gamma_0 V_d \leqslant\ & \alpha_1\alpha_2\alpha_3\times0.45\times10^{-3}bh_0\sqrt{(2+0.6P)\sqrt{f_{cu,k}}\rho_{sv}f_{sd,v}}\\ &+0.75\times10^{-3}f_{sd,b}\sum A_{sb}\sin\theta_s+0.75\times10^{-3}f_{pb,i}\sum A_{pb,i}\sin\theta_i\\ &+0.8\times10^{-3}\sigma_{pub,e}\sum A_{pb,e}\sin\theta_e\end{aligned} \tag{8.2.3-7}$$

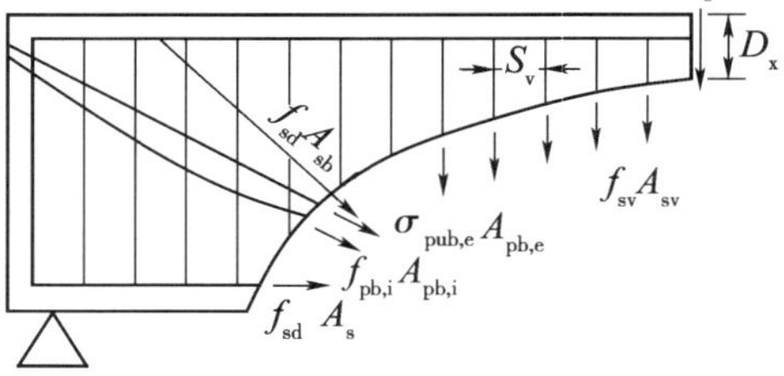

图8.2.3-2　截面梁的抗剪承载力计算图式

式中:α_1——异号弯矩影响系数,计算简支梁和连续梁近边支点段的抗剪承载力时,$\alpha_1=1.0$;计算连续梁和悬臂梁近中间支点段的抗剪承载力时,$\alpha_1=0.9$;

α_2——预应力提高系数,原梁为钢筋混凝土受弯构件 $\alpha_2=1.0$,为预应力混凝土受弯构件 $\alpha_2=1.25$,但原梁中由钢筋合力引起的截面弯矩与外弯矩的方向相同时,或加固梁为预应力混凝土B类受弯构件,取 $\alpha_2=1.0$;

α_3——受压翼缘的影响系数,对于T形截面梁,取 $\alpha_3=1.1$;对于矩形截面梁,取 $\alpha_3=1.0$;

$f_{cu,k}$——边长为150mm的混凝土立方体抗压强度标准值(MPa),即混凝土的强度等级;

P——原梁斜截面内纵向配筋率,$P=100\rho$,$\rho=(A_s+A_{p,i})/(bh_0)$;

b、h_0——分别为原梁计算斜截面顶端正截面的腹板宽度和有效高度(mm);

ρ_{sv}——斜截面内箍筋配筋率,$\rho_{sv}=A_{sv}/(S_v b)$(mm);

S_v——斜裂缝范围内的箍筋间距(mm);

$f_{sd,v}$、$f_{sd,b}$——分别为原梁箍筋和弯起普通钢筋的抗拉强度设计值(MPa);

A_{sv}——斜裂缝范围内同一截面内箍筋各肢的总截面面积(mm^2);

$f_{pb,i}$——体内预应力筋的抗拉强度设计值(MPa);

$A_{pb,i}$——斜裂缝范围内体内弯起预应力筋的截面面积(mm^2);

A_{sb}——原钢筋混凝土梁中,一排普通弯起钢筋(或斜筋)的截面面积;

$A_{pb,e}$——体外预应力弯起筋(束)的截面面积;

θ_i——体内预应力筋(束)在斜截面受压端正截面处与梁轴线的夹角;

θ_e——体外预应力筋(束)在竖直平面内的弯起角度(竖弯角),$\theta_e \leqslant 45°$;

θ_s——体内普通弯起钢筋的弯起角度;

其他符号意义见图8.2.3-2。

3) 体外索的斜筋极限应力$\sigma_{pub,e}$,与转向块处的摩阻情况有关,可由水平筋(束)的极限应力$\sigma_{pu,e}$求得:

$$\sigma_{pub,e}=\lambda\sigma_{pu,e} \tag{8.2.3-8}$$

式中:λ——体外索斜筋(束)拉力与水平筋(束)拉力的比例系数,按如下方法确定:

采用有水平向移动的滑块或有转向块时

$$\lambda=\frac{1}{\cos\theta_e+f_0\sin\theta_e} \tag{8.2.3-9}$$

采用楔形滑块时

$$\lambda=\cos\theta_e-f_0\sin\theta_e \tag{8.2.3-10}$$

f_0——摩擦系数,在缺少可靠试验数据的情况下,钢材间的摩擦取$f_0=0.16$;采用四氟乙烯滑板时取$f_0=0.06$;混凝土与钢材间的摩擦取$f_0=0.25$。

3 转向装置计算

1)转向装置的设计计算应遵循以下原则:

(1)混凝土块式转向装置承载力计算时可忽略混凝土抗力的影响,转向力的竖向分力和水平分力均由箍筋承担。

(2)转向块的承载能力计算可分为抗拉承载力计算和抗剪承载力计算两部分。

(3)混凝土转向装置在正常使用极限状态和承载能力极限状态下的应力状况需经计算确定。

(4)必须对转向块或转向肋位置的原结构进行局部分析。

2)转向装置的作用效应取值。

计算转向装置的作用效应设计值时,不考虑可变荷载应力增量的影响,取永存预加力$N_{pe,e}$,荷载分项系数取1.3。承受空间体外预应力作用的转向装置,在极限状态下其作用的水平力和竖向力设计值 N_{hd} 和 N_{vd} 由下式确定,参见图 8.2.3-3。

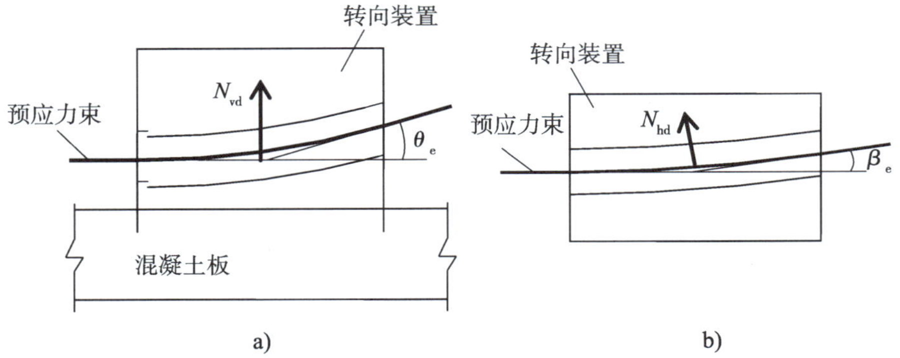

图 8.2.3-3　体外预应力束的竖直转角和水平转角示意图

a)立面图;b)平面图

$$N_{hd}=1.3N_{p,e}\sqrt{1-2\cos\theta_e\cos\beta_e+\cos^2\theta_e} \qquad (8.2.3\text{-}11)$$

$$N_{vd}=1.3N_{p,e}\sin\theta_e \qquad (8.2.3\text{-}12)$$

式中:N_{hd}——转向装置的水平作用设计值,即体外预应力束张拉时对转向装置的合力在水平面的分力设计值;

N_{vd}——转向装置的竖向作用设计值,既体外预应力束张拉时对转向装置的合力在竖直方向的分力设计值;

$N_{p,e}$——体外预应力束的永存预加力,其值为 $N_{p,e}=\sigma_{pe,e}A_{p,e}$;

θ_e——体外预应力筋(束)在竖直平面内的弯起角度(竖弯角);

β_e——体外预应力筋(束)在水平面内的弯转角(平弯角);

$\sigma_{pe,e}$——体外预应力筋(束)的永存预应力;

$A_{p,e}$——体外预应力水平筋(束)的截面面积。

3)混凝土转向块承载力计算

混凝土转向块承载力计算时,应计算其与混凝土板连接界面,即图 8.2.3-4 中 A—A 截面的抗剪承载力和抗拉承载力。

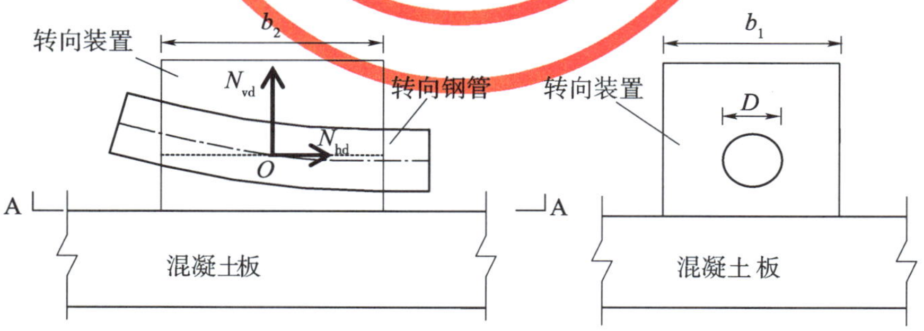

图 8.2.3-4　混凝土转向装置计算示意图

(1)转向块抗剪承载力计算

转向装置的剪切承载力可按下式计算:

$$\gamma_0 N_{hd}\leqslant\phi_v f_{sd}\sum A_s \qquad (8.2.3\text{-}13)$$

式中：γ_0——结构重要性系数，计算时取 $\gamma_0 = 1.1$；

ϕ_v——由剪拉组合作用引起的环向箍筋抗剪承载力降低系数，取：

$$\phi_v = 1\Big/\sqrt{3 + (N_{vd}/N_{hd})^2}$$

f_{sd}——箍筋的抗拉强度设计值，按照《公路钢筋混凝土及预应力混凝土桥涵设计规范》(JTG D62—2004)表 3.2.3-1 值的 0.8 倍取用；

$\sum A_s$—— A—A 截面上箍筋截面面积之和。

(2)转向块抗拉承载力计算

计算转向块抗拉承载力时，按照《公路钢筋混凝土及预应力混凝土桥涵设计规范》(JTG D62—2004)第 5.4.2 条规定计算，见图 8.2.3-5。

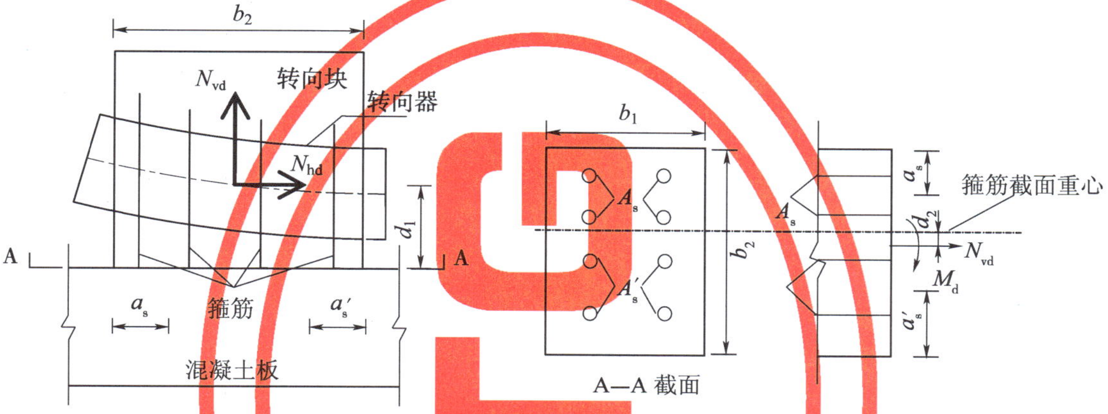

图 8.2.3-5 混凝土转向块抗拉承载力计算图式

$$\gamma_0 N_{vd} e_s \leqslant \phi_p f_{sd} A_s'(b_0 - a_s') \tag{8.2.3-14}$$

$$\gamma_0 N_{vd} e_s' \leqslant \phi_p f_{sd} A_s(b_0' - a_s) \tag{8.2.3-15}$$

其中：

$$b_0 = b_2 - a_s, b_0' = b_2 - a_s'$$

$$e_s = b_2/2 - e_0 - a_s, e_s' = e_0 + b_2/2 - a_s'$$

$$M_d = N_{hd} d_1 + N_{vd} d_2, e_0 = M_d / N_{vd}$$

式中：ϕ_p——由剪拉组合作用引起的环向箍筋抗拉承载力的降低系数，建议取：

$$\phi_p = 1\Big/\sqrt{1 + 3(N_{hd}/N_{vd})^2}$$

a_s——受拉较大侧环向箍筋、锚固钢筋或植入钢筋合力作用点到该侧混凝土边缘距离；

a_s'——受拉较小侧环向箍筋、锚固钢筋或植入钢筋合力作用点到该侧混凝土边缘距离；

A_s——受拉较大侧环向箍筋、锚固钢筋或植入钢筋的截面面积；

A_s'——受拉较小侧环向箍筋、锚固钢筋或植入钢筋的截面面积；

d_1——钢管转向器形心距混凝土板表面的竖直距离；

d_2——钢管转向器形心距箍筋截面重心的水平距离，当转向块内箍筋沿纵桥向对称布置时，应取 $d_2 = 0$；

b_1、b_2——分别为转向块横桥向和纵桥向的平面尺寸；

e_s、e'_s——分别为偏心竖向力 N_{vd} 作用点距受拉较大边和受拉较小边钢筋重心的距离。

4)对于钢制转向块必须计算其与混凝土接触界面连接的抗剪承载力和抗拉承载力,计算方法与混凝土转向块的计算方法相同。钢制转向块需满足钢结构的受力要求。

5)混凝土转向肋承载力计算。

混凝土横向转向肋的抗拉和抗剪承载力计算方法可偏安全地参见混凝土转向块的计算方法。

6)在混凝土转向肋中转向器的凹向区域内的混凝土承受局部压力,应进行局压承载力验算,计算公式如下:

$$\gamma_0 N_{vd} \leqslant \beta f_{cd} A_l \tag{8.2.3-16}$$

式中:f_{cd}——转向装置混凝土抗压强度设计值;

β——局部承压强度提高系数,对于混凝土肋式转向装置取 $\beta = 1.732$;

A_l——转向器下混凝土局部受压面积,$A_l = Db_2$;

D——转向钢管的外径;

b_2——转向钢管在混凝土转向装置中的长度。

7)当采用黏结—摩擦型锚固体系时,锚固力的大小仅计算黏结层的抗剪强度。

8)转向装置须进行锚下局部承压区的截面尺寸和局部抗压承载力验算,计算方法见《公路钢筋混凝土及预应力混凝土桥涵设计规范》(JTG D62—2004)第5.7节。

9)当锚固在原桥结构的横(隔)梁时,应对原结构配筋进行抗弯、抗剪强度验算。

8.2.4 持久状况正常使用极限状态计算

1 体外预应力加固受弯构件按下列三种情况设计:

1)全预应力混凝土加固结构,在作用(或荷载)短期效应组合下控制截面边缘不容许出现拉应力,在结构自重和体外预应力作用下简支梁控制截面的上缘不得消压。

2)A类体外预应力混凝土加固结构,在作用(或荷载)短期效应组合下控制截面边缘可出现不超过限值的拉应力。

3)B类体外预应力混凝土加固结构,在作用(或荷载)短期效应组合下控制截面边缘可出现超过限值的拉应力,但裂缝宽度应小于限值。

2 体外预应力混凝土结构弹性内力分析时,应采用原梁全截面换算截面几何性质,亦可近似采用毛截面几何性质。

计算体外预应力混凝土结构的弹性应力时,全预应力构件、A类构件应采用全截面换算截面积几何性质;B类构件应采用开裂的换算截面积几何性质。

3 体外预应力钢材的张拉控制应力:

钢绞线、钢丝束

$$\sigma_{con,e} \leqslant 0.65 f_{pk,e} \tag{8.2.4-1}$$

精轧螺纹钢

$$\sigma_{con,e} \leqslant 0.75 f_{pk,e} \tag{8.2.4-2}$$

式中:$f_{pk,e}$——体外预应力钢材的抗拉强度标准值,按《公路钢筋混凝土及预应力混凝土桥涵设计规范》(JTG D62—2004)表3.2.3-2取值。

4 体外预应力筋(束)的预应力损失计算中应考虑:体外预应力筋(束)转向和锚固构造管道中的摩擦损失 σ_{l1},锚具变形、预应力筋(束)回缩和接缝压密损失 σ_{l2},分批张拉损失 σ_{l4},预应力筋(束)的松弛损失 σ_{l5}。

上述各项预应力损失宜根据试验确定,当无可靠试验资料时可按下列公式估算:

1)在转向和锚固构造管道内的摩擦引起的预应力损失

$$\sigma_{l1}=\sigma_{\mathrm{con}}(1-e^{-(kx+\mu\theta)}) \tag{8.2.4-3}$$

式中:k——单位长度管道轴线局部偏差的摩擦系数(1/m);

x——自张拉端的管道累计计算长度(m);

μ——体外预应力筋(束)与曲线管道的摩擦系数;

θ——自张拉端的管道累计偏转角(rad),对于空间布束方式,应考虑空间包角的影响。

体外预应力钢筋(束)的摩擦系数可按表8.2.4-1取值。

表8.2.4-1 摩擦系数 k 与 μ 值

管道种类	k	μ	管道种类	k	μ
钢管穿无黏结钢绞线	0.004	0.09	HDPE管穿光面钢绞线	0.002	0.13
钢管穿光面钢绞线	0.001	0.25			

2)锚具变形、筋(束)回缩和接缝压密引起的预应力损失

$$\sigma_{l2}=E_{\mathrm{p,e}}\frac{\sum\Delta l}{l} \tag{8.2.4-4}$$

式中:$E_{\mathrm{p,e}}$——体外预应力钢筋(束)的弹性模量;

Δl——锚具变形、筋(束)回缩或接缝压密值,按表8.2.4-2取用;

l——预应力筋(束)的计算总长度,对于折线布筋(束)情况应为相关各段长度之和。

表8.2.4-2 锚具变形、筋(束)回缩和接缝压密值(mm)

锚具、接缝类型		Δl	锚具、接缝类型	Δl
夹片锚具	有顶压	4	镦头锚具	1
	无顶压	6	每块后加钢垫板的缝隙	1
带螺帽锚具的螺帽缝隙		1	水泥或环氧树脂砂浆的接缝	1

注:表中数据以一个锚具或接缝计。

3)分批张拉引起的构件混凝土弹性压缩预应力损失

弹性压缩损失的平均值可近似按下式估算:

$$\sigma_{l4}=\frac{m-1}{2}\alpha_{\mathrm{Ep}}\Delta\sigma_{\mathrm{pe}} \tag{8.2.4-5}$$

式中:α_{Ep}——体外预应力筋(束)的弹性模量与混凝土弹性模量的比值;

$\Delta\sigma_{\mathrm{pe}}$——在计算截面先张拉的体外预应力钢(束)中心处,由后张拉每一批体外预应力筋(束)产生的混凝土法向应力;

m——体外预应力筋(束)分批张拉的次数。

由于施加体外预应力引起的原构件预应力筋(束)的弹性压缩损失 σ_{l4o} 可按下式计算:

$$\sigma_{l4o}=\alpha_{Ep}m\Delta\sigma_{pe} \tag{8.2.4-6}$$

式中:$\Delta\sigma_{pe}$——原梁控制截面上预应力钢筋重心处,由张拉的一批体外预应力筋(束)产生的法向应力。

4)钢筋松弛引起的预应力损失终极值

预应力钢丝、钢绞线:

$$\sigma_{l5}=\Psi\zeta\left(0.52\frac{\sigma_{p,ei}}{f_{pk}}-0.26\right)\sigma_{p,ei} \tag{8.2.4-7}$$

式中:Ψ——张拉系数,一次张拉时,$\Psi=1.0$;超长拉时,$\Psi=0.9$;

ζ——钢筋松弛系数,普通松弛 $\zeta=1.0$;低松弛 $\zeta=0.3$;

$\sigma_{p,ei}$——传力锚固时体外预应力筋(束)的应力,$\sigma_{p,ei}=\sigma_{con,e}-\sigma_{l1}-\sigma_{l2}-\sigma_{l4}$;

f_{pk}——体外预应力筋(束)的抗拉强度标准值。

精轧螺纹钢筋:

一次张拉:

$$\sigma_{l5}=0.05\sigma_{con,e} \tag{8.2.4-8}$$

超张拉:

$$\sigma_{l5}=0.035\sigma_{con,e} \tag{8.2.4-9}$$

5)体外预应力筋(束)的应力损失总值

$$\sigma_{l}=\sigma_{l1}+\sigma_{l2}+\sigma_{l4}+\sigma_{l5} \tag{8.2.4-10}$$

正常使用阶段,体外预应力筋(束)中的永存预应力 $\sigma_{pe,e}$ 按下式计算:

$$\sigma_{pe,e}=\sigma_{con,e}-\sigma_{l}=\sigma_{con,e}-(\sigma_{l1}+\sigma_{l2}+\sigma_{l4}+\sigma_{l5}) \tag{8.2.4-11}$$

5　抗裂性验算

1)正截面抗裂性验算

整体浇筑或整体预制构件在作用(或荷载)短期效应组合下正截面混凝土的抗裂性要求为:

$$\sigma_{st}-0.90\sigma_{pc}\leqslant 0 \tag{8.2.4-12}$$

分段浇筑或分段拼装的构件为:

$$\sigma_{st}-0.85\sigma_{pc}\leqslant 0 \tag{8.2.4-13}$$

A 类预应力混凝土:

在作用(或荷载)短期效应组合下

$$\sigma_{st}-\sigma_{pc}\leqslant 0.75f_{tk} \tag{8.2.4-14}$$

在作用(或荷载)长期效应组合下

$$\sigma_{lt}-\sigma_{pc}\leqslant 0 \tag{8.2.4-15}$$

式中:σ_{pc}——由体外(内)预应力筋(束)的永存预加力和水平筋(束)中可变作用频遇值或准永久值产生的拉力增量 $\Delta N_{p,e}$ 在构件抗裂验算边缘产生的混凝土预压应力;

σ_{st}——由作用(或荷载)短期效应组合引起的截面抗裂验算边缘混凝土拉应力;

σ_{lt}——由作用（或荷载）长期效应组合引起的构件抗裂验算边缘混凝土拉应力。

2）斜截面抗裂性验算

体外索加固的全预应力混凝土构件在作用（或荷载）短期效应组合下的抗裂要求为：

整体浇筑或整体预制：

$$\sigma_{tp} \leqslant 0.65 f_{tk} \tag{8.2.4-16}$$

分段浇筑或分段拼装：

$$\sigma_{tp} \leqslant 0.45 f_{tk} \tag{8.2.4-17}$$

整体浇筑或整体预制 A 类和 B 类构件、分段浇筑或分段拼装 A 类的加固构件在作用（或荷载）短期效应组合下斜截面抗裂要求为：

整体浇筑或整体预制构件

$$\sigma_{tp} \leqslant 0.75 f_{tk} \tag{8.2.4-18}$$

分段浇筑或分段拼装构件

$$\sigma_{tp} \leqslant 0.55 f_{tk} \tag{8.2.4-19}$$

式中：σ_{tp}——斜截面上由作用（或荷载）短期效应组合引起的混凝土主拉应力；

f_{tk}——混凝土抗拉强度标准值，按《公路钢筋混凝土及预应力混凝土桥涵设计规范》（JTG D62—2004）表 3.1.3 取值；

上述各项拉应力或主拉应力的计算方法可参见《公路钢筋混凝土及预应力混凝土桥涵设计规范》（JTG D62—2004）第 6.3.2 条和第 6.3.3 条，但计算中须考虑由可变作用（或荷载）频遇值或准永久值引起的体外预应力筋（束）的拉力增量和加固中新增附加恒载的影响。

3）混凝土转向装置与原结构的交界面在永存张拉力 $N_{pe,e}$ 作用下除按偏心受拉构件验算其承载力之外，还需验算其裂缝宽度。在裂缝宽度验算时，转向装置的水平分力 N_{hc}、竖向分力 N_{vc} 和弯矩 M_c 分别取为：

$$N_{hc} = 1.1 N_{pe,e} \sqrt{1 - 2\cos\alpha_e \cos\beta_e + \cos^2\theta_e} \tag{8.2.4-20}$$

$$N_{vc} = 1.1 N_{pe,e} \sin\theta_e \tag{8.2.4-21}$$

$$M_c = N_{hc} d_1 + N_{vc} d_2 \tag{8.2.4-22}$$

上述式（8.2.4-20）～式（8.2.4-22）中的符号意义见图 8.2.3-5。

根据上述计算内力，按《公路钢筋混凝土及预应力混凝土桥涵设计规范》（JTG D62—2004）第 6.4.3 条和第 6.4.4 条中的偏心受拉构件计算混凝土转向块根部截面的裂缝宽度，计算公式为：

$$W_{tk} = C_1 C_2 C_3 \frac{\sigma_{ss}}{E_s}\left(\frac{30 + d}{0.28 + 10\rho}\right) \quad (\text{mm}) \tag{8.2.4-23}$$

式中：C_1——钢筋表面形状系数，对光圆钢筋，$C_1 = 1.4$；对带肋钢筋，$C_1 = 1.0$；

C_2——作用（或荷载）长期效应影响系数，对于混凝土转向块抗裂性计算取 $C_2 = 1.0$；

C_3——与构件受力性质有关的系数，混凝土转向块为偏心受拉构件，$C_3 = 1.1$；

d——箍筋或受拉钢筋直径（mm）；

ρ——受拉较大侧钢筋配筋率，$\rho = A_s / (b_1 b_2)$；

b_1、b_2——混凝土转向块的宽度和长度,见图 8.2.3-5;

σ_{ss}——受拉较大边的钢筋拉应力,按下式计算:

$$\sigma_{ss}=\frac{N_{vc}e'_s}{A_s(b_2-a_s-a'_s)}$$

e'_s——轴向拉力作用点至受拉较小边钢筋合力点的距离:

$$e'_s=e_0+h/2-a'_s$$

4)预应力混凝土 B 类构件,在正常使用极限状态下的裂缝宽度,应按作用(或荷载)短期效应组合并考虑长期效应影响进行计算。其计算的最大裂缝宽度不应超过下列规定的限值:

(1)原梁为钢筋混凝土梁:

I 类或 II 类环境	0.20mm
III 类或 IV 类环境	0.15mm

(2)原梁为预应力混凝土梁:

I 类或 II 类环境	0.10mm
III 类或 IV 类环境	不得采用 B 类构件

整体浇筑或整体预制 B 类加固构件的裂缝宽度计算方法按照《公路钢筋混凝土及预应力混凝土桥涵设计规范》(JTG D62—2004)第 6.4 节执行。其中原构件为钢筋混凝土梁时,钢筋应力 σ_{ss} 应取为加固后原构件普通钢筋的应力;原构件为预应力混凝土时,钢筋应力 σ_{ss} 应取为加固后原构件预应力钢筋相对于其重心点混凝土应力为零时的拉应力增量。

6 正常使用极限状态下的挠度,根据给定的截面刚度计算。

1)全预应力混凝土或 A 类预应力混凝土构件刚度:

$$B_0=0.95E_cI_0 \tag{8.2.4-24}$$

2)B 类预应力混凝土构件刚度:

在开裂弯矩 M_{cr} 作用下:

$$B_0=0.95E_cI_0 \tag{8.2.4-25}$$

在 (M_s-M_{cr}) 作用下:

$$B_{cr}=E_cI_{cr} \tag{8.2.4-26}$$

3)截面开裂弯矩 M_{cr} 按下式计算:

$$M_{cr}=(\sigma_{pc}+\gamma f_{tk})W_0,\gamma=\frac{2S_0}{W_0} \tag{8.2.4-27}$$

式中:S_0——原梁全截面换算截面重心轴以上(或以下)部分面积对重心轴的面积矩;

σ_{pc}——由体外(内)预应力筋(束)的永存预加力和水平筋中可变作用频遇值产生的拉力增量 $\Delta N_{p,e}$ 在构件抗裂验算边缘产生的混凝土预压应力;

I_{cr}——开裂截面的换算截面惯性矩;

W_0——原梁换算截面抗裂边缘的弹性抵抗矩。

注:对于变截面连续梁和连续刚构,当支承截面刚度不大于跨中截面刚度的两倍时,构件刚度仍可采用跨中截面刚度。

4)加固后变形应包括由体外预应力及短期作用(或荷载)引起的结构变形。

5）由体外预应力引起的变形值可按刚度 $E_c I_0$ 计算，计算中须扣除全部预应力损失，并乘以长期增长系数 $\eta_\theta = 1.35$。

6）在使用阶段的挠度应考虑长期荷载效应的影响，取可变作用的挠度长期增长系数 $\eta_\theta = 1.2$。

7）受弯构件按上述计算的荷载短期效应组合引起的长期挠度值在消除结构自重产生的挠度后，其跨中最大值不应超过计算跨径的 1/600，主梁的悬臂端不应超过悬臂长度的 1/300，即按下式控制：

$$f_k = \eta_\theta (f_{Ms} - f_{MG}) \leqslant \frac{l}{600} \text{或} \frac{l_1}{300} \tag{8.2.4-28}$$

式中：f_k——截面控制挠度；

f_{Ms}——短期作用（或荷载）产生的计算挠度；

f_{MG}——自重、恒载作用产生的计算挠度；

l——简支梁桥或连续梁、连续刚构桥的单跨计算跨径；

l_1——梁式桥主梁的悬臂长度。

8.2.5 应力计算

1 持久状况设计的体外预应力混凝土受弯构件，应计算其使用阶段正截面混凝土的法向压应力、斜截面混凝土的主压应力，原梁受拉区预应力钢筋的拉应力，以及体外预应力筋（束）中的拉应力。计算上述应力时，作用（或荷载）取其标准值。应力计算时汽车荷载必须考虑其冲击系数。

2 对体外预应力加固后的构件，应力的计算方法宜按照《公路钢筋混凝土及预应力混凝土桥涵设计规范》（JTG D62—2004）第 7.1.2 条 ~ 第 7.1.4 条和第 7.1.6 条进行。体外预应力筋（束）中的拉力 $N_{p0,e}$ 等于其永存预加力与可变作用标准值产生的拉力增量之和，即：

$$N_{p0,e} = (\sigma_{pe,e} + \Delta\sigma_{p,e}) A_{p,e} \tag{8.2.5-1}$$

式中：$N_{p0,e}$——在使用阶段，体外预应力水平筋（束）中的拉力；

$\Delta\sigma_{p,e}$——体外预应力水平筋（束）中由可变作用标准值引起的拉应力增量，按本规范附录 E 计算；

$A_{p,e}$、$\sigma_{pe,e}$——分别为体外预应力水平筋（束）的截面面积和永存预应力。

使用荷载作用阶段，体外预应力水平筋（束）中的最大拉应力为：

$$\sigma_{p,e} = \sigma_{pe,e} + \Delta\sigma_{p,e} \text{或} \sigma_{p,e} = N_{p0,e} / A_{p,e} \tag{8.2.5-2}$$

3 对简支加固体系，体外预应力水平筋（束）和弯起筋（束）中的拉应力增量可按照本规范附录 E 中的方法计算。

4 钢筋混凝土构件加固后为全预应力混凝土或预应力混凝土 A 类构件时，混凝土法向压应力和法向拉应力可按下式计算：

$$\sigma_{kcp} \text{或} \sigma_{ktp} = \frac{N_{p0,e}}{A_0} \mp \frac{N_{p0,e} h_2}{I_0} y_0 \mp \frac{M_k}{I_0} y_0 \tag{8.2.5-3}$$

式中:σ_{kcp}、σ_{ktp}——分别为使用阶段由作用(或荷载)标准值产生的混凝土法向压应力和拉应力;

M_{k}——按作用(或荷载)标准值组合计算的弯矩值;

y_0——原梁换算截面重心轴至受压区或受拉区计算纤维处的距离;

其他符号意义见本规范附录 E。

预应力混凝土构件加固后,应考虑原构件中体内预应力筋引起的受压边缘压应力和拉应力。计算中应考虑由体外预应力引起的原构件体内预应力钢筋的弹性压缩损失的变化,见式(8.2.4-6)。

在体内、体外预应力水平筋(束)和作用(或荷载)标准值组合的共同作用下,原构件的混凝土压应力或拉应力按下式计算:

先张法:

$$\sigma_{\mathrm{kcp}} \text{或} \sigma_{\mathrm{ktp}} = \frac{N_{\mathrm{p0,e}} + N_{\mathrm{p0}}}{A_0} \mp \frac{N_{\mathrm{p0,e}} h_2}{I_0} y_0 \mp \frac{N_{\mathrm{p0}} e_{\mathrm{p0}}}{I_0} \pm \frac{M_{\mathrm{k}}}{I_0} y_0 \tag{8.2.5-4}$$

后张法:

$$\sigma_{\mathrm{kcp}} \text{或} \sigma_{\mathrm{ktp}} = \frac{N_{\mathrm{p0,e}}}{A_0} + \frac{N_{\mathrm{p}}}{A_{\mathrm{n}}} \mp \frac{N_{\mathrm{p0,e}} h_2}{I_0} y_0 \mp \frac{N_{\mathrm{p}} e_{\mathrm{pn}}}{I_{\mathrm{n}}} y_{\mathrm{n}} \pm \frac{M_{\mathrm{k}}}{I_0} y_0 \pm \frac{M_{\mathrm{p2}}}{I_{\mathrm{n}}} y_{\mathrm{n}} \tag{8.2.5-5}$$

原构件预应力钢筋的最大应力为:

$$\sigma_{\mathrm{p,i}} = \sigma_{\mathrm{pe,i}} + \alpha_{\mathrm{Ep}} \left(\frac{M_{\mathrm{k}}}{I_0} y_0 \pm \frac{M_{\mathrm{p2}}}{I_{\mathrm{n}}} y_{\mathrm{n}} \right) \tag{8.2.5-6}$$

式中:N_{p0}、N_{p}——分别为原构件中预应力钢筋和普通钢筋的合力,按《公路钢筋混凝土及预应力混凝土桥涵设计规范》(JTG D62—2004)式(6.1.6-1)或式(6.1.6-3)计算;

$N_{\mathrm{p0,e}}$——在使用阶段,体外预应力水平筋(束)中的拉力;

A_{n}、I_{n}——分别为原梁(跨中)净截面面积和惯性矩;

α_{Ep}——原梁体内预应力钢筋与混凝土的弹性模量之比;

σ_{kcp}或σ_{ktp}——原梁混凝土截面由体内、体外预应力、作用(或荷载)标准值组合及预应力二次力矩引起的法向压、拉应力;

$\sigma_{\mathrm{pe,i}}$——原梁体内预应力筋的永存预应力,应包括体外预应力对其引起的弹性压缩影响;

M_{p2}——由预加力 N_{p} 在后张法预应力混凝土连续梁等超静定结构中产生的次弯矩,与 M_{k} 同号为正,异号为负;

e_{p0}、e_{pn}——分别为原梁中先张法或后张法构件的预应力钢筋和普通钢筋的合力 N_{p0} 或 N_{p} 对换算截面或净截面的偏心距,按《公路钢筋混凝土及预应力混凝土桥涵设计规范》(JTG D62—2004)式(6.1.6-2)或式(6.1.6-4)计算。

5　加固后的结构为预应力混凝土 B 类构件时,混凝土的法向压应力 σ_{cc} 应按照《公路钢筋混凝土及预应力混凝土桥涵设计规范》(JTG D62—2004)第 7.1.4 条的方法计算,相关参数的计算方法如下:

$$\sigma_{cc}=\frac{N_{p0}}{A_{cr}}+\frac{N_{p0}e_{0N}c}{I_{cr}} \quad (8.2.5\text{-}7)$$

式中：N_{p0}——混凝土法向应力等于零时体内、体外预应力钢筋和原梁中普通钢筋的合力，应按《公路钢筋混凝土及预应力混凝土桥涵设计规范》（JTG D62—2004）第6.1.6条的公式计算，计算中必须增加体外预应力水平筋（束）的拉力 $N_{p0,e}$ 一项；

e_{0N}——N_{p0}作用点至开裂截面重心轴的距离，$e_{0N}=e_N+c$；

e_N——N_{p0}作用点至截面受压边缘的距离，N_{p0}位于截面之外为正，N_{p0}位于截面之内为负，$e_N=\frac{M_k \pm M_{p2}}{N_{p0}}-h_{pse}$；

c——截面受压区边缘至开裂换算截面重心轴的距离；

A_{cr}、I_{cr}——分别为B类构件开裂截面换算截面的面积和惯性矩；

h_{pse}——体内、外预应力钢筋与普通钢筋合力点至截面受压边缘的距离，应按《公路钢筋混凝土及预应力混凝土桥涵设计规范》（JTG D62—2004）第7.1.4条的式（7.1.4-4）计算，计算时其分子中必须增加 $\sigma_{p,e}A_{p,e}(h+a_{pe})$ 一项，分母中应包括 $N_{p0,e}$。

原构件开裂截面体内预应力钢筋的应力增量 $\Delta\sigma_{p,i}$ 按下式计算：

$$\Delta\sigma_{p,i}=\alpha_{Ep}\left[\frac{N_{p0}}{A_{cr}}-\frac{N_{p0}e_{0N}(h_p-c)}{I_{cr}}\right] \quad (8.2.5\text{-}8)$$

式中：α_{Ep}——原构件体内预应力钢筋弹性模量与混凝土弹性模量的比值；

h_p——截面受拉预应力钢筋合力点至截面受压边缘的距离。

原构件开裂截面体内预应力钢筋的最大拉应力 $\sigma_{p,i}$ 按下式计算：

$$\sigma_{p,i}=\sigma_{pe,i}+\Delta\sigma_{p,i} \quad (8.2.5\text{-}9)$$

式中：$\sigma_{pe,i}$——原构件体内预应力钢筋的永存预应力。

用体外预应力加固后的预应力混凝土B类构件开裂截面换算截面中性轴位置 c，应按《公路钢筋混凝土及预应力混凝土桥涵设计规范》（JTG D62—2004）附录G中（受压区高度 x）的方法计算。

6　使用阶段体外索加固受弯构件正截面混凝土的压应力和预应力钢筋（束）中的拉应力应满足下列要求：

1）受压区混凝土的最大压应力

$$\left.\begin{array}{l}\text{未开裂构件：}\sigma_{kcp}\\ \text{容许开裂构件：}\sigma_{cc}\end{array}\right\}\leqslant 0.5f_{ck} \quad (8.2.5\text{-}10)$$

2）体内、体外预应力筋（束）的最大拉应力

钢绞线、钢丝：

$$\left.\begin{array}{l}\text{未开裂构件：}\sigma_{p,i}\text{或 }\sigma_{p,e}\\ \text{容许开裂构件：}\sigma_{p,i}\text{或 }\sigma_{p,e}\end{array}\right\}\leqslant 0.65f_{pk,i}\text{或 }0.65f_{pk,e} \quad (8.2.5\text{-}11)$$

精轧螺纹钢筋：

$$\left.\begin{array}{l}\text{未开裂构件}:\sigma_{p,i}\text{或}\sigma_{p,e}\\ \text{容许开裂构件}:\sigma_{p,i}\text{或}\sigma_{p,e}\end{array}\right\}\leqslant 0.8f_{pk,i}\text{或}0.8f_{pk,e} \qquad (8.2.5\text{-}12)$$

式中：$f_{pk,i}$、$f_{pk,e}$——分别为体内、体外预应力筋(束)材料的抗拉强度标准值，应按《公路钢筋混凝土及预混凝土桥涵设计规范》(JTG D62—2004)表 3.2.3-2 取值。

σ_{cc}——原构件混凝土开裂截面最大压应力；

$\sigma_{p,e}$——体外预应力水平筋(束)中的最大拉应力，$\sigma_{p,e}=\sigma_{pe}+\Delta\sigma_{p,e}$；

$\sigma_{p,i}$——原构件截面的体内预应力钢筋的最大拉应力。

7 使用阶段构件混凝土主压应力计算应考虑体外、体内预应力弯起钢筋及作用(或荷载)标准值组合的影响，且应满足下式要求：

$$\sigma_{cp}\leqslant 0.6f_{ck} \qquad (8.2.5\text{-}13)$$

式中：σ_{cp}——使用阶段由作用(或荷载)标准值组合产生的混凝土主压应力，应按《公路钢筋混凝土及预应力混凝土桥涵设计规范》(JTG D62—2004)第 6.3.3 条计算。

其他符号意义同前。

8.3 构造要求

8.3.1 体外预应力筋(束)的布置

1 体外预应力筋(束)布置方式必须考虑桥梁结构的内力分布状况。体外预应力筋(束)可根据原结构的构造及断面形式布置在梁体的外侧或内侧。

2 简支梁桥常用的体外预应力布索形式主要有四种，参见图 8.3.1-1，均可采用本规范附录 E 中图 E.3 的计算图式进行内力分析。

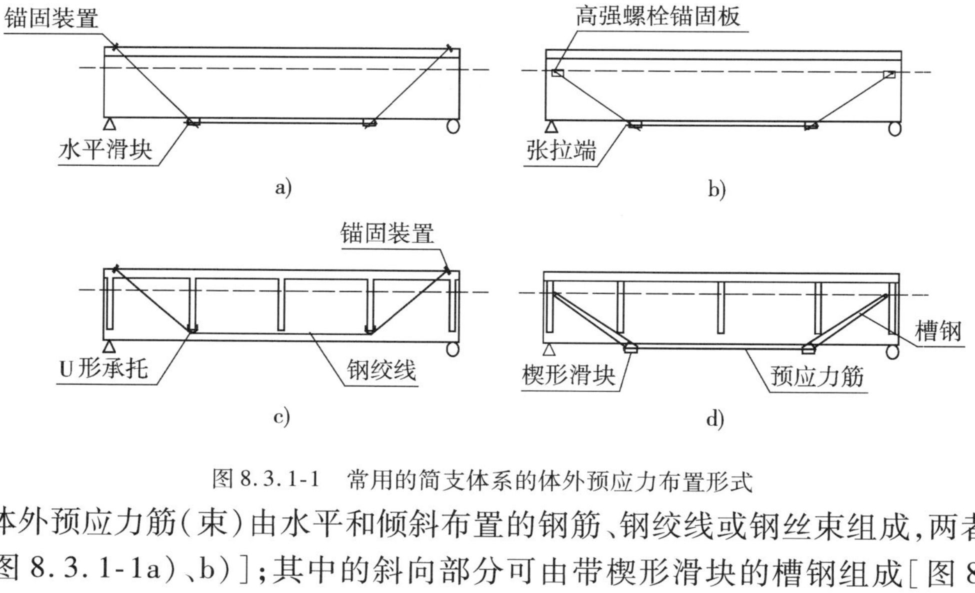

图 8.3.1-1 常用的简支体系的体外预应力布置形式

3 体外预应力筋(束)由水平和倾斜布置的钢筋、钢绞线或钢丝束组成，两者以滑块相连接[图 8.3.1-1a)、b)]；其中的斜向部分可由带楔形滑块的槽钢组成[图 8.3.1-1d)]。当体外索采用图 8.3.1-1c)布置时，在其转折点应设置转向滑块，滑块应固定在主梁的横隔板或横隔梁底面。

4　体外索的张拉端或锚固端可设在梁底、梁顶或端横隔板根部，亦可将体外索的上锚固端布置在主梁端部腹板两侧。

5　对箱梁宜将体外预应力筋（束）布置在箱（室）的内侧（图 8.3.1-2）。体外预应力筋（束）沿桥梁纵向长线布置，横桥向应对称（图 8.3.1-3）。

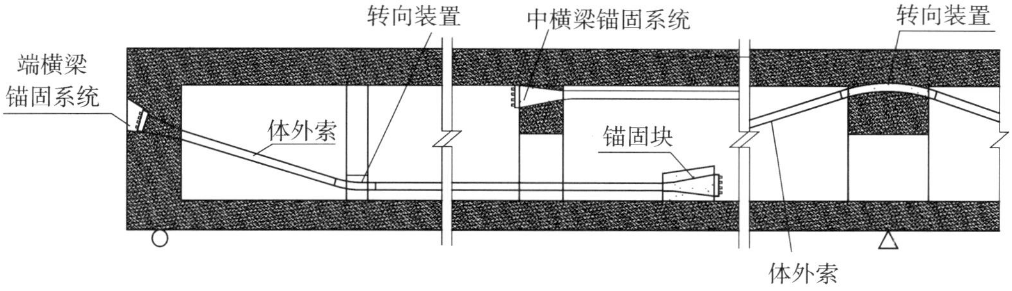

图 8.3.1-2　体外预应力加固束在箱梁内的纵向布束形式

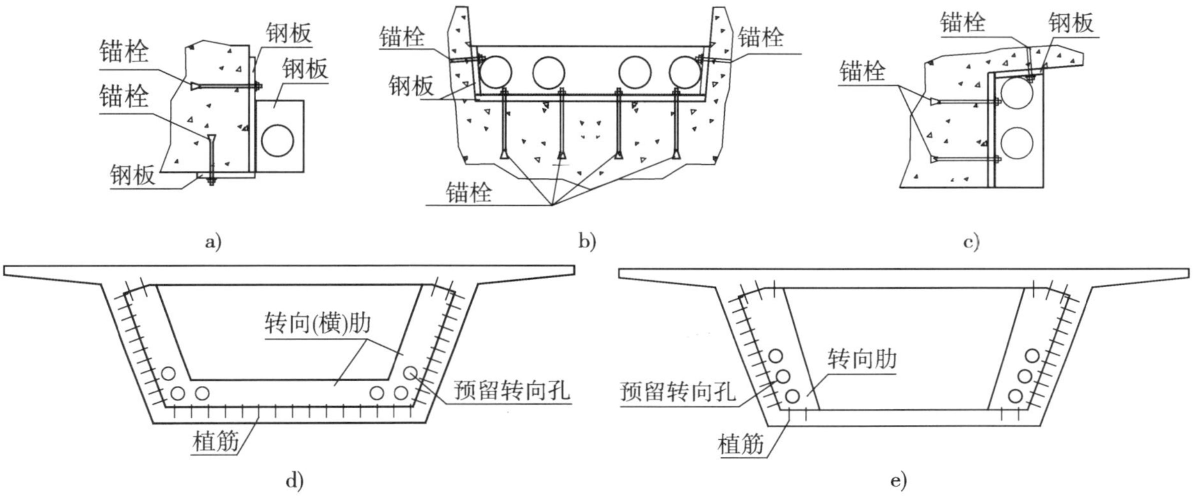

图 8.3.1-3　体外预应力加固束在箱梁内的横向布束形式

8.3.2　T 形梁及 I 形梁加固体系构造

1　水平滑块：水平滑块由连接斜筋和水平筋（束）的活动滑块、支撑座或固定在梁底的支撑钢板组成。水平滑块通常用钢板制作，其构造形式见图 8.3.2-1。

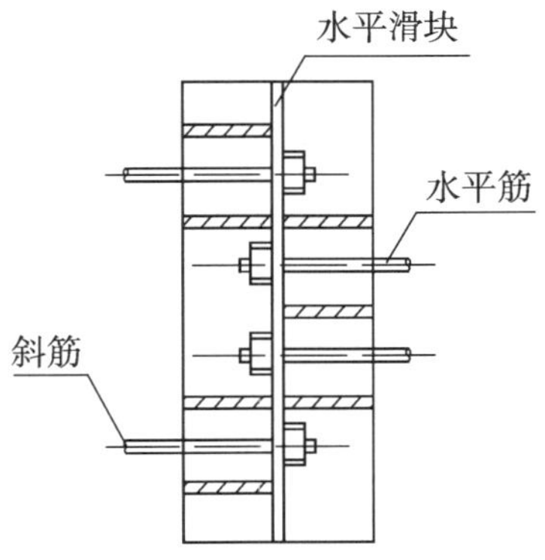

图 8.3.2-1　水平滑块构造平面

2　楔形滑块：楔形滑块一般用钢件焊接，亦可用混凝土结构。可在滑块的斜面（滑动面）上加一层四氟乙烯板或不锈钢板。楔形滑块的构造形式见图 8.3.2-2。

3　U 形承托：U 形承托可用钢板弯制而成，套在横隔梁（板）的底部，并用环氧砂浆和锚固螺栓固定在横隔板上，其构造形式见图 8.3.2-3。

4　定位器：当体外索自由长度超过 10m 时，应设置定位器(或减振器),其构造见图 8.3.2-4。

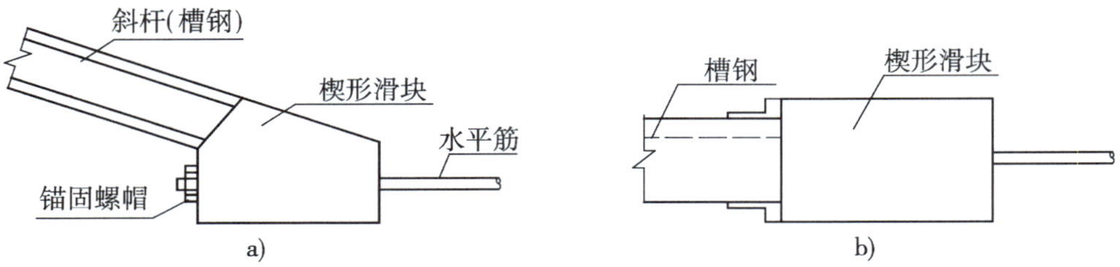

图 8.3.2-2　楔形滑块的构造

a)纵断面图;b)平面图

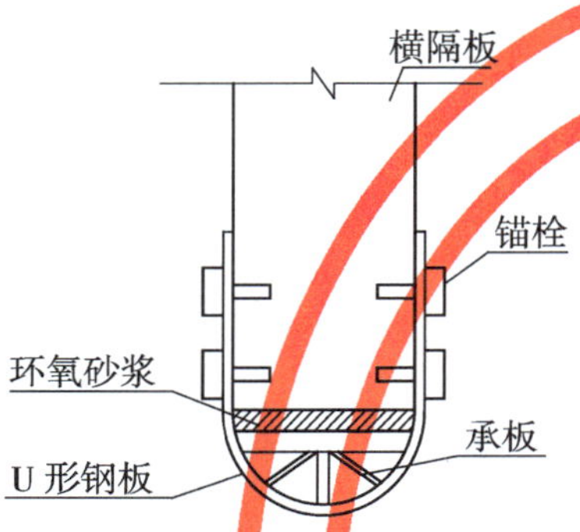

图 8.3.2-3　U 形承托构造形式

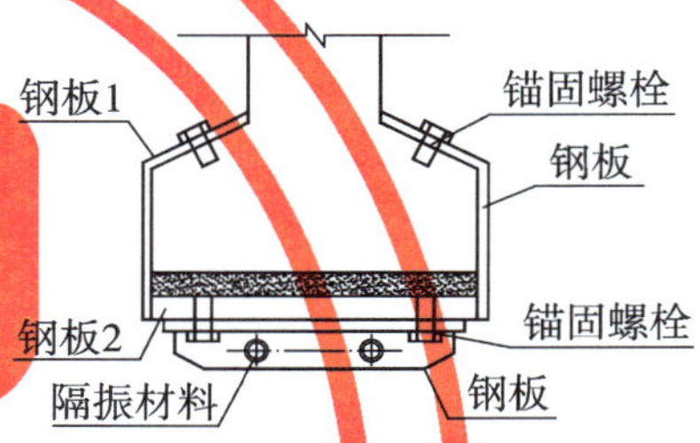

图 8.3.2-4　水平筋(束)的定位器示意图

5　黏结—摩擦锚固:黏结—摩擦锚固的构造见图 8.3.2-5。

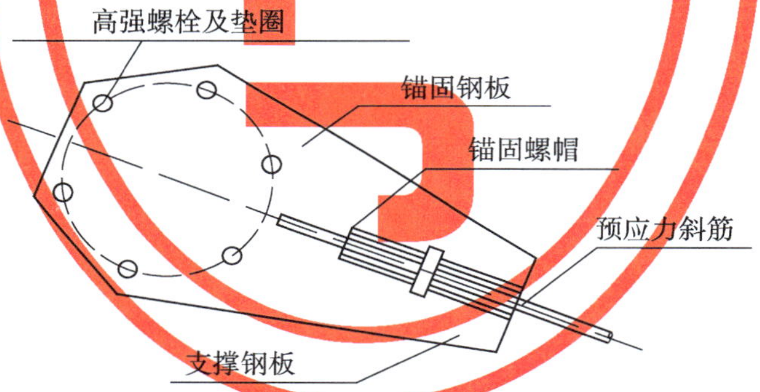

图 8.3.2-5　黏结—摩擦锚固的构造示意

8.3.3　箱形梁加固体系的转向构造

1　箱形梁加固体系的转向、定位及锚固装置设置在箱梁内部时,转向装置应设置符合预应力束弯转角度的弧形转向钢管,其管口应适当扩大。

2　转向装置可以是整束式,也可以是分束式。整束式转向为预应力束整束在转向钢管中转向,参见图 8.3.3-1a)。分束式转向为钢绞线按一定次序、间距分散在转向器的截面上,参见图 8.3.3-1b)。

转向钢管最小半径控制值见表 8.3.3。管径应比钢绞线束或钢丝束外径大 20mm,其壁厚不宜小于 6mm。

表 8.3.3 转向钢管最小半径 R_{min} 控制值

规　　格	控 制 值(m)	规　　格	控 制 值(m)
7×φ15.2	3.0	27×φ15.2	4.5
12×φ15.2	3.5	31×φ15.2	5.0
19×φ15.2	4.0		

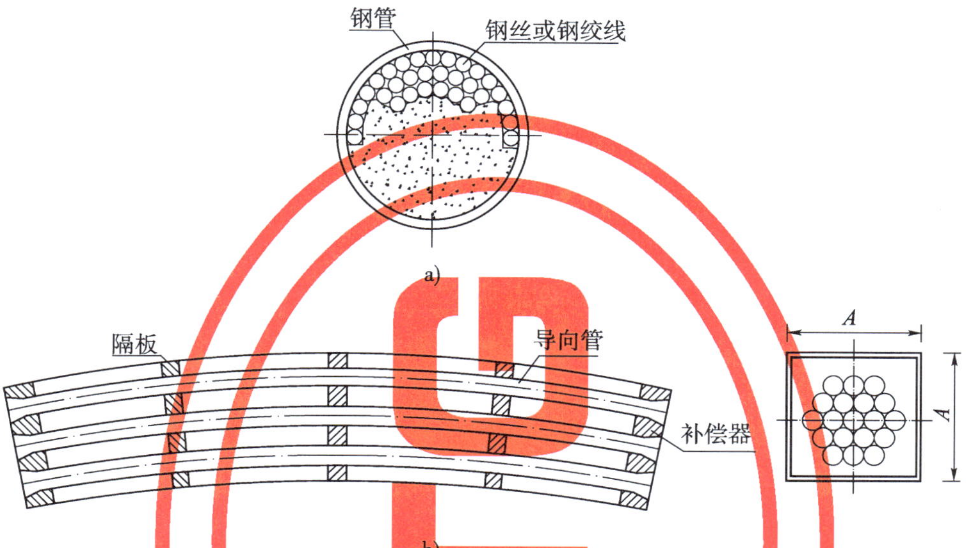

图 8.3.3-1 转向器构造示意图

a)整束式转向器示意图;b)分散式转向器示意图

3 体外索转向装置包括转向块或转向肋,参见图 8.3.3-2。转向装置的平面尺寸与体外索的断面尺寸、束数、间距及转向力大小等因素有关。新浇筑混凝土转向装置的厚度不宜小于 800mm。根据其受力要求选择如下:

1)块式转向构造[图 8.3.3-2a)],简称转向块,用于转向钢束较少的情况,或用于两个转向构造之间的钢束定位,以减小钢束的振动及其引起的二次效应。转向块通常用混凝土或钢板制作。

2)底横肋式转向构造[图 8.3.3-2b)],简称横向转向肋,用于横桥向转向较大的情况,或用于两个转向构造之间的钢束定位。

3)带竖肋式转向构造[图 8.3.3-2c)],简称为竖向转向肋,用于体外索竖向转向力较大的情况。

4)竖横肋式转向构造[图 8.3.3-2d)],简称转向横隔板,用于体外索竖、横向力均比较大的情况。

4 混凝土转向块中应设置封闭箍筋,参见图 8.3.3-3。箍筋宜采用植筋技术与混凝土箱体锚固。植筋设计要求参见本规范附录 A。

5 箍筋距离转向器上缘的最小距离为 25mm,直径不宜大于 20mm;设置多层封闭箍筋时,

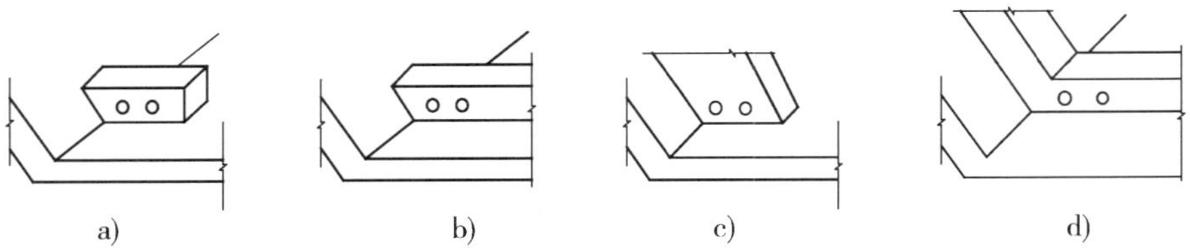

图 8.3.3-2 转向构造示意图

层间距不宜小于 50mm;箍筋的纵向间距不小于 150mm。混凝土集料粒径不宜超过 15mm。

6 设置在箱内的转向块受力较小时,亦可采用钢结构。钢制转向块可通过植筋、锚栓及胶黏剂将其可靠锚固。锚栓设计要求参见本规范附录 B。钢制转向块可参见图 8.3.3-4。

7 在定位装置中,钢束与护套之间应用隔振材料填实。体外预应力筋(束)的定位及减振装置的构造参见图 8.3.3-5。后浇筑的混凝土定位(或减振)装置的厚度不宜小于 400mm。

8 锚固块的平面尺寸按锚具布置要求确定。锚固块内钢束不转向时,锚块长度可按锚固力传递至箱梁腹板和顶底板所需长度取值。

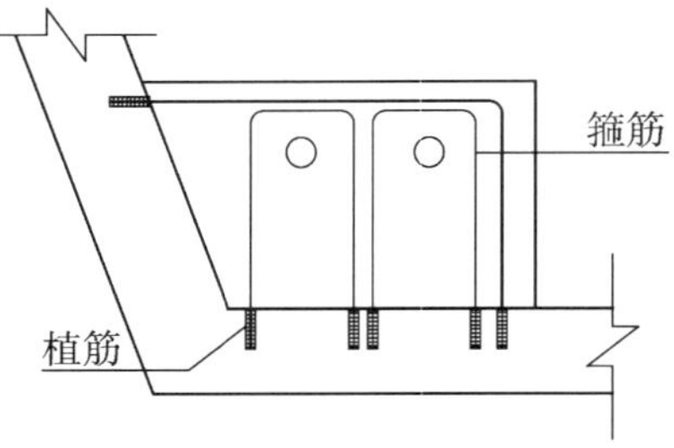

图 8.3.3-3 混凝土转向块的配筋形式

9 对新增设的横(隔)梁或加劲肋,按整体受力要求的配筋示意见图 8.3.3-6。其锚固钢筋可采用植筋或锚栓锚固于原梁混凝土中,并应验算其锚固强度。

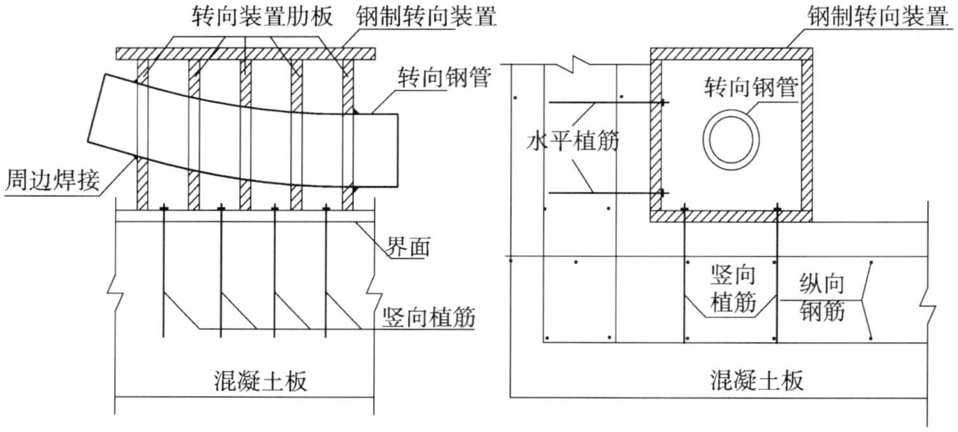

图 8.3.3-4 钢制转向块示意图

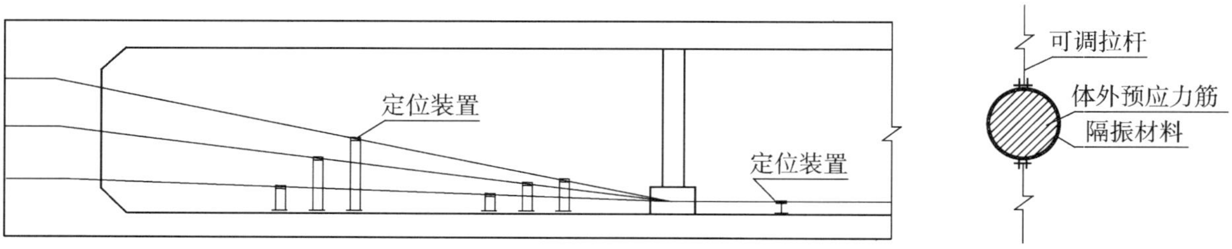

图 8.3.3-5 体外预应力的定位及减振装置构造示意图

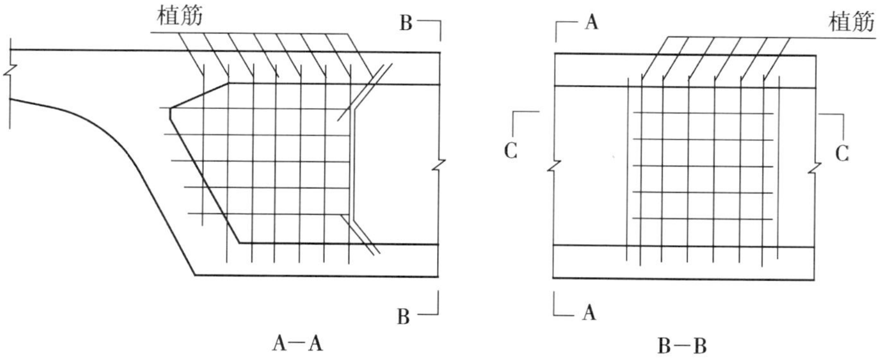

图 8.3.3-6 锚固横隔板受力钢筋布置示意图

9 改变结构体系加固法

9.1 一般规定

9.1.1 改变结构体系加固法是采用一定技术措施改变原结构受力体系,降低控制截面内力,提高桥梁结构整体承载能力的一种加固方法。

9.1.2 桥梁常用改变结构体系加固法包括:将多孔简支梁改为连续梁,将单孔简支梁改为支撑梁,将中、下承式拱改变为拱—斜拉组合体系,将连续梁、连续刚构改变为矮塔斜拉桥,将带挂梁T形刚构改变为连续刚构以及其他增设结构(杆件)而使原结构受力体系发生改变的方法。

9.1.3 对拟采用改变结构体系法加固的桥梁,需进行深入、细致的方案论证。

9.1.4 采用改变结构体系加固时,应对新、旧整体结构的各受力阶段进行验算,并且与增大截面法、粘贴钢板法等综合使用。

9.1.5 施工中应严格执行设计规定的施工方法和程序。

9.2 加固方法

9.2.1 增设支承结构加固

1 适用于桥下净空有利用空间的梁、板、桁架等结构的加固。

2 按支承结构与原结构的连接形式不同分为固结法和铰支法两种,按照支承结构的竖向刚度大小分为刚性支撑和弹性支撑。支承结构的竖向变形对主梁内力的影响可以忽略时按刚性支撑计算,否则按弹性支撑考虑。

3 为充分发挥新增构件的作用,宜采用预顶措施。预顶力的大小及施力位置以保证结构恒载下的安全为原则。

4 加固计算。

1)固结法加固要求新增结构与主梁固结。计算时需根据主梁预顶情况对结构进行必要的验算。基础验算时应考虑新增结构传递弯矩的影响。

2)铰支法加固是主梁与新增结构铰接。主梁应验算预顶力及位移所产生的效应;同时应验算支承结构及基础在预顶力作用下的效应。刚性支撑和弹性支撑的铰支法加固内力计算步骤见本规范附录 F。

9.2.2 简支变连续加固

1 简支变连续加固是将多跨简支梁转变为连续梁的方法。

2 简支变连续加固的结构连续可采用在墩顶部位结构上缘加设普通钢筋或增设预应力束并现浇接头混凝土形成结构连续体系。

原梁的截面尺寸不足时,需采用增大截面法等措施。

3 中支点处 T 梁应新增横系梁。

4 除对主梁墩顶部位连接段进行分析外,还应对其他相关截面进行验算。

5 简支梁体系转换后的正截面承载力和斜截面承载力计算时,结构体系转换前的恒载仍由简支体系承担,转换后新加恒载及活载由连续体系承担。其计算方法按现行《公路钢筋混凝土及预应力混凝土桥涵设计规范》(JTG D62)执行。对于桥龄 10 年以上的桥梁,可不考虑原混凝土收缩、徐变的影响。

9.3 构造要求

9.3.1 增设支承加固法的支承构造按现行桥梁设计规范相应构造要求执行。固结法的支承与原梁(基础)结构的连接构造应牢固可靠,使用植筋或锚栓技术时见本规范附录 A 和附录 B。铰支法的支承与原梁之间应设置支座,与基础的连接构造应牢固可靠。

9.3.2 简支变连续加固应符合下列构造规定:

1 墩顶采用设置普通钢筋形成连续构造时,纵向受力钢筋应为螺纹钢筋,直径不应小于 12mm;布设长度应超出连续梁墩顶的负弯矩包络图范围并不应小于梁高的 2 倍,还应与原梁钢筋牢固连接;连接困难时,亦可以植筋技术(附录 A)或锚栓技术(附录 B)与原梁形成整体。墩顶采用设置预应力钢束形成连续构造时,宜采用小吨位预应力扁锚分散错位锚固,纵向错位间距不宜小于 1.5m,布设长度应超出连续梁墩顶负弯矩包络图范围并不宜小于梁高的 4 倍。

2 墩顶连续构造处顶面应设置一定数量的防裂钢筋,新老混凝土结合面应设置一定数量抗剪钢筋。墩顶两端横隔板间宜现浇形成整体横梁,混凝土强度应高于原梁一个等级,并采取措施做好桥面防水。

3 墩顶宜采用新设单支座。确需保留双排支座形式时,应对墩柱承载力进行计算。

4 连续钢筋或预应力钢束具体构造按《公路钢筋混凝土及预应力混凝土桥涵设计规范》(JTG D62—2004)第 9.2.3 条、第 9.3.4 条的有关规定执行。

10 梁桥加固

10.1 一般规定

10.1.1 本章规定适用于混凝土梁桥的加固设计。当梁桥强度、刚度、整体性及耐久性不足时,应对其进行加固。

10.1.2 梁桥的加固主要采用施加体外预应力、改变结构体系、增大截面、粘贴钢板或粘贴纤维复合材料、更换主梁、增强横向整体性等方法,也可采用上述多种方法组合。

10.2 加固方法

10.2.1 简支梁(板)桥

1 简支梁桥抗弯能力不足或主梁挠度过大时,宜优先采用施加体外预应力、增大截面、简支变连续等加固法。

2 个别主梁(板)出现严重病害,而其他主梁良好,可采用更换主梁法加固。

3 提高承载能力幅度不大时,可采用粘贴钢板或纤维复合材料法加固。

4 梁(板)横向联系不足时,可采用增强横梁、增设横向预应力或加强桥面横向联系等方法加固。

5 主梁斜截面抗剪能力不足时,可采用粘贴钢板或纤维复合材料法加固。

6 预制预应力混凝土箱梁(板)的底面沿纵向预应力钢束位置开裂时,宜按本规范第16章进行裂缝处理,并进行耐久性加固。

10.2.2 连续梁(刚构)桥、悬臂梁桥

1 箱梁的刚度不足且产生严重下挠时,应采用施加体外预应力进行加固,也可采用改变体系法进行加固。

2 箱梁的抗剪承载能力不足时,可采用增大截面、粘贴钢板、粘贴纤维复合材料或增设竖向预应力等方法进行加固。

3 箱梁的抗弯承载能力不足时,可采用体外预应力、粘贴钢板、粘贴纤维复合材料或增大截面等方法进行加固。

4 箱梁顶、底板因承载力不足纵向开裂时,可采用粘贴钢板、粘贴纤维复合材料或新增横肋等方法进行加固。

5 箱梁齿板局部承压不足引起齿板破坏或锚固区箱梁局部开裂时，可采用增大截面或粘贴钢板等方法进行加固。

6 悬臂端牛腿开裂时，宜采用粘贴钢板、粘贴纤维板材或施加体外预应力等方法加固。

10.3 计算方法

10.3.1 增大截面加固法、粘贴钢板和纤维复合材料加固法、体外预应力加固法的设计计算，分别见本规范第5章～第8章。

10.3.2 改变体系加固设计计算，见本规范第9章。

10.3.3 增强横向整体性、加强桥面横向联系、增设主梁、粘贴法或增大截面加固部分主梁（板）的横向分布计算，应计入增强后结构刚度的变化。

10.3.4 结构加固后应进行整体计算，并应考虑加强部分对结构刚度的贡献。

10.3.5 齿板、牛腿、转向装置等构造局部应力分析宜按空间结构计算。

10.4 构造要求

10.4.1 更换混凝土铺装层，应将原有混凝土调平层和桥面铺装清除。在原桥面板上设置齿形剪力槽或采取植筋的措施来增强结合面的抗剪强度。

剪力槽深度宜采用12～18mm，间距100～150mm；植筋宜呈梅花形布置，间距不宜大于500mm。新浇桥面混凝土层中应设置钢筋网，其钢筋间距不宜大于100×100mm，钢筋直径不宜小于12mm。

10.4.2 更换（新增）主梁（板）加固时，应清除拟更换（新增）主梁（板）梁侧各1.0m范围内的桥面铺装。铰缝处增设的横向连接钢筋不宜少于原有横向连接钢筋数量的1/4。

10.4.3 采用体外预应力加固时，箱梁齿板应尽量靠近承托布置。

10.4.4 增强横向联系宜在梁（板）端部及其他控制截面进行。新增横梁（横隔板）应采取措施与原结构可靠锚固。

10.4.5 其他构造要求见相关加固方法的构造要求。

11 拱桥加固

11.1 一般规定

11.1.1 当拱桥承载力、稳定性、整体性以及耐久性不满足要求时应进行加固。

11.1.2 当拱上建筑为纵向连续结构或拱式腹拱时,可计入拱上建筑与主拱圈的联合作用。

11.1.3 应严格控制增大截面法加固后的圬工拱桥主拱截面拉应力水平。

11.1.4 拱桥结构加固前应对混凝土裂缝、钢管混凝土脱空等病害进行处治。

11.1.5 拱桥钢构件应按照腐蚀环境、构件工作条件、维护条件等进行涂装防腐设计。

11.1.6 对具有文物保护价值的石拱桥,应修旧如旧。

11.1.7 因加固导致恒载增加时,应对拱座及基础进行验算。

11.2 加固方法

11.2.1 圬工拱桥可采用增大主拱截面、调整拱上建筑恒载以及增强横向整体性等方法加固。

11.2.2 双曲拱桥可采用增大截面或改变截面形式、粘贴钢板和纤维复合材料,以及增强横向整体性等方法加固。

11.2.3 桁架(刚架)拱桥可采用增强横向整体性、粘贴钢板和纤维复合材料、施加体外预应力,以及增大构件截面等方法加固。

11.2.4 钢筋混凝土箱板(肋)拱桥可采用增大截面、调整拱上建筑恒载、增加拱肋、增强横向整体性,以及粘贴纤维复合材料等方法加固。

11.2.5 钢管混凝土拱桥可采用外套钢管混凝土增大截面、粘贴纤维复合材料、更换吊杆或系杆、改善桥面系结构，以及增强横向整体性等方法加固。

11.3 加固计算

11.3.1 加固设计计算应考虑结构损伤、材料劣化、新旧材料的结合性能及材性差异等因素的影响。材料、几何等参数应通过实测确定。

11.3.2 增大主拱截面加固时，新浇混凝土与原混凝土或砌体结合面的抗剪能力应满足要求；应计入新增混凝土收缩徐变引起的结构内力（应力）重分布。

11.3.3 增大主拱混凝土截面或在主拱圈上粘贴钢板和纤维复合材料加固时，应分阶段计算受力。

11.3.4 吊架方式新增主拱圈截面混凝土恒载由原拱承担；支架方式新增主拱圈截面混凝土恒载由加固后的组合截面拱承担；加固中临时卸除荷载的恢复及使用荷载由加固后的组合截面拱承担。

11.3.5 采用混凝土增大主拱圈截面或在主拱圈上粘贴钢板或纤维复合材料加固时，根据平截面假定计算原拱圈和新增部分的应力。

11.3.6 圬工拱桥、双曲拱桥

1 计算内容与截面除满足现行《公路圬工桥涵设计规范》(JTG D61)要求外，还应对截面突变处和其他控制截面进行计算。

2 双曲拱桥第一阶段计算按原构件截面进行；第二阶段计算按加固后的组合截面进行。对不同强度等级混凝土及新增的钢筋按其弹性模量进行截面换算。

3 采用混凝土增大主拱截面加固后的截面验算可参照本规范第5章有关规定进行。

4 采用调整拱上建筑恒载或加强横向联系加固后的主拱截面验算应按照现行《公路圬工桥涵设计规范》(JTG D61)进行。

5 采用粘贴钢板及纤维复合材料法加固后的主拱截面验算可分别参照本规范第6章、第7章有关规定进行。

11.3.7 桁架（刚架）拱桥

1 桁架（刚架）拱计算应包括各构件承载力和稳定性以及整体刚度和稳定性。

2 增大构件混凝土截面、粘贴钢板及纤维复合材料加固后的截面验算，应分别按照本规范第5章、第6章、第7章有关规定进行。

3 增强横向整体性以及施加体外预应力加固后的结构截面验算，按照现行《公路钢

筋混凝土及预应力混凝土桥涵设计规范》(JTG D62)及本规范第8章有关规定进行。

4 加固后的桥梁整体刚度应符合现行《公路钢筋混凝土及预应力混凝土桥涵设计规范》(JTG D62)的规定。

11.3.8 钢筋混凝土箱板(肋)拱桥

1 箱板(肋)拱加固计算截面除应符合《公路钢筋混凝土及预应力混凝土桥涵设计规范》(JTG D62—2004)第4.3.10条规定外,还应对截面突变处和其他控制截面进行计算。

2 采用支架方式增大主拱混凝土截面加固时,可采用下述3种方法进行主拱验算:

1)根据加固后的组合截面,按照现行《公路圬工桥涵设计规范》(JTG D61)相关规定进行混凝土主拱截面强度以及整体"强度—稳定"验算。

2)按照现行《公路桥涵设计通用规范》(JTG D60)相关规定,采用作用(荷载)标准值组合,根据应力叠加计算的新旧混凝土组合截面上下缘不宜出现拉应力且压应力 σ_a 应满足下式要求:

$$\sigma_a \leqslant 0.75 f_{ck} \tag{11.3.8}$$

式中:f_{ck}——混凝土强度标准值,按照《公路钢筋混凝土及预应力混凝土桥涵设计规范》(JTG D62—2004)表3.1.3取值。

3)根据新旧组合拱圈模型假定计算原拱圈与新增拱圈的轴力、弯矩,并按照现行《公路圬工桥涵设计规范》(JTG D61)相关规定分别进行原拱圈与新增拱圈截面强度以及整体"强度—稳定"验算。

3 吊架方式增大主拱混凝土截面加固时,可按照本条第2款第1)、2)项进行主拱截面验算。

4 增加拱肋计算按照现行《公路圬工桥涵设计规范》(JTG D61)及《公路钢筋混凝土及预应力混凝土桥涵设计规范》(JTG D62)相关规定执行。

5 粘贴钢板和纤维复合材料加固后的截面验算,应分别按照本规范第6章、第7章有关规定进行。

6 调整主拱内力分布或增强横向整体性加固后的截面强度以及整体"强度—稳定"验算,应按照现行《公路圬工桥涵设计规范》(JTG D61)相关规定执行。

7 加固后的主拱刚度应符合现行《公路钢筋混凝土及预应力混凝土桥涵设计规范》(JTG D62)的要求。

8 中、下承式钢筋混凝土箱肋拱吊杆更换后的抗拉安全系数不应小于2.5。

11.3.9 钢管混凝土拱桥

1 钢管混凝土拱加固验算项目包括主拱截面强度、刚度、稳定性,中、下承式拱桥吊杆、系杆强度等。

2 钢管混凝土拱桥加固应进行承载能力极限状态和正常使用极限状态两类极限状态计算,并按持久状况、短暂状况和偶然状况三种状况进行设计。

3　应按承载能力极限状态的要求对构件进行承载力及稳定计算。作用(或荷载)的效应(其中汽车荷载应计入冲击系数)应采用其组合设计值。

4　构件承载力可按钢管混凝土统一理论计算,并应考虑分阶段受力的影响。

5　考虑结构几何和材料非线性影响后的主拱整体稳定安全系数不应小于1.8;更换后的吊杆抗拉安全系数不应小于2.5。

6　主拱在车道荷载作用下的最大竖向挠度(单跨范围内的正负挠度绝对值之和)不应大于 $l/650$;中下承式拱桥考虑吊杆变形后桥道系的最大竖向挠度不应大于 $l/500$。其中,l 为主拱计算跨径。

11.4　构造要求

11.4.1　圬工拱桥

1　增大主拱混凝土截面加固时应满足下列构造要求:

1)原拱腹增设钢筋混凝土板拱加固中小跨径的圬工拱桥时,新增板拱的厚度不宜小于150mm;原拱腹增设钢筋混凝土肋拱加固大(中)跨径圬工拱桥时,拱肋间应设置不少于3条横系梁;新增主拱肋高度不宜小于300mm;拱脚截面可适当加厚。

2)拱腹增设钢筋混凝土板(肋)拱加固圬工拱桥时,应在对全桥裂缝部位进行压浆处理后紧贴原有拱圈下部浇筑新拱圈。

3)拱腹增设钢筋混凝土板(肋)拱加固圬工拱桥时,其混凝土强度等级、钢筋等构造要求按照现行《公路钢筋混凝土及预应力混凝土桥涵设计规范》(JTG D62)执行。

2　调整拱上建筑恒载加固时的构造处理应与桥面系维修同时考虑。

11.4.2　双曲拱桥

1　粘贴钢板、粘贴纤维复合材料构造要求应分别按照本规范第6章、第7章有关规定执行。

2　增大主拱肋截面加固双曲拱桥时,新增部分的宽度宜采用半包围原结构形式,如图11.4.2所示。其最小厚度不宜小于150mm。新增部分钢筋应采用植筋或与原结构钢筋焊接方式形成整体。

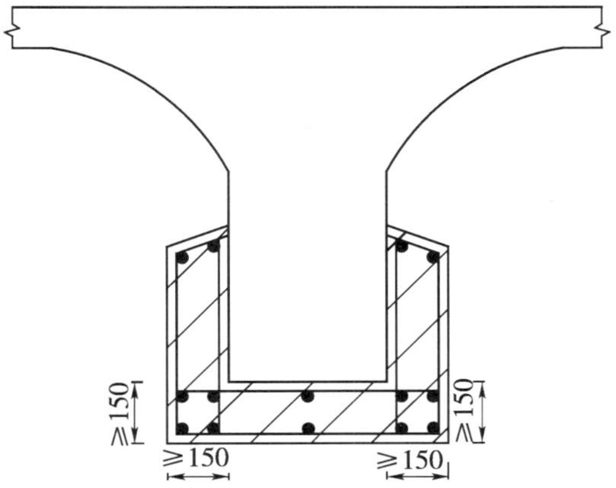

图11.4.2　增大主拱肋截面加固构造示意
(单位:mm,植筋未示)

3　增强横向整体性。

1)增设横向拉杆加固时,视跨径大小可在跨中、1/8跨径和1/ 4跨径附近设置横向拉杆。

2)加强横向系梁加固时,其位置宜选择在拱顶、拱肋分段接头处、腹拱墩(或立柱)下和拱脚附近。其构造应符合现行《公路钢筋混凝土及预应力混凝土桥涵设计规范》(JTG D62)的相关规定。

11.4.3 钢筋混凝土桁架拱、刚架拱桥

1 采用粘贴钢板、粘贴纤维复合材料加固时的构造要求,应分别按照本规范第6章、第7章有关规定执行。

2 采用钢筋混凝土套箍增大杆件截面加固时,应符合下列构造要求:

1)新增混凝土厚度不宜小于100mm,新增混凝土强度等级应比原构件提高一级。

2)杆件新增混凝土内设置纵向受力钢筋和封闭箍筋,纵向钢筋直径不宜小于12mm;箍筋:直径不宜小于8mm,间距不宜大于150mm,杆件端部适当加密。

3)各杆件内纵向钢筋在杆件节点处以及下弦杆与拱座连接处应有足够的锚固长度。

11.4.4 钢筋混凝土箱板(肋)拱桥

1 增加顶板厚度加固箱板拱构造要求:

1)新增混凝土厚度不宜小于150mm,混凝土强度等级应比原构件提高一级。

2)新增混凝土内应设置纵桥向主筋、横桥向构造钢筋和带肋钢筋网。主筋直径不宜小于12mm,构造钢筋直径不宜小于10mm。钢筋网间距不宜大于150mm×150mm,直径不宜小于6mm。

3)新增混凝土内设置的纵向钢筋在拱上横墙或立柱底梁处应保持连续,或通过植筋使其满足锚固长度要求。

4)应通过增大拱座尺寸或植筋方式使新增纵向钢筋锚固长度符合现行《公路钢筋混凝土及预应力混凝土桥涵设计规范》(JTG D62)的规定。

5)拱背面应种植剪力筋,直径不应小于12mm,间距不宜大于500mm,并与其他新增钢筋形成整体。

2 增加底板厚度(套拱)加固箱板拱构造要求:

1)新增厚度宜沿拱腹横向布置成双肋或多肋形式,肋宽不宜大于2m,肋高不宜小于250mm;应在1/4跨径、1/2跨径处设置肋间系板,系板宽度不宜小于800mm,厚度不宜小于250mm。

2)新增混凝土肋内应设置纵向主筋、横向构造筋和带肋钢筋网;系板内应设置沿横桥向的主筋、沿纵桥向的构造钢筋和带肋钢筋网。钢筋构造要求见本规范第11.4.4条第1款第2)项规定。

3)拱腹面新增肋及系板范围内应种植剪力筋,剪力筋应采用直径不小于12mm的螺纹钢筋,间距不宜大于400mm,并与其他新增钢筋形成整体。

4)其他构造要求见本规范第11.4.4条第1款第4)项规定。

3 钢筋混凝土套箍加固箱肋拱构造要求:

1)新增顶、底板混凝土厚度不宜小于150mm,腹板厚度不宜小于80mm,新增混凝土强度等级应比原构件提高一级。

2)新增顶(底)板以及腹板内应分别设置直径不小于12mm和10mm的纵向钢筋,应沿拱轴设置直径不小于12mm、间距不大于200mm的封闭箍筋。应通过植筋使新增部分与原结构形成整体。

3）其他构造要求见本规范第11.4.4条第1款第4）项规定。

4 增加拱肋加固时应通过增大拱座尺寸或植筋方式使新增纵向钢筋锚固长度符合现行《公路钢筋混凝土及预应力混凝土桥涵设计规范》（JTG D62）的规定。

5 粘贴钢板、纤维复合材料构造要求应分别按照本规范第6章、第7章有关规定执行。其中，在拱腹上粘贴钢板时应有可靠的锚固措施。

6 更换后的短吊杆上、下端宜采用铰接。更换后的吊杆、系杆及其锚固构造应具有可靠的防、排水措施。

11.4.5 钢管混凝土拱桥

1 粘贴纤维复合材料加固构造应符合本规范第7章的规定。

2 外套钢管混凝土增大截面加固时，外套管直径不宜小于原管直径+300mm。

3 应通过增大拱座尺寸或植筋方式使新增钢管与拱座锚固可靠。

12 悬索桥、斜拉桥加固

12.1 一般规定

12.1.1 悬索桥加劲梁、索塔或整体刚度以及斜拉桥主梁、桥塔或整体刚度不满足使用要求时应进行加固;悬索桥吊索(杆)以及斜拉桥斜拉索损伤或承载力不足时应进行更换。

12.1.2 悬索桥主缆不宜更换或加强,主缆或锚碇承载能力不足时可降低荷载等级使用。

12.1.3 悬索桥、斜拉桥钢构件应按照腐蚀环境、构件工作条件、维护条件等进行涂装防腐设计。

12.2 加固方法

12.2.1 悬索桥可采用更换吊索(杆)、增设斜拉索、设置中央扣、加强加劲梁风构等方法进行整体加固;可采用更换加劲梁构件、增大截面、粘贴钢板或纤维复合材料等方法进行索塔和加劲梁的局部加固。

12.2.2 斜拉桥可采用更换斜拉索、增设辅助墩、增设纵横向主梁限位装置、增设斜拉索减振装置等方法进行整体加固;可采用增大截面、粘贴钢板或纤维复合材料等方法进行桥塔和加劲梁的局部加固。

12.3 加固计算

12.3.1 加固设计计算应考虑结构损伤、材料劣化、新旧材料的结合性能及材性差异。材料、几何等参数应采用桥梁检测结果。

12.3.2 悬索桥

1 悬索桥整体计算、验算应按照现行公路桥梁钢结构设计规范相关规定进行。

2 增大索塔混凝土截面加固时应按照本规范第5章规定进行计算。

3 加劲梁粘贴纤维复合材料加固时应按照本规范第7章规定进行计算。

4 吊索(杆)抗拉安全系数应符合下列规定:

高强钢丝吊索:不小于2.0;

钢丝绳吊索:不小于3.0;

刚性吊杆:不小于3.0。

5 计入材料性能折减后的主缆抗拉安全系数应符合下列规定:

高强钢丝主缆:不小于2.0;

钢丝绳主缆:不小于3.0。

12.3.3 斜拉桥

1 斜拉桥整体计算、验算应按照《公路斜拉桥设计细则》(JTG/T D65-01—2007)相关要求进行。

2 斜拉索更换顺序、张拉吨位应按照不损伤原结构的原则,根据施工过程结构分析确定。

3 增大桥塔混凝土截面加固时应按照本规范第5章规定进行计算。

4 主梁粘贴纤维复合材料加固时应按照本规范第7章规定进行计算。

12.4 构造要求

12.4.1 悬索桥加劲梁以及斜拉桥主梁粘贴纤维复合材料加固构造,应符合本规范第7章相关规定。

12.4.2 悬索桥索塔、斜拉桥桥塔增大混凝土截面加固构造,应符合本规范第5章相关规定。

12.4.3 悬索桥主缆及锚碇、索鞍、吊索(杆)及上下锚头以及斜拉桥斜拉索及上下锚头应采取可靠的防、排水措施。

13 钢桥及钢—混组合结构桥梁加固

13.1 一般规定

13.1.1 当钢桥或钢—混凝土组合梁桥的承载力(包括强度、稳定性、疲劳)、变形、几何偏差等不满足使用要求时应进行加固。

13.1.2 钢桥加固设计时,永久作用的取值宜采用实测的平均值乘以1.05作为其标准值。钢—混凝土组合梁桥加固时,宜根据实测的结构尺寸计算确定其永久作用的标准值。

13.1.3 加固钢桥结构可按下列原则进行验算:

1 加固钢桥结构内力分析时,应考虑结构的实际有效截面面积和结构加固时的实际受力特点,确保加固部分与原结构共同工作。计算加固钢桥的截面抗弯承载力时,必须考虑加固材料的应变滞后。

2 钢桥加固时若有新增杆件,并导致结构体系发生变化或重量增加,应对相关结构构件及桥梁基础进行必要的验算。

3 当对加固钢桥或钢—混凝土组合梁桥进行正常使用极限状态的应力、变形和疲劳计算时,应取用各种荷载作用的标准值;当对加固钢桥进行承载能力极限状态的强度验算时,应取用各种作用效应的设计值。

13.1.4 钢桥或钢—混凝土组合梁桥存在局部损伤时,应处治后再进行加固。

13.1.5 控制截面的应力、变形状态按弹性理论方法计算,截面极限承载能力可根据塑性理论及其他方法计算。

13.1.6 在正常使用极限状态下,加固后的钢—混凝土组合梁桥在不计冲击的活载短期效应作用下,负弯矩区段的混凝土桥面板的裂缝宽度可近似按现行《公路钢筋混凝土及预应力混凝土桥涵设计规范》(JTG D62)第6.4.3条中的轴心受拉构件计算。其钢筋应力可采用按截面弹性应力分析得到的混凝土桥面板中的上层纵向钢筋应力。裂缝宽度限值为0.15mm。

13.1.7 钢—混凝土组合梁桥中的混凝土桥面板的加固计算,可参照现行《公路钢筋混凝土及预应力混凝土桥涵设计规范》(JTG D62)中有关混凝土板(梁)的规定。连接件的计算分析应按公路桥梁钢结构设计相关规范的有关方法进行。

13.1.8 对于符合国家现行标准的钢材,其容许应力值可按表13.1.8中的容许应力值取用;钢材的强度设计值应按公路桥梁钢结构设计相关规范取用。对于旧牌号或牌号不明的非标准钢材,其容许应力值[σ]不应大于$f_{sk}/1.7$,其钢材强度设计值为$f_{sd}=f_{sk}/1.2$。其中f_{sk}为钢材的强度标准值(或屈服强度)。

表13.1.8 钢材的容许应力(MPa)

应力种类	钢材种类						
	Q235(A3)	Q345(16Mn)	ZG25II	ZG35II	ZG45II	45号钢	35号钢
轴向应力	140	200	130	150	170	210	—
弯曲应力	145	210	135	155	180	220	220
剪应力	85	120	80	90	100	125	110
端部承压应力	210	300	—	—	—	—	—
紧密接触的承压应力	70	100	65	75	85	105	105
自由接触的承压应力	5.5	8.0	5.0	6.0	7.0	8.5	8.5
节点销子的孔壁承压应力	210	300	195	195	255	—	180
节点销子的弯曲应力	210	340	—	—	—	360	—

注:1. 表列Q345(16Mn)钢的容许应力与屈服点340MPa对应;如按国标GB/T 1591—94的规定,由于厚度影响,屈服点有变动时,各类容许应力可按屈服点的比例予以调整。
2. 验算紧密接触和自由接触的承压应力时,其面积取枢轴或辊轴的直径及其长度的乘积。其容许承压应力取两接触钢材强度较低者。
3. 节点销子的孔壁容许压应力系指被连接件钢材的孔壁承压应力;节点销子的容许弯应力仅适用于被连接构件之间只有极小缝隙的情况。

13.1.9 当桥梁控制截面的钢材锈蚀严重,其截面面积损失大于25%,或其钢板件剩余厚度小于8mm时,其材料强度设计值尚应根据环境条件乘以表13.1.9所列的降低系数。

表13.1.9 钢材强度腐蚀环境降低系数

桥梁结构使用环境	降低系数	桥梁结构使用环境	降低系数
I类环境	1.00	III类环境	0.90
II类环境	0.95	IV类环境	0.85

注:表中桥梁使用环境的分类方法同《公路钢筋混凝土及预应力混凝土桥涵设计规范》(JTG D62—2004)中第1.0.7条。

13.2 加固方法

13.2.1 钢桥结构加固的主要方法有:加大截面法(加焊钢板、型钢)或粘贴碳纤维复合材料、加大连接强度、增设体外预应力、改变结构受力体系、减轻荷载及阻止裂纹扩展等方法。

13.2.2 钢桥结构加固时可采用高强度螺栓连接、局部黏结和焊接等方法。应优先采用栓接,亦可采用焊接和高强度螺栓的混合连接。对于桥梁的非主要构件可谨慎采用焊接。当原桥连接点的铆钉脱落时宜用高强度螺栓更换。

13.2.3 钢桥或钢—混凝土组合梁桥的截面刚度不足时可采用粘贴钢板,增加混凝土桥面板厚度等方法加固。当钢桥或钢—混凝土组合梁桥的截面承载力不足时,可采用粘贴钢板、施加体外预应力或粘贴碳纤维复合材料等方法加固。

13.2.4 钢—混凝土组合梁桥的墩顶负弯矩区裂缝的宽度超过限值时,可采用体外预应力方法或在混凝土桥面板顶面粘贴碳纤维复合材料或其他材料进行加固。

13.2.5 梁端混凝土桥面板与钢梁之间发生较明显的相对滑动时,必须增加连接件的数量确保混凝土桥面板与钢梁间的连接。必要时可并重新设置混凝土桥面板。

13.2.6 钢梁加固的构造设计应遵循下列原则:降低应力集中程度,选择对原钢桥结构影响小的构造形式和加固工艺,并应采用厚度较薄的轧制板件等。

13.3 钢桥加固计算

13.3.1 按弹性理论计算钢桥加固后的控制截面应力必须满足下式要求:

$$\sigma \leqslant k[\sigma] \tag{13.3.1}$$

式中:σ——可能出现的作用(或荷载)效应标准值组合的截面最大计算应力;

$[\sigma]$——钢材的容许应力;

k——不同作用组合下的容许应力提高系数,见表13.3.1。

表13.3.1 容许应力的提高系数 k

构造物类型	荷 载 组 合	k
永久性结构	仅考虑自重、恒载和活载的组合 在上述组合基础上考虑其他作用的组合 偶然组合	1.0 1.25 1.30~1.40
临时性结构	仅考虑自重、恒载和活载的组合 在上述组合基础上考虑其他作用的组合 偶然组合	1.30 1.40 1.40

13.3.2 按弹性理论计算加固后结构的整体稳定性时应计入加固材料对截面面积、刚

度以及构件纵向弯曲的影响。

13.3.3 对加固后结构的构件和连接宜进行疲劳强度验算。

13.3.4 加固连接计算

1 当采用焊接连接加固时，焊缝的形式、构造及计算应按照公路桥涵钢结构设计相关规范进行。

2 当采用高强度螺栓连接加固时，必须验算连接处高强度螺栓的承载力和构件连接截面的承载力。

1）单个高强度螺栓的容许抗剪承载力可按下式计算：

$$[N_v^b] = 0.6P\mu n_m \tag{13.3.4-1}$$

式中：$[N_v^b]$——单个高强度螺栓的容许抗剪承载力；

P——单个高强度螺栓的设计拉力，按表 13.3.4-1 取值；

n_m——摩擦面个数，对于钢桥加固的情况，一般取 $n_m=1$ 或 $n_m=2$；

μ——摩擦系数，根据接触面的处理方法按表 13.3.4-2 取用。

表 13.3.4-1 单个高强度螺栓的设计拉力 P(kN)

螺栓的性能等级	螺栓公称直径(mm)					
	M16	M20	M22	M24	M27	M30
8.8 级	80	125	150	175	230	280
10.9 级	100	155	190	225	290	355

表 13.3.4-2 摩擦系数 μ

在连接处构件接触面的处理方法	构件的钢种		
	Q235 钢	Q345 钢、Q390 钢	Q420 钢
喷砂(丸)	0.45	0.50	0.50
喷砂(丸)后涂无机富锌漆	0.35	0.40	0.40
喷砂(丸)后生赤锈	0.45	0.50	0.50
钢丝刷清除浮锈或未经处理的干净轧制表面	0.30	0.35	0.40

2）单个高强度螺栓的容许抗拉承载力可按下式计算：

$$[N_{vt}^b] = 0.6P \tag{13.3.4-2}$$

3）高强度螺栓承受剪力和拉力共同作用时，单个高强螺栓在受拉状态下的容许抗剪承载力按下式计算：

$$[N_v^b] = 0.6\mu n_m(P - 1.25N_t) \tag{13.3.4-3}$$

式中：N_t——单个高强度螺栓承受的外拉力；

其他符号意义见式(13.3.4-1)。

13.3.5 承载力计算

1 加固钢桥可按塑性理论或公路桥梁钢结构设计相关规范进行承载能力极限状态验算。验算时应按《公路桥涵设计通用规范》(JTG D60—2004)第4.1.6条中的基本组合和偶然组合要求进行。

2 粘贴钢板、粘贴碳纤维复合材料、体外预应力加固后的承载力计算分别参照本规范第6章、第7章、第8章进行。

13.4 钢—混凝土组合梁桥加固计算

13.4.1 粘贴钢板、碳纤维复合材料或体外预应力加固钢—混凝土组合梁在正常使用极限状态的截面法向应力、剪应力和主应力计算可采用换算截面法。

计算截面应力和结构变形时,荷载效应取其标准值。采用体外索加固钢—混凝土组合梁桥的结构内力分析见本规范第8章。

13.4.2 粘贴钢板或纤维复合材料时,宜卸除桥梁的部分永久作用。

13.4.3 钢梁截面为密实型截面时,加固后钢—混凝土组合梁的抗弯承载力可按塑性理论计算。荷载效应采用基本组合设计值。

13.4.4 钢—混凝土组合梁桥的翼缘板计算宽度,对于结构整体内力及变形计算可取构件的全宽;对于承载能力极限状态和正常使用极限状态的截面承载力计算,截面有效宽度按公路桥梁钢结构设计相关规范取用。

13.4.5 当采用体外索加固时,正常使用极限状态的计算方法可参照本规范第8.2.4条的相关条文进行。

13.4.6 加固的钢—混凝土组合梁桥通常采用栓钉连接件、槽钢连接件和钢筋连接件来保证混凝土桥面板与钢梁共同工作。当连接件失效或更换混凝土桥面板和连接件时,连接件的数量必须经计算确定。连接件的承载力、数量计算及其构造要求必须参照公路桥梁钢结构设计相关规范的有关条文。

13.5 构造要求

13.5.1 加大截面法的加固方法及构造

1 采用加大截面的方法加固桥梁钢结构构件时,常见的拉、压杆件加固形式见图13.5.1-1和图13.5.1-2。

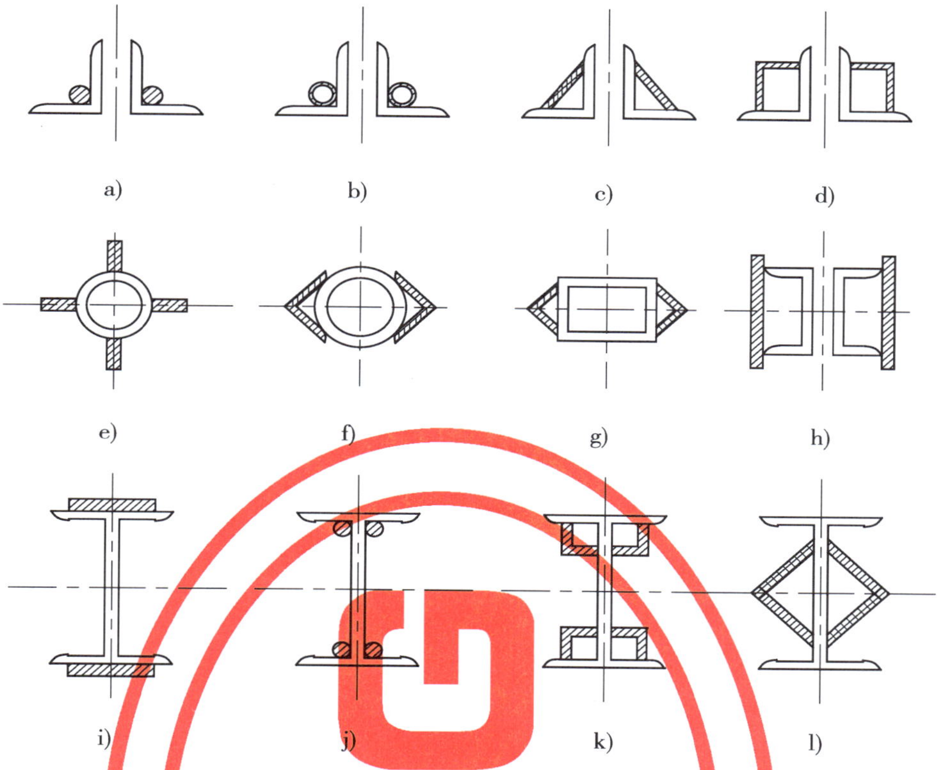

图 13.5.1-1　轴心受拉构件截面加固形式

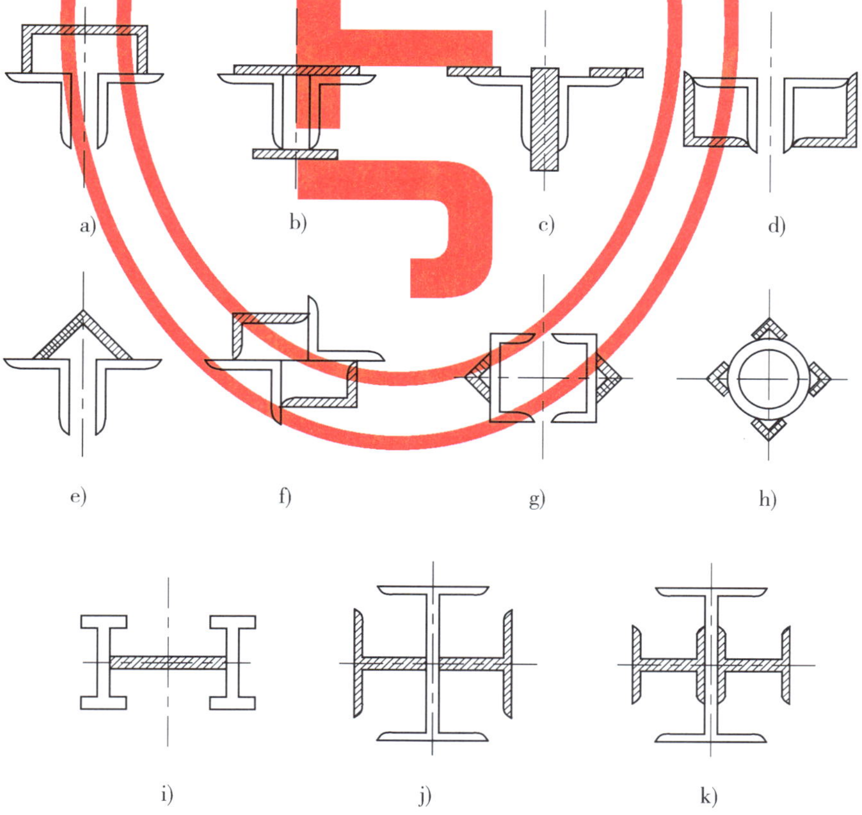

图 13.5.1-2　轴心受压构件截面加固形式

2 常用的偏心受压构件截面加固形式见图13.5.1-3,受弯构件截面加固形式见图13.5.1-4。主桁杆件截面中加固钢件常见的分布形式由图13.5.1-5给出。

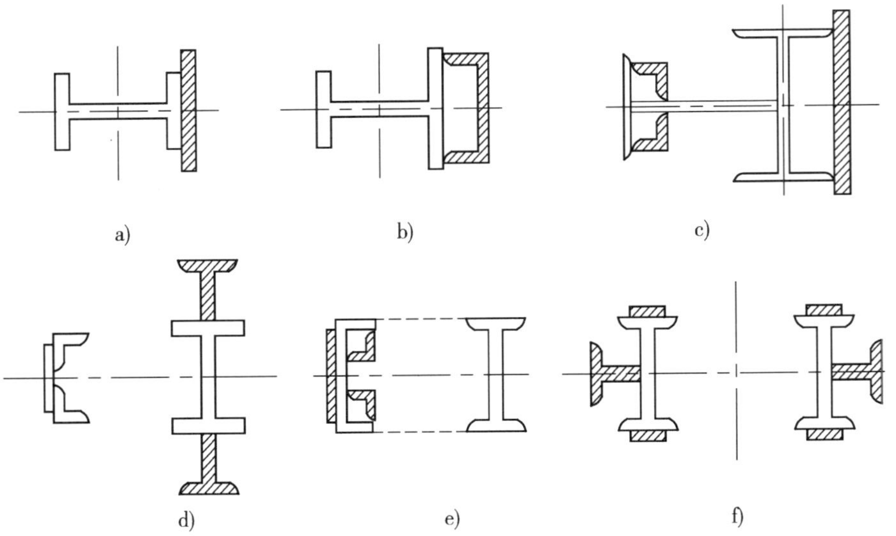

图13.5.1-3 偏心受压构件截面加固形式

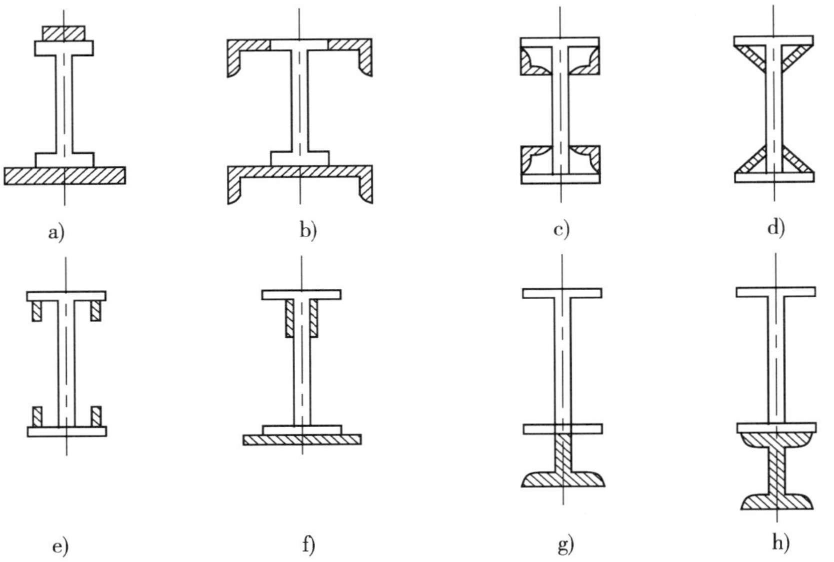

图13.5.1-4 受弯构件截面加固形式

3 加大截面法的构造要求:

1)应保证加固构件有合理的传力途径,加固件与原有构件应能够共同工作。加固件必须与原有构件的支点(或节点)连接可靠。

2)加固件的布置应适应原有构件的几何形状或已发生的变形情况,以利于施工。但也应尽量避免引起截面形心偏移,难以避免时,应在加固计算中考虑形心轴偏移的影响。

3)不应过多削弱原有构件。栓接时应选用较小直径的高强度螺栓。焊接时应尽量避免采用与原构件应力方向垂直的焊缝。

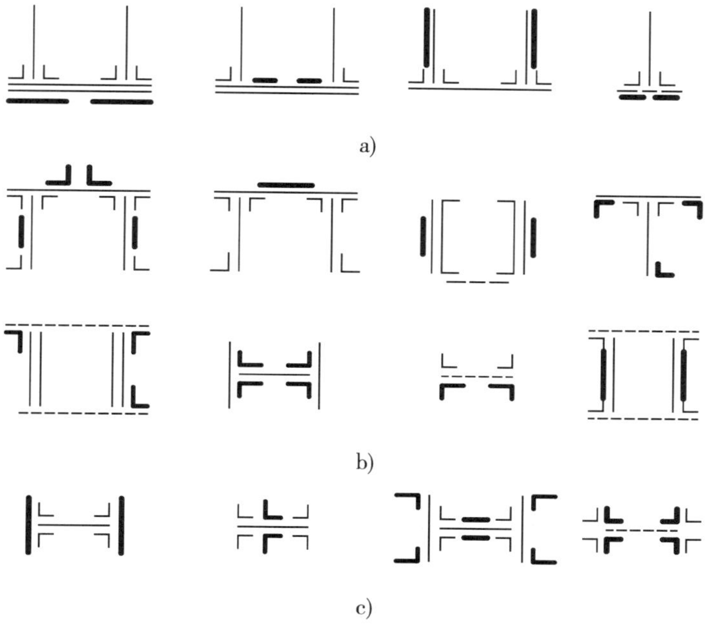

图 13.5.1-5 主桁杆件截面中加固钢件分布示意图

a)弦杆；b)斜杆；c)立杆和吊杆

注：图 13.5.1-1 ~ 图 13.5.1-5 中阴影线或加重部分为加固杆件的断面。

13.5.2 钢板梁的加固构造

1 可用水平盖板或角钢加固梁体翼缘。

2 可增设普通的加劲杆或体外预应力钢筋（束），见图 13.5.2。

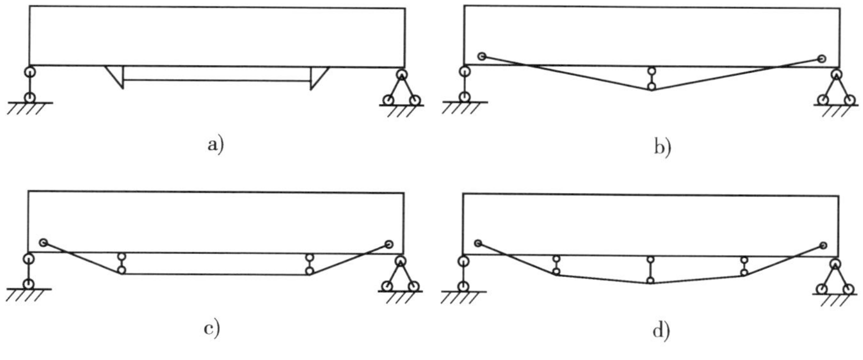

图 13.5.2 用加劲杆加固钢板梁

3 对下承式桥梁，可采用在原钢主梁上翼缘安装与之共同工作的钢筋混凝土桥面板，即加固后形成钢梁与钢筋混凝土桥面板共同工作的钢—混凝土组合梁桥。混凝土桥面板的构造要求同钢筋混凝土结构。抗剪连接件构造见公路桥梁钢结构设计相关规范。

13.5.3 钢桁梁加固方法与构造

1 钢桁梁常用的加固方法有更换杆件、增加杆件、对构件施加预应力、变更连续梁支承位置、对结构卸载、局部黏结、改变桁梁体系等方法，见图 13.5.3-1 示意。

2 加固上承式钢桁架叠合梁桥时，可将原桥面板拆除，设置抗剪连接件并重新浇筑钢筋混凝土或预应力混凝土桥面板,形成钢—混凝土组合结构桥梁。抗剪连接件构造见公路桥梁钢结构设计相关规范。

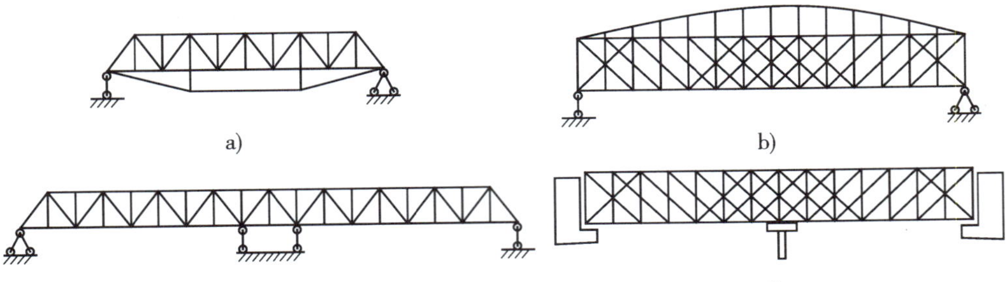

图 13.5.3-1 改变钢桁梁桥桥跨结构体系的加固示意图

a)桥下设置加劲杆;b)安装第三弦;c)变单支座为双支座;d)增设中间墩

3 沿钢桁梁桥的杆件施加体外预应力时,应验算钢桁梁的每一个杆件。图 13.5.3-2a)、b)所示为沿桁梁的主要受拉杆件施加预应力。图 13.5.3-2c)、d)、e)所示为体外预应力加固方法。

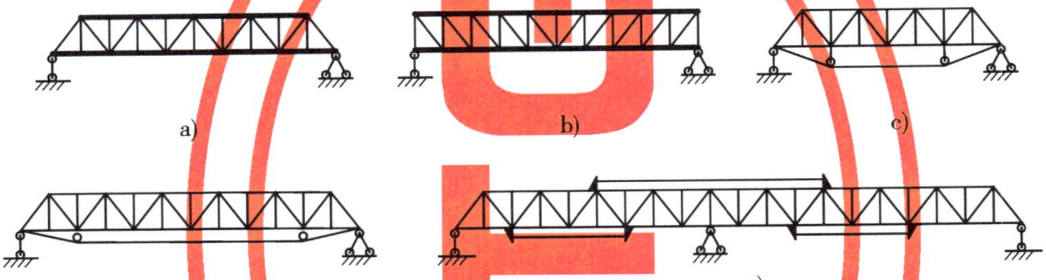

图 13.5.3-2 预应力拉杆加固钢桁架桥示意图

4 加固设计中,应尽量避免在杆件截面及连接中产生附加的偏心,并应使加固杆件拆卸的铆钉数量达到最小。

5 钢板加固工字形和箱形截面的主桁弦杆时,宜用高强度螺栓更换原铆钉。

6 应避免同时沿板束全宽拆掉弦杆加固区段的铆钉,可将整块水平钢板分成两窄条钢板分别进行加固,亦可使用角钢代替。

14 桥梁下部结构及基础加固

14.1 一般规定

14.1.1 下部结构加固方法

1 盖梁可采用施加体外预应力、增大截面、粘贴钢板或纤维复合材料等方法加固。

2 墩柱可采用增大截面、钢套管内灌注混凝土、粘贴纤维复合材料或钢板等方法加固。

3 台身可采用外包钢筋混凝土套箍、更换台后填土、增设辅助挡土墙、框架梁加注浆锚杆等方法加固。

4 基础可采用增大基础底面积、增大桩头面积或增加基桩、增设支撑梁等方法加固。

5 地基可采用高压旋喷注浆、土体注浆等方法加固。

6 墩台基础冲刷过大，可采用抛石、砌石防护、石笼、板桩防护、上游设导流坝、下游设拦砂坝等方法加固。

14.1.2 采用预应力加固盖梁、柱、薄壁墩台、空心墩等钢筋混凝土构件时，原构件混凝土强度等级不宜低于 C25；采用其他方法加固时，原构件混凝土强度等级不宜低于 C15。

14.1.3 下部结构加固宜对称进行。

14.1.4 加固前应先处理裂缝、缺陷等病害。

14.1.5 桥下净空不足，影响桥梁的安全使用时，可降低被交路路面高程、加高墩台或调整支座垫石厚度。

14.2 加固计算

14.2.1 墩台采用增大截面加固法、粘贴钢板和纤维复合材料加固法、增设体外预应力加固法的设计计算分别按本规范第 5 章 ~ 第 8 章进行。

14.2.2 增大基础加固计算应考虑两阶段受力，基底面积应根据现行《公路桥涵地基与基础设计规范》(JTG D63)的规定由地基强度验算确定。

14.2.3 增补桩基加固计算应考虑两阶段受力和新、旧桩基支撑条件、桩径等方面的差异。增补桩基数量及群桩基础沉降量计算应根据现行《公路桥涵地基与基础设计规范》(JTG D63)规定进行。

14.2.4 基础冲刷加固

1 基础的冲刷深度应取现有河床断面计算最大冲刷深度。

2 拦砂坝顶、底面高程应按实际冲刷深度计算。

3 桩基承载能力验算应考虑冲刷深度变化的影响。采用抛石防护的桩基,其承载力应计入抛石的负摩阻力。

14.2.5 对未设置防撞设施,可能被撞击的桥梁,应进行防撞验算或专题研究。

14.2.6 下部结构加固后,应对全桥进行整体验算。

14.3 构造要求

14.3.1 墩台采用增大截面加固法、粘贴钢板加固法、粘贴纤维复合材料加固法、增设体外预应力加固法的构造要求分别按本规范第5章~第8章进行。

14.3.2 钢筋混凝土套箍加固

1 钢筋混凝土墩台出现环向裂缝时,沿裂缝布置一道套箍,套箍高度不小于1.5m,厚度250~400mm。

2 钢筋混凝土墩台竖向裂缝可用数个套箍加固,每隔一定高度设置一道,其宽度视裂缝分布和宽度而定,厚度采用100~200mm。

3 被加固墩台为圬工结构时,套箍宜与注浆锚杆共同使用,锚杆间距根据墩台结构尺寸确定,一般为1.5~2.0m。外露锚具应进行防腐处理。

4 套箍混凝土强度等级不低于C25,配筋率不小于0.4%。

5 套箍钢筋应与原结构可靠连接,当采用植筋技术时,其构造见本规范附录A的相关规定。

14.3.3 用支撑梁法加固扩大基础桥台时,钢筋混凝土支撑梁顶面高程不得高于计算冲刷线。

14.3.4 扩大墩台基础加固,当抗剪承载力不足时,应采取增加承台厚度、在重力式桥台两侧加设钢筋混凝土侧墙等措施,有条件时可在台前新基础下增加短桩。

14.3.5 增补桩基加固时,新增桩的构造、布置、间距等应考虑对既有基础的影响。新增桩与旧桩的间距可适当减小。

14.3.6 基础冲刷加固

1 浆砌片石铺砌范围:桥墩上游6~8m,下游8~12m。

2 扩大基础(或承台)底掏空宜采用抛石、铅丝笼等措施防护,其加固高度要达到基础底面以上1.0m,坡度不大于1:1。

15　桥梁抗震加固

15.1　适用范围

本规范抗震加固部分主要适用于单跨跨径不超过150m的混凝土梁桥、圬工或钢筋混凝土拱桥。

15.2　抗震评估

15.2.1　应根据《公路桥梁抗震设计细则》(JTG/T B02-01—2008)的设防标准,对桥梁进行抗震评估,确定不同地震水平下桥梁体系及构件的危险程度,并结合投资效益分析,确定桥梁是否需要加固以及加固后应达到的性能标准。

15.2.2　桥梁抗震评估应分为抗震初步评估阶段和抗震详细评估阶段。

15.2.3　初步评估阶段

综合考虑桥梁结构的重要性、结构的实际情况和经济性等因素,确定桥梁是否处于高地震危险性状况以及是否需要加固:

1　桥梁结构的重要性,按照《公路桥梁抗震设计细则》(JTG/T B02-01—2008)第3.1.1条,将桥梁分为A类、B类、C类、D类四个抗震设防类别;

2　结构本身的特点及结构的地震易损性;

3　基础及场地的特征,主要包括砂土液化的可能性、场地土的类型等;

4　桥梁所在地区的抗震设防烈度;

5　结构建造的年代及加固经济评价。

15.2.4　详细评估阶段

对初步评估阶段确定的需要加固的桥梁进行抗震性能的详细评估,评估时应尽可能地了解结构的实际性能以及在不同水平地震作用下所处的状态,并应满足以下要求:

1　当遭受桥梁设计基准期内发生概率较高的E1地震作用时,各类桥梁一般不受损坏或不需修复可继续使用。

2　当遭受桥梁设计基准期内发生概率较低的E2地震作用时,A类桥梁可发生局部轻微损伤,不需修复或经简单修复可继续使用;B类、C类桥梁应保证不致倒塌或产生严重结构损伤,经临时加固后可供维持应急交通使用。

15.2.5 桥梁抗震性能详细评估应根据 E1 和 E2 地震作用下的桥梁各构件的抗震能力与其对应的地震需求比进行验算评估：

1 能力与地震需求比大于或等于 1，该构件满足抗震性能要求；小于 1，该构件抗震能力不足。

2 能力与地震需求比计算应考虑下列因素：

1）桥墩塑性铰区域的抗弯、抗剪强度及变形能力；

2）盖梁与桥墩节点的抗震性能；

3）承台的抗剪及抗倾覆性能；

4）桥梁地基基础的强度、桥梁支座的连接、变形性能。

3 抗震详细评估阶段应对抗震加固措施进行技术、经济评价。

4 抗震性能详细评估可参考图 15.2.5 所示的抗震性能详细评估流程。

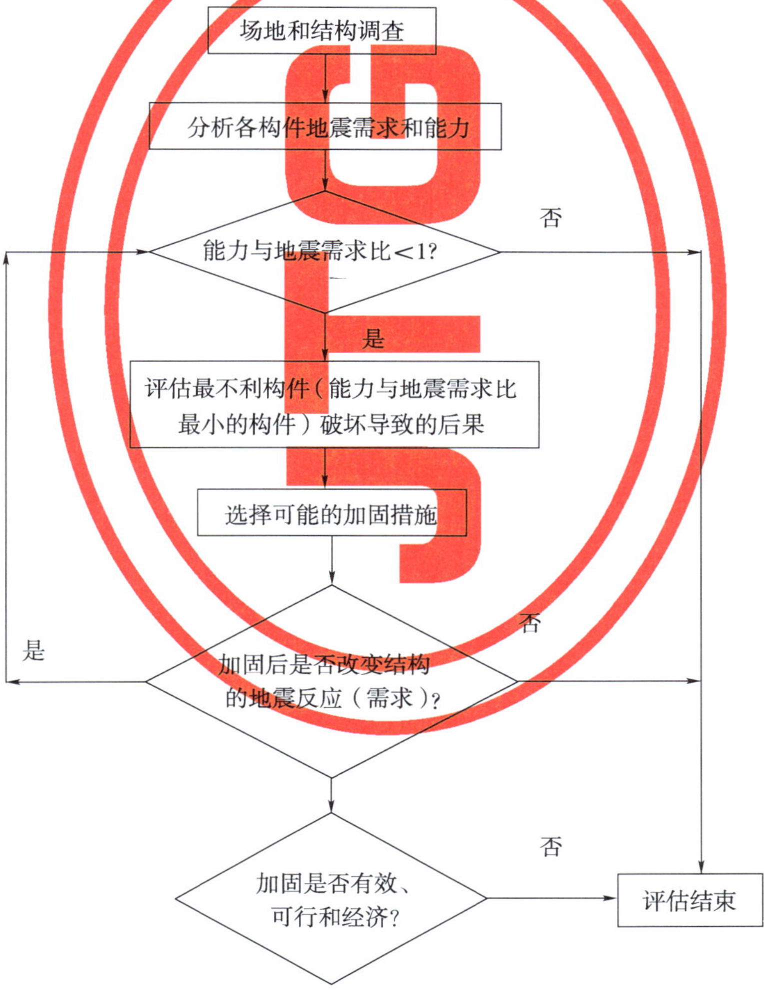

图 15.2.5 抗震性能详细评估流程

15.2.6 在 E1 地震作用下可采用弹性地震分析方法，确定结构构件的地震需求。在 E2 地震作用下，除本规范特别规定以外，宜根据结构特点采用非线性地震反应方法，确定结构构件的地震需求。

15.2.7 对于D类桥梁和采用重力式桥墩的桥梁,可只进行E1地震作用下的抗震性能评估。

15.2.8 根据桥梁在地震作用下动力响应特性的复杂程度,应将梁式桥、高架桥分为规则性桥梁和非规则性桥梁两类。表15.2.8限定范围内的梁式桥属于规则性桥梁,不在此表限定范围内的梁式桥和拱桥,属于非规则性桥梁。

表15.2.8 规则性桥梁的定义

参　数	参 数 值				
单跨最大跨径(m)	≤90				
墩高(m)	≤30				
单墩高度与直径、或宽度比	大于2.5且小于10				
跨数	2	3	4	5	6
曲线桥梁圆心角 φ 及半径 R	单跨 $\varphi<30°$ 且一联累计 $\varphi<90°$,同时曲梁半径 $R\geqslant 20b$(b 为桥宽)				
跨与跨间最大跨长比	3	2	2	1.5	1.5
轴压比	< 0.3				
跨与跨间桥墩最大刚度比	—	4	4	3	2
支座类型	普通板式橡胶支座、盆式支座(铰接约束)等。使用滑板支座、减隔震支座等属于非规则性桥梁				
下部结构类型	桥墩为单柱墩、双柱框架墩、多柱排架墩				
地基条件	不易液化、侧向滑移或易冲刷的场地,远离断层				

15.2.9 根据15.2.8条的规则和非规则分类,各类桥梁的抗震分析计算方法可参见表15.2.9。

表15.2.9 桥梁抗震分析可采用的计算方法

地 震 作 用	B　类		C　类		D　类	
	规则	非规则	规则	非规则	规则	非规则
E1地震作用	SM/MM	MM/TH	SM/MM	MM/TH	SM/MM	MM
E2地震作用	SM/MM	TH	SM/MM	TH	—	—

注:TH-线性和非线性时程计算方法;

SM-单模态反应谱方法;

MM-多模态反应谱方法。

15.2.10 E1地震作用和E2地震作用下桥梁结构构件抗震能力应按《公路桥梁抗震设计细则》(JTG/T B02-01—2008)计算。

15.3 桥墩加固方法

15.3.1 可采用增大截面、外包钢管或粘贴纤维复合材料等方法对桥墩进行加固。

1 增大截面加固法

在墩柱的表面增加混凝土并配置纵、横向钢筋，纵筋必须锚固在承台中。承台也相应进行加固。增大截面加固法通常采用的型式有圆形、矩形（图 15.3.1-1）；加固方式可分为全截面加固和部分截面加固。

圆形墩柱应采用密布箍筋或螺旋式箍筋；矩形截面应添加辅助箍筋，凿去原有墩柱转角处的混凝土，采用多角形箍筋。密布箍筋的直径不应小于 10mm，最大肢距不宜大于 250mm，最大间距应取 100mm、$6d_s$、$b/4$ 三者中的最小值，其中 d_s 为纵筋直径，b_s 为墩柱弯曲方向的截面宽度；螺旋式箍筋的接头必须采用对接，矩形箍筋应有 135°弯构，并伸入核心混凝土之内 $6d_s$ 以上。

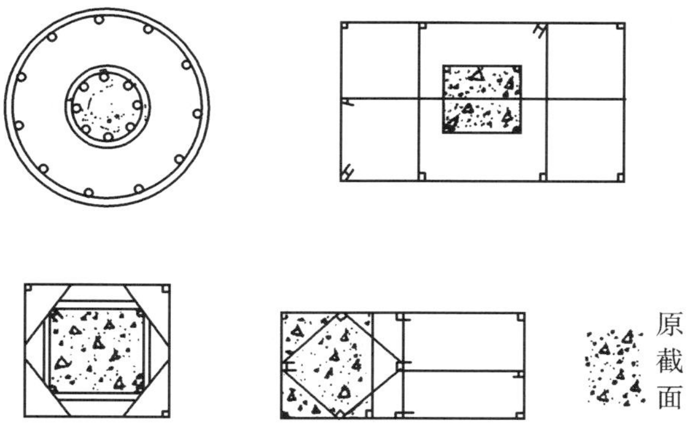

图 15.3.1-1 增大截面加固法

2 外包钢管加固法

圆形桥墩采用薄钢管外包塑性铰区的加固技术时，宜采用两块半圆形的钢管现场沿竖向接缝焊接而成，钢管的内径比桥墩直径略大，空隙中灌注微膨胀水泥砂浆，钢管的下端与承台顶面应有 40mm 的间隙。

矩形墩柱应选用图 15.3.1-2 所示椭圆形钢管加固，较大的空隙可灌注与原柱同强度等级的微膨胀混凝土。

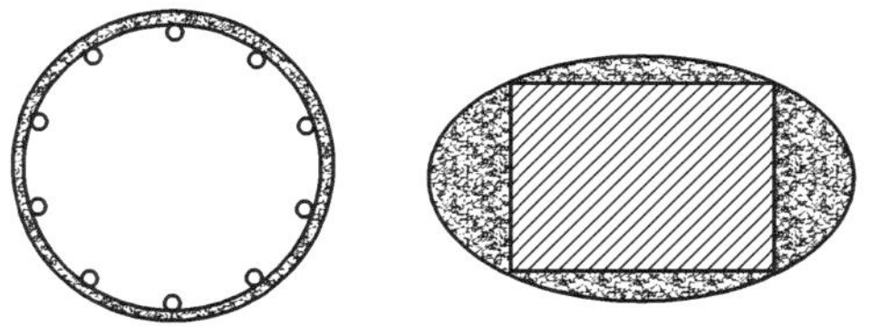

图 15.3.1-2 钢管外包加固法

3 粘贴纤维复合材料加固法

纤维复合材料适用于钢筋混凝土墩柱的延性加固，应按照本规范第 7 章的有关条款进行设计。

15.3.2 增大截面加固法钢筋搭接长度应满足下式要求：

$$l_{s,\min} \geqslant \frac{0.25 d_b f_{sd}}{\sqrt{f_{cd}}} \quad (\text{mm}) \qquad (15.3.2)$$

式中：d_b——纵筋的直径（mm）；

f_{sd}——箍筋抗拉强度设计值（MPa）；

f_{cd}——混凝土轴心抗压强度设计值（MPa）。

15.3.3 外包钢管加固法的钢管壁厚（图 15.3.3）应满足下式要求：

$$t \geqslant \frac{f_l D}{400} \quad (mm) \qquad (15.3.3)$$

式中：D——外包钢管内直径(mm)；

f_l——相应于外包钢管屈服时混凝土的横向约束应力(MPa)。

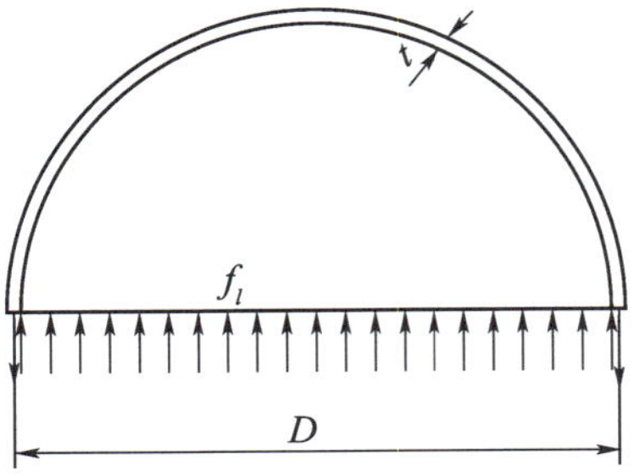

图 15.3.3　外包钢管对原混凝土的约束

15.3.4　顺桥向和横桥向 E1 地震作用效应和永久作用效应组合后，应按现行公路桥涵设计规范相关规定验算加固后桥墩的强度。

15.3.5　E2 地震作用下，应按式(15.3.5)验算加固后桥墩潜在塑性铰区域沿顺桥向和横桥向的塑性转动能力。对规则桥梁，按式(15.3.8)验算桥墩墩顶的位移。

$$\theta_p \leqslant \theta_u \qquad (15.3.5)$$

式中：θ_p——在 E2 地震作用下，潜在塑性铰区域的塑性转角；

θ_u——塑性铰区域的最大容许转角，按本规范第 15.3.6 条计算。

15.3.6　加固后塑性铰区域的最大容许转角按下式计算：

$$\theta_u = L_p(\phi_u - \phi_y)/K \qquad (15.3.6\text{-}1)$$

式中：ϕ_y——截面的等效屈服曲率，一般情况下，可按本规范第 15.3.7 条计算；但对于矩形截面和圆形截面桥墩，可按本规范附录 G 计算；

ϕ_u——极限破坏状态的曲率，一般情况下，可按本规范第 15.3.7 条计算；但对于矩形截面和圆形截面桥墩，可按本规范附录 G 计算；

K——延性安全系数，取 2.0；

L_p——等效塑性铰长度，可取下两式计算结果的较小值：

$$L_p = 0.08H + 0.022 f_{sk} d_s \geqslant 0.044 f_{sk} d_s \qquad (15.3.6\text{-}2)$$

$$L_p = \frac{2}{3} b \qquad (15.3.6\text{-}3)$$

H——悬臂墩的高度或塑性铰截面到反弯点的距离；

b——矩形截面的短边尺寸或圆形截面直径；

f_{sk}——纵向钢筋抗拉强度标准值(MPa)；

d_s——纵向钢筋的直径。

15.3.7　加固后桥墩屈服曲率 ϕ_y 和极限破坏状态曲率 ϕ_u

1　加固后桥墩塑性铰区域的等效屈服强度和屈服曲率 ϕ_y 定义为理想弹塑性轴力—弯矩—曲率(P-M-ϕ)曲线的等效屈服曲率，如图 15.3.7 所示；等效的理想弹塑性 M-ϕ 曲线可根据图中两个阴影面积相等求得，计算中应考虑最不利轴力组合。

2　极限破坏状态的曲率能力 ϕ_u 应通过考虑最不利轴力组合的轴力—弯矩—曲率

(P-M-ϕ)曲线确定，定义为混凝土应变达到极限压应变 ε_{cu}、约束钢筋达到折减极限应变 ε_{su}^{R}、纵筋应变达到极限应变 ε_{lu} 时相应的曲率。混凝土的极限压应变 ε_{cu} 可按下列公式计算：

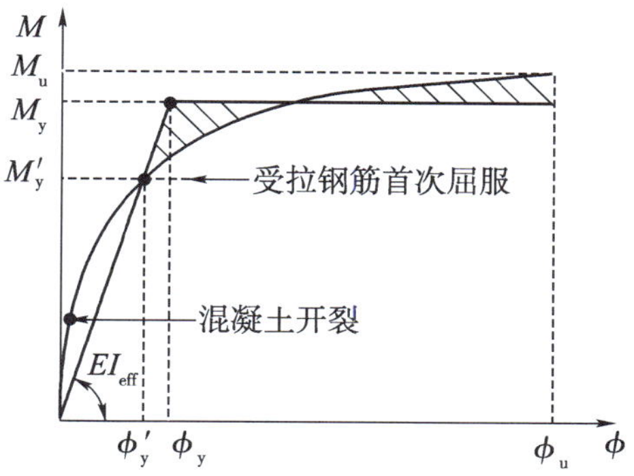

图 15.3.7　等效屈服曲率定义

1)增大截面加固法时，混凝土的极限压应变 ε_{cu} 可按下式计算：

$$\varepsilon_{cu}=0.004+\frac{1.4\rho_s f_{sk}\varepsilon_{su}^{R}}{f_{c,ck}} \qquad (15.3.7\text{-}1)$$

式中：ρ_s——加固后的体积含筋率，对于矩形箍筋：

$$\rho_s=\rho_x+\rho_y \qquad (15.3.7\text{-}2)$$

ρ_x、ρ_y——分别为顺桥向与横桥向箍筋体积含筋率；

f_{sk}——箍筋的标准强度(MPa)；

$f_{c,ck}$——约束混凝土的峰值应力(MPa)，可取1.25倍的混凝土抗压强度标准值；

ε_{su}^{R}——约束钢筋的折减极限应变，$\varepsilon_{su}^{R}=0.09$。

ε_{lu} 为纵筋的极限应变，$\varepsilon_{lu}=0.1$。

2)钢管外包加固法设计时，ε_{cu} 可按下式计算：

$$\varepsilon_{cu}=0.004+\frac{0.672tf_{yk}}{Df_{c,ck}} \qquad (15.3.7\text{-}3)$$

式中：t——外包钢管的壁厚(mm)；

D——外包钢管直径(mm)；

f_{yk}——外包钢管抗拉强度标准值(MPa)；

$f_{c,ck}$——外包钢管约束混凝土的峰值应力(MPa)，可按下式计算：

$$f_{c,ck}=f_{ck}\left(-1.254+2.254\sqrt{1+\frac{7.94f_l}{f_{ck}}}-\frac{2f_l}{f_{ck}}\right) \qquad (15.3.7\text{-}4)$$

f_{ck}——加固前混凝土的抗压强度标准值(MPa)；

f_l——外包钢管屈服时，对混凝土的横向约束应力(MPa)。

3)粘贴纤维复合材料加固法

加固墩柱延性时，极限破坏状态的曲率能力 ϕ_u 宜通过试验确定，亦可按照本规范第7.4节和式(15.3.7-1)确定。

15.3.8　在E2地震作用下，规则桥梁可按下式验算桥墩墩顶的位移：

$$\Delta_d\leqslant\Delta_u \qquad (15.3.8)$$

式中：Δ_d—— E2地震作用下墩顶的位移；

Δ_u——桥墩容许位移，按本规范第15.3.9条计算。

15.3.9　规则桥梁墩顶容许位移

1　单柱墩容许位移按下式计算：

$$\Delta_u = \frac{1}{3}H^2 \times \phi_y + \left(H - \frac{L_p}{2}\right) \times \theta_u \qquad (15.3.9)$$

式中:H——悬臂墩的高度或塑性铰截面到反弯点的距离;

L_p——等效塑性铰长度;

ϕ_y——加固后桥墩屈服曲率;

θ_u——加固后塑性铰区域的最大容许转角。

2　双柱墩、排架墩顺桥向的容许位移可按本规范式(15.3.9)计算;横桥向的容许位移可在盖梁处施加水平力 F 进行非线性静力分析(图 15.3.9),当墩柱的任一塑性铰达到最大容许转角时,盖梁处的横向水平位移即为容许位移。

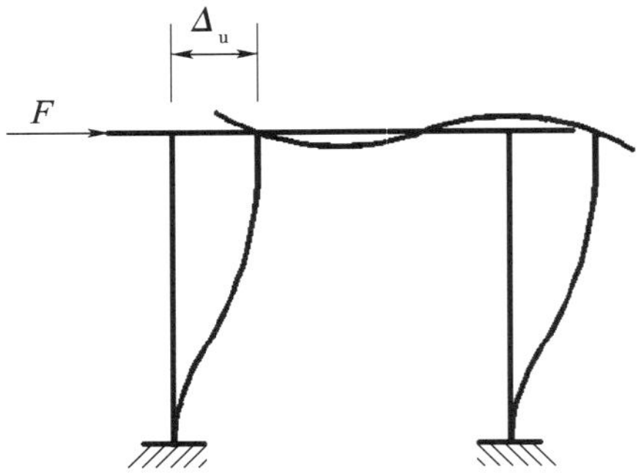

图 15.3.9　双柱墩的容许位移

15.3.10　加固后在 E2 地震作用下墩柱塑性铰区域的抗剪强度应满足以下要求:

1　增大截面法

加固后墩柱沿纵桥向和横桥向的斜截面抗剪承载能力应按下式计算:

$$V_{c0} \leqslant \phi(2.3 \times 10^{-5} \times \sqrt{f_{ck}}A_e + V_s) \qquad (15.3.10\text{-}1)$$

式中:V_{c0}——取为按能力保护原则计算出的沿纵向或横向剪力设计值和 E2 地震作用下的纵向或横向剪力(kN)的较小者;

f_{ck}——混凝土抗压强度标准值(MPa);

V_s——箍筋提供的抗剪能力(kN);

$$V_s = 0.001\frac{A_k b}{S_k}f_{sk} \leqslant 6.7 \times 10^{-4} \times \sqrt{f_{ck}}A_e \qquad (15.3.10\text{-}2)$$

A_e——核心混凝土截面面积(mm^2);

A_k——同一截面上箍筋的总面积(mm^2);

S_k——箍筋的间距(mm);

f_{sk}——箍筋抗拉强度设计值(MPa);

b——沿计算方向墩柱的宽度(直径)(mm);

ϕ——抗剪强度折减系数,$\phi = 0.85$。

2　外包钢管加固法

由外包钢管提供的抗剪能力可按下式计算:

$$V_{c0} \leqslant 0.001\phi\left(\frac{\pi}{2}tf_{yd}D\cos\theta\right) \quad (\text{kN}) \qquad (15.3.10\text{-}3)$$

式中:t——外包钢管的壁厚(mm);

D——外包钢管直径(mm);

f_{yd}——外包钢管的抗拉强度设计值(MPa)。

$$\theta = 30°$$

3　粘贴纤维复合材料加固法

采用粘贴纤维复合材料加固混凝土桥墩时,宜考虑其对加固区抗剪承载力的提高,并应通过试验确定。

15.4　桥梁基础加固方法

15.4.1　基础加固设计时应考虑土的特性及各种可能的破坏模式。

15.4.2　为了提高承台抗弯强度,可在既有承台表面(图 15.4.2)、侧面及底面增设钢筋混凝土,并通过植筋与原有承台连接。

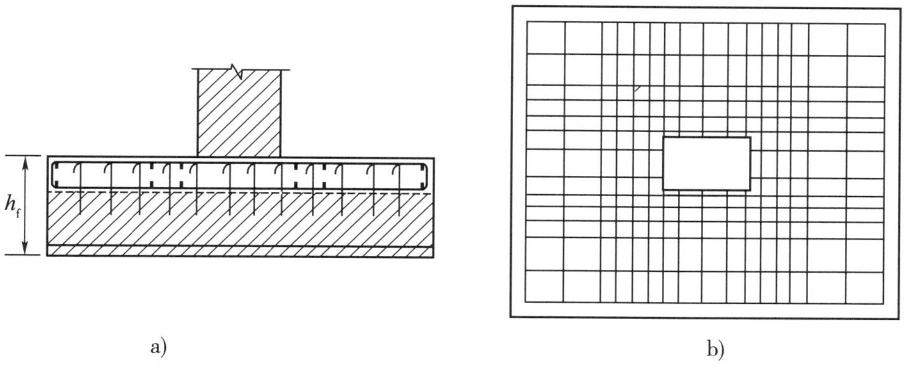

图 15.4.2　承台抗弯强度加固

a)立面图;b)平面图

h_f-承台厚度

15.4.3　在承台加固中,钢筋设置范围:宜布置在距离墩柱的一倍承台厚度的范围内。

15.4.4　如果抗剪植筋的抗拉能力不足以满足加固要求,可采用扩大承台并在承台周边的整个厚度内设置箍筋来代替。

15.4.5　可采用设置预应力筋提高承台的正、负弯矩区的抗弯强度;可采用增加承台厚度、穿过承台的竖向钢筋或预应力筋、水平向穿过承台的预应力筋等提高承台的抗剪能力。

15.4.6　承台倾覆抗力的提高可通过扩大承台的平面尺寸,增加抗拉桩或其他措施将其直接锚固到基岩等措施实现。

15.4.7　对于饱和砂土或饱和粉土(不含黄土)等存在液化风险的地基,可采用加密法进行加固。

15.5 减隔震措施

15.5.1 基本要求

1 当桥梁中有刚性墩,桥的基本振动周期比较短(如周期值位于规范设计谱的平台段)、桥墩高度相差较大或桥址区的预期地面运动特性主要能量集中在高频段时,可采用减隔震措施。

2 当基础土层不稳定、原有结构的固有周期比较长、位于软弱场地易引起共振或支座中出现负反力时,不宜采用减隔震措施。

3 减隔震支座应具有足够的刚度和屈服强度,避免在正常使用条件下出现因风荷载、制动力等引起的桥梁有害振动。

4 设置减隔震支座时,应保证相邻上部结构之间具有足够的位移空间。

15.5.2 采用减隔震技术加固后的桥梁固有周期宜为原结构的两倍以上。

15.5.3 一般情况下,应分别考虑顺桥和横桥两个方向的水平地震力,对抗震设防烈度为8度及8度以上的拱式结构、长悬臂桥梁和大跨度结构,以及竖向作用引起的地震效应很重要时,还应考虑竖向地震力和水平地震力的不利组合。应取全桥模型进行分析,并考虑伸缩装置、挡块、基础柔度等因素的影响。

15.5.4 减隔震装置宜构造简单、性能可靠,并具有可换性。

15.5.5 当桥梁总长超过600m或桥墩位于显著不同的场地条件时,宜考虑地震动的空间变化。

15.5.6 设置减隔震措施后桥梁抗震分析宜采用非线性动力时程分析方法。

15.5.7 规则性梁桥满足下列条件时,可采用单自由度反应谱分析方法进行水平地震力的计算。

1 距离最近的活动断层15km以上。

2 在E2地震作用下,隔震桥梁的基本周期(隔震周期)是未采用隔震技术桥梁基本周期的3倍以上。

3 场地类型为I、II、III类,且场地条件比较稳定。

4 在设计地震作用下,除减隔震装置外,桥墩、桥台及上部结构等均为线弹性反应;

5 减隔震装置从$0.5D_d$(D_d为减隔震装置极限位移能力)变到D_d时,其恢复力不低于其上部结构重量的0.025倍。

15.5.8 减隔震装置的设计、校核应满足以下要求：

1 橡胶型减隔震支承，在 E1 地震作用下产生的剪切应变必须在 100% 以下，E2 地震作用下产生的剪切应变必须在 250% 以下，并校核其稳定性。

2 非橡胶型减隔震装置，应根据具体的产品指标进行设计与校核。

3 应对减隔震装置在正常使用条件下的性能进行校核。

15.5.9 应对减隔震装置的变形、阻尼等力学参数进行试验测试。试验得到的力学参数值与设计值的偏差应在 ±10% 以内。

15.6 防落梁措施

15.6.1 防落梁装置的构造参见图 15.6.1-1 ~ 图 15.6.1-3，亦可采用其他更为可靠的构造措施。

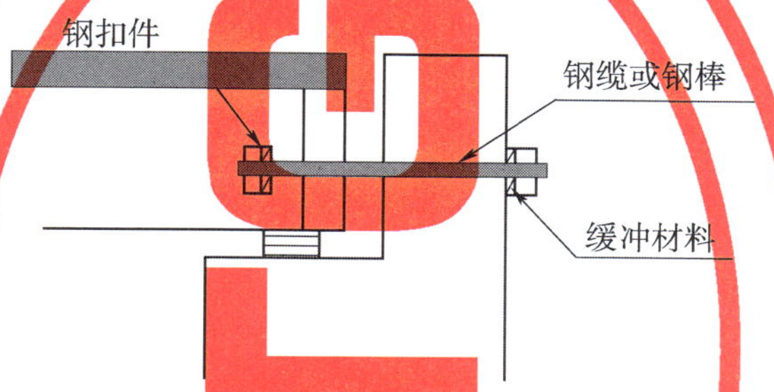

图 15.6.1-1 桥台处拉杆式防落梁构造

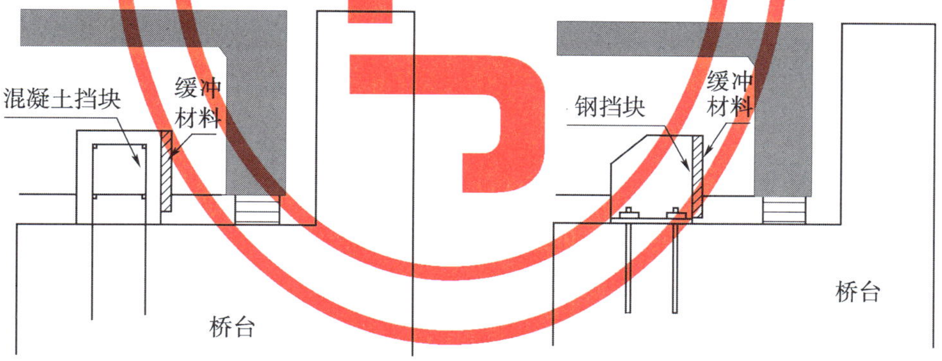

图 15.6.1-2 桥台处挡块式防落梁构造

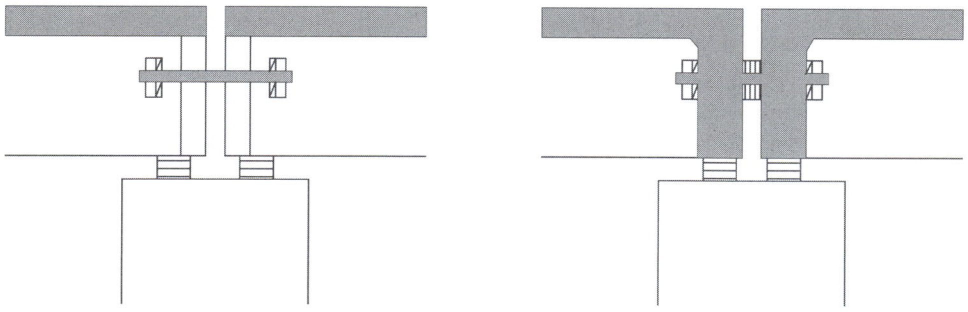

图 15.6.1-3 桥墩处拉杆式防落梁构造

15.6.2 防落梁装置应满足如下要求：

1 有足够的变形能力,不影响主梁的正常使用功能。

2 不妨碍支座的移动或转动等功能,便于支座的维护管理。

3 有足够的强度,能有效防止地震落梁。

15.6.3 纵桥向拉杆限位装置在 E2 地震作用下应保持在弹性范围内。纵桥向拉杆限位装置的设计力宜按伸缩缝左右联梁体较小质量乘以相应地面加速度峰值来计算。其附属连接装置、既有结构锚固部位等应能够承担 1.25 倍的拉杆限位装置的极限承载力。

15.6.4 横向位移约束装置在 E1 地震作用下应保持弹性状态,在 E2 作用下可进入塑性,但须具有足够的塑性变形能力。考虑到受力的不均匀性,横向约束装置应将分析计算得到的数值提高 25%。

15.6.5 桥台前墙应适当加强,并在梁与梁之间和梁与桥台前墙之间加装橡胶垫或其他弹性衬垫。其构造示意如图 15.6.5-1、图 15.6.5-2 所示。

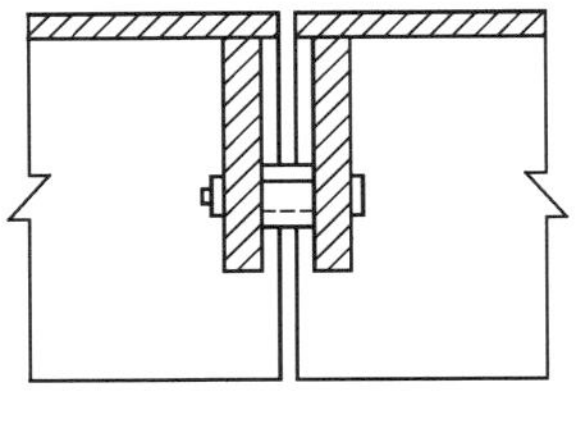

图 15.6.5-1 梁与梁之间的缓冲设施

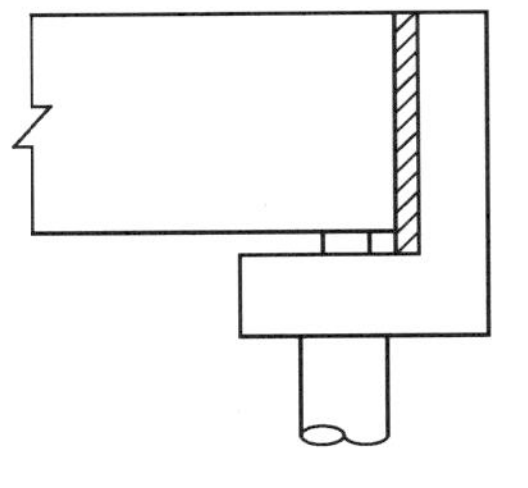

图 15.6.5-2 梁与桥台之间的缓冲设施

15.6.6 桥面不连续的简支梁(板)桥和挂梁,宜采用挡块、螺栓连接和钢夹板连接等防止纵、横向落梁措施。连续梁和桥面连续简支梁(板)桥应采取防止横向落梁措施。

16 混凝土裂缝处理

16.1 一般规定

16.1.1 桥梁混凝土裂缝一般分为结构性裂缝和非结构性裂缝。

16.1.2 桥梁混凝土构件裂缝的处理,应分析裂缝的成因。裂缝处理可按照本章第16.3节的方法进行,结构性裂缝还应经过计算分析确定结构加固方案。

16.1.3 当裂缝区的钢筋锈蚀时,应先对钢筋进行除锈,再进行裂缝修补。

16.1.4 裂缝修补后,可进行表观处理。

16.2 裂缝修补材料的性能及要求

裂缝修补材料的性能及要求应符合本规范第4.7节的规定。

16.3 裂缝修补方法

16.3.1 表面封闭法:适用于宽度小于0.15mm的裂缝处理。

16.3.2 自动低压渗注法:适用于数量较多、宽度在0.1~1.5mm间的裂缝处理。

16.3.3 压力灌注法:适用于较深、宽度≥0.15mm的裂缝处理。

17 支座、伸缩缝更换

17.1 支座更换

17.1.1 桥梁支座不满足使用要求时,应进行更换。更换支座时,应分析支座病害产生的原因,并对相应病害进行处理。

17.1.2 更换的桥梁支座应与结构体系相适应。

17.1.3 桥梁支座更换宜采用整联顶升,横桥向应严格同步。应验算相邻墩台处顶升位移差对结构的影响。

17.1.4 必要时宜将同一墩台上的同一排支座全部更换。

17.1.5 新换支座宜与原支座使用功能和几何尺寸一致。

17.1.6 支座更换时,顶升位置、顶升顺序和支座顶升量应通过计算确定。

17.1.7 当设置支架顶升更换支座时,应对支架结构进行验算。

17.2 伸缩缝更换

17.2.1 当伸缩缝功能不满足使用要求,严重破损、失效,维修困难时,应进行更换。

17.2.2 更换伸缩缝应满足结构变形要求,严格控制开口量,应安装平整,锚固可靠。

17.2.3 槽口新浇混凝土强度等级应比原结构混凝土提高一级,宜采用早强混凝土。

17.2.4 新更换的伸缩缝下应设置排水装置。

附录 A　植筋

本附录的植筋锚固计算及构造规定均引自《混凝土结构加固设计规范》(GB 50367—2006)第 12 章。

A.1　设计规定

A.1.1　本附录适用于桥梁钢筋混凝土、预应力混凝土构件的锚固;桥梁圬工构件的植筋应按照本规范附录 B——锚栓的规定进行设计计算。

A.1.2　采用植筋技术时,桥梁主要构件的混凝土强度等级不得低于 C25,其他构件混凝土强度等级不得低于 C20。

A.1.3　采用植筋锚固时,桥梁锚固部位混凝土若有局部缺陷,应先进行补强或加固处理后再植筋。

A.1.4　种植用钢筋的质量和性能应符合本规范第 4 章的相关规定。

A.1.5　桥梁受力植筋用胶黏剂应采用 A 级胶;仅按构造要求植筋时可采用 B 级胶。其质量和性能应符合本规范第 4 章规定。

A.1.6　采用植筋锚固的桥梁结构,其长期使用的环境温度不应高于 60℃;对处于特殊环境(如高温、高湿、介质腐蚀等)的桥梁结构进行植筋时,除应按国家现行有关标准的规定采取相应的防护措施外,尚应采用耐环境因素作用的胶黏剂。

A.2　锚固计算

A.2.1　承重构件的植筋锚固计算应遵守下列规定:

1　植筋设计应在计算和构造上防止混凝土发生劈裂破坏。

2　植筋胶黏剂的黏结强度设计值应按本附录的规定值采用。

3　地震区的承重结构,其植筋承载力仍按本附录的规定进行计算,但其锚固深度设计值应乘以考虑位移延性要求的修正系数。

A.2.2 单根植筋锚固的承载力设计值应符合下列规定:

$$N_t^b = f_y A_s \tag{A.2.2-1}$$

$$l_d \geqslant \psi_N \psi_{ae} l_s \tag{A.2.2-2}$$

式中:N_t^b——植筋钢筋的轴向受拉承载力设计值;

f_y——植筋钢筋的抗拉强度设计值;

A_s——钢筋截面面积;

l_d——植筋锚固深度设计值;

l_s——植筋的基本锚固深度,按本附录第 A.2.3 条确定;

ψ_N——考虑各种因素对植筋受拉承载力影响而需加大锚固深度的修正系数,按本附录第 A.2.5 条确定;

ψ_{ae}——考虑植筋位移延性要求的修正系数,当混凝土强度等级不高于 C30 时,对 6 度区及 7 度区一、二类场地,取 $\psi_{ae}=1.1$;对 7 度区三、四类场地及 8 度区,取 $\psi_{ae}=1.25$;当混凝土强度等级高于 C30 时,取 $\psi_{ae}=1.0$。

A.2.3 植筋的基本锚固深度 l_s 应按下列公式确定:

$$l_s = 0.2\alpha_{spt} d f_y / f_{bd} \tag{A.2.3}$$

式中:α_{spt}——为防止混凝土劈裂引用的计算系数,按本附录表 A.2.3 的确定;

d——植筋公称直径;

f_{bd}——植筋用胶黏剂的黏结强度设计值,按本附录第 A.2.4 条的规定值采用。

表 A.2.3 考虑混凝土劈裂影响的计算系数 α_{spt}

混凝土保护层厚度 c(mm)		25	30	35	≥40
植筋直径 d(mm)	≤20	1.0	1.0	1.0	1.0
	25	1.05	1.0	1.0	1.0
	32	1.15	1.1	1.1	1.05

注:当植筋直径介于表列数值之间时,可按线性内插法确定 α_{spt} 值。

A.2.4 植筋用胶黏剂的黏结强度设计值 f_{bd} 应按表 A.2.4 的规定值采用。

表 A.2.4 黏结强度设计值 f_{bd}

胶黏剂等级	构造条件	混凝土强度等级				
		C20	C25	C30	C40	≥C60
A 级胶或 B 级胶	$S_1 \geqslant 5d$;$S_2 \geqslant 2.5d$	2.3	2.7	3.4	3.6	4.0
A 级胶	$S_1 \geqslant 6d$;$S_2 \geqslant 3.0d$	2.3	2.7	3.6	4.0	4.5
	$S_1 \geqslant 7d$;$S_2 \geqslant 3.5d$	2.3	2.7	4.0	4.5	5.0

注:1. 当使用表中的 f_{bd} 值时,其构件的混凝土保护层厚度,应不低于现行《混凝土结构设计规范》(GB 50010)的规定值。

2. 表中 S_1 为植筋间距;S_2 为植筋边距。

3. 表中 f_{bd} 值仅适用于带肋钢筋的黏结锚固。

A.2.5 考虑各种因素对植筋受拉承载力影响而需加大锚固深度的修正系数 ψ_N，应按下列公式计算：

$$\psi_N=\psi_{br}\psi_w\psi_t \tag{A.2.5}$$

式中：ψ_{br}——考虑结构构件受力状态对承载力影响的系数，当为主要承重构件时，$\psi_{br}=1.5$；当为一般构件接长时，$\psi_{br}=1.15$；当为构造植筋时，$\psi_{br}=1.0$；

ψ_w——混凝土孔壁潮湿影响系数，对耐潮湿型胶黏剂，按产品说明书的规定值采用，但不得低于1.1；

ψ_t——使用环境的温度（t）影响系数，当 $t\leqslant60$℃时，取 $\psi_t=1.0$；当60℃ $<t\leqslant80$℃时，应采用耐中温胶黏剂，并应按产品说明书规定的 ψ_t 值采用；当 $t>80$℃时，应采用耐高温胶黏剂，并应采取有效的隔热措施。

A.2.6 承重结构植筋的锚固深度必须经设计计算确定；严禁按短期拉拔试验值或厂商技术手册的推荐值采用。

A.3 构造规定

A.3.1 当按构造要求植筋时，其最小锚固长度 l_{min} 应符合下列构造要求：

1 受拉钢筋锚固：$\max\{0.3l_s, 10d, 100\text{mm}\}$；

2 受压钢筋锚固：$\max\{0.6l_s, 10d, 100\text{mm}\}$。

A.3.2 当所植钢筋与原钢筋搭接（图A.3.2）时，其受拉搭接长度 l_l，应根据位于同一连接区段内的钢筋搭接接头面积百分率，按下列公式确定：

$$l_l=\zeta l_d \tag{A.3.2}$$

式中：ζ——受拉钢筋搭接长度修正系数，按表A.3.2取值。

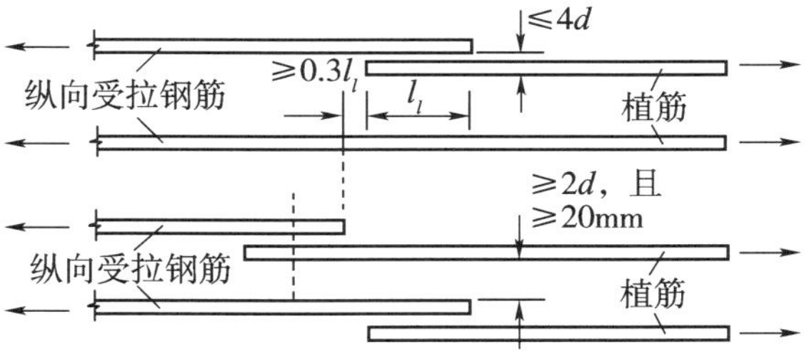

图A.3.2　钢筋搭接

表A.3.2　纵向受拉钢筋搭接长度修正系数

纵向受拉钢筋搭接接头面积百分率（%）	≤25	50	100
ζ 值	1.2	1.4	1.6

注：1. 钢筋搭接接头面积百分率定义按现行《混凝土结构设计规范》（GB 50010）的规定采用。

2. 当实际搭接接头面积百分率介于表列数值之间时，按线性内插法确定 ζ 值。

3. 对梁类构件，受拉钢筋搭接接头面积百分率不应超过50%。

A.3.3 当植筋搭接部位的箍筋间距 S 不符合表A.2.3的规定时，应进行防劈裂加固。此时，可采用纤维复合布材的围束作为原构件的附加箍筋进行加固。围束可采用宽度为

150mm,厚度不小于0.111mm的条带缠绕而成,缠绕时,围束间应无间隔,且每一围束,其所粘贴的条带不应少于3层。对方形截面尚应打磨棱角。也可剔去原构件混凝土保护层,增设新箍筋(或钢箍板)进行加密(或增强)后再植筋。

A.3.4 新植钢筋与原有钢筋在搭接部位的净间距,应按本附录图A.3.2的标示值确定。若净间距超过4d,则搭接长度l_l应增加2d,但净间距不得大于6d。

A.3.5 用于植筋的钢筋混凝土构件,其最小厚度h_{min}应符合下列规定:

$$h_{min} \geqslant l_d + 2D \tag{A.3.5}$$

式中:D——钻孔直径设计值,应按表A.3.5确定。

表A.3.5 植筋直径与对应的钻孔直径设计值

钢筋直径 d(mm)	钻孔直径设计值 D(mm)	钢筋直径 d(mm)	钻孔直径设计值 D(mm)
12	15	22	28
14	18	25	31
16	20	28	35
18	22	32	40
20	25		

A.3.6 植筋时,其钢筋宜先焊后种植;若有困难而必须后焊,其焊点距基材混凝土表面应大于15d,且应采用冰水浸渍的湿毛巾包裹植筋外露部分的根部。

附录 B 锚栓

本附录的锚栓钢材承载力验算及构造规定均引自《混凝土结构加固设计规范》(GB 50367—2006)第 13 章。

B.1 设计规定

B.1.1 本附录适用于混凝土桥梁的主要承重构件的锚固,不适用于严重风化的混凝土桥梁。

B.1.2 混凝土桥梁采用锚栓加固时,主要承重构件混凝土强度等级不应低于 C30;对一般构件不应低于 C20。

B.1.3 桥梁承重构件用的锚栓,应采用有机械锁键效应的后扩底锚栓(图 B.1.3),也可采用适应开裂混凝土性能的定型化学锚栓。当采用定型化学锚栓时,其有效锚固深度:对承受拉力的锚栓,不得小于 $8.0d_0$(d_0 为锚栓公称直径);对承受剪力的锚栓,不得小于 $6.5d_0$。

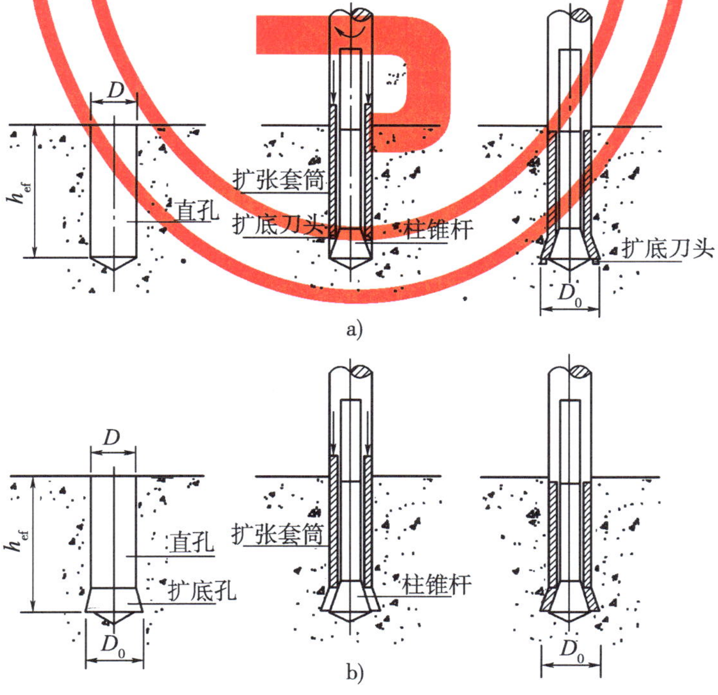

图 B.1.3 后扩底锚栓(D_0 为扩底直径)

a)自扩底锚栓;b)预扩底锚栓

B.1.4 不得采用膨胀型锚栓作为桥梁主要承重构件的连接件。

B.1.5 处于地震区桥梁结构中采用锚栓时,应采用加长型后扩底锚栓,且仅允许用于设防烈度不高于8度、建于Ⅰ、Ⅱ类场地的桥梁结构;定型化学锚栓仅允许用于设防烈度不高于7度的桥梁结构。

B.1.6 锚栓连接的设计计算,应采用开裂混凝土的假定;不得考虑非开裂混凝土对其承载力的提高作用。

B.1.7 锚栓的受力分析应符合《混凝土结构加固设计规范》(GB 50367—2006)附录M的规定。

B.2 锚栓钢材承载力验算

B.2.1 锚栓钢材的承载力验算,应按锚栓受拉、受剪及同时受拉剪作用等三种受力情况分别进行。

B.2.2 锚栓钢材受拉承载力设计值,应符合下列规定:

$$N_t^a = f_{ud,t} A_s \tag{B.2.2}$$

式中:N_t^a——锚栓钢材受拉承载力设计值;

$f_{ud,t}$——锚栓钢材用于抗拉计算的强度设计值,必须按本规范第B.2.3条的规定采用;

A_s——锚栓有效截面面积。

B.2.3 碳钢、合金钢及不锈钢锚栓的钢材强度设计指标必须符合表B.2.3-1和表B.2.3-2的规定。

表B.2.3-1 碳钢及合金钢锚栓钢材强度设计指标

性能等级		4.8	5.8	6.8	8.8
锚栓强度设计值(MPa)	用于抗拉计算 $f_{ud,t}$	250	310	370	490
	用于抗剪计算 $f_{ud,t}$	150	180	220	290

注:锚栓受拉弹性模量 E_s 取 2.0×10^5 MPa。

表B.2.3-2 不锈钢锚栓钢材强度设计指标

性能等级		50	70	80
螺纹直径(mm)		≤32	≤24	≤24
锚栓强度设计值(MPa)	用于抗拉计算 $f_{ud,t}$	175	370	500
	用于抗剪计算 $f_{ud,t}$	105	225	300

B.2.4　锚栓钢材受剪承载力设计值,应区分无杠杆臂和有杠杆臂两种情况(图B.2.4)进行计算。

1　无杠杆臂受剪

$$V^{a}=f_{ud,t}A_{s} \tag{B.2.4-1}$$

2　有杠杆臂受剪

$$V^{a}=1.2W_{el}f_{ud,t}\left(1-\frac{\sigma}{f_{ud,t}}\right)\frac{\alpha_{m}}{l_{0}} \tag{B.2.4-2}$$

式中:V^{a}——锚栓钢材受剪承载力设计值;

A_{s}——锚栓的有效截面面积;

W_{el}——锚栓截面抵抗矩;

σ——被验算锚栓承受的轴向拉应力,其值按 N/A_{s} 确定;符号 N 为轴向拉力;A_{s} 的意义见式(B.2.2);

α_{m}——约束系数,对图 B.2.4a),取 $\alpha_{m}=1$;对图 B.2.4b),取 $\alpha_{m}=2$;

l_{0}——杠杆臂计算长度,当基材表面有压紧的螺帽时,取 $l_{0}=l$;当无压紧螺帽时,取 $l_{0}=l+0.5d$。

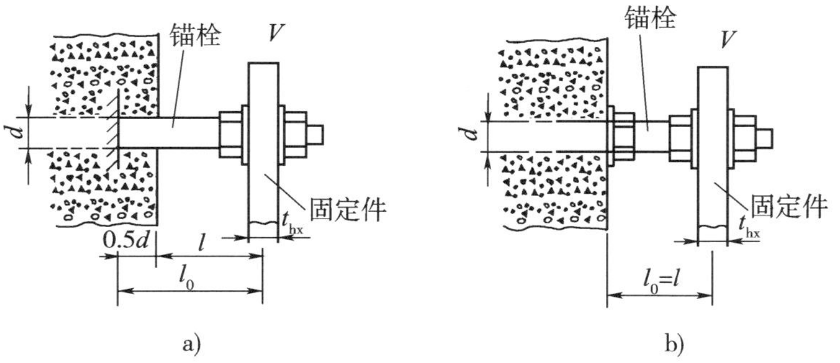

图 B.2.4　锚栓杠杆臂计算长度的确定

B.3　基材混凝土承载力验算

基材混凝土的承载力验算,应考虑三种破坏模式:混凝土呈锥形受拉破坏、混凝土边缘呈楔形受剪破坏以及同时受拉、剪作用破坏。具体计算可按照《混凝土结构加固设计规范》(GB 50367—2006)中第 13 章的方法执行。

B.4　构造规定

B.4.1　桥梁混凝土构件的最小厚度不应小于 100mm。

B.4.2　桥梁主要承重结构用锚栓,其公称直径不得小于 12mm;按构造要求确定的锚固深度不应小于80mm,且不应小于混凝土保护层厚度。

B.4.3 锚栓的最小边距 D_{min}、临界边距 $D_{Dr,N}$ 和群锚最小间距 S_{min}、临界间距 $S_{Dr,N}$ 应符合表B.4.3的规定。

表B.4.3 碳钢及合金钢锚栓钢材强度设计指标

D_{min}	$D_{Dr,N}$	S_{min}	$S_{Dr,N}$
$\geqslant 0.8\ h_{ef}$	$\geqslant 1.5\ h_{ef}$	$\geqslant 1.0\ h_{ef}$	$\geqslant 3.0\ h_{ef}$

注:h_{ef}-锚栓的有效锚固长度(mm),按定型产品说明书中的推荐值取用。

B.4.4 地震区锚栓的实际锚固深度,应按本规范计算确定的有效锚固深度乘以抗震构造修正系数 ψ_{aE} 后采用。对6度区,取 $\psi_{aE}=1.0$;对7度区,取 $\psi_{aE}=1.1$;对8度区Ⅰ、Ⅱ类场地,取 $\psi_{aE}=1.2$。

B.4.5 锚栓防腐蚀标准应高于桥梁本身的防腐蚀要求。

附录 C　钢筋混凝土矩形截面偏心受压构件应力(应变)计算

采用增大截面法、粘贴钢板和粘贴纤维片材法加固钢筋混凝土偏心受压构件正截面承载力计算中,第一阶段荷载作用下原构件截面受压较大边缘混凝土应变 ε_{c1} 及受拉边纵向钢筋应变 ε_{s1} 的计算方法是以钢筋混凝土构件弹性计算理论为基础,计算公式如下。

C.1　偏心距增大系数 η_1

η_1 为偏心距增大系数,按下式计算:

$$\eta_1 = \frac{1}{1 - \dfrac{kN_{d1}}{10\alpha_e E_c I_c} l_0^2} \tag{C.1-1}$$

式中:k——系数,一般可取 1.8;

α_e——刚度修正系数,按表 C.1-1 查得;

I_c——混凝土全截面对其重心轴的惯性矩,对矩形截面,$I_c = \frac{1}{12} b_1 h_1^3$;

N_{d1}——第一阶段轴向力设计组合值;

E_c——混凝土弹性模量;

l_0——构件在其弯矩作用平面内的计算长度;

b_1、h_1——分别为构件截面宽度和高度。

表 C.1-1　系数 α_e 值

e/h_1	0.05	0.10	0.15	0.20	0.25	0.30	0.35
α_e	0.560	0.493	0.445	0.410	0.382	0.360	0.342
e/h_1	0.40	0.50	0.60	0.70	0.80	0.90	≥1.0
α_e	0.327	0.303	0.285	0.271	0.260	0.251	0.25

注:e-轴向力作用点至构件截面重心的距离,即初始偏心值。

矩形截面构件,当 $l_0/h_1 \leqslant 8$ 时,取 $\eta_1 = 1.0$。

C.2　小偏心受压构件

1　原构件截面受压较大边缘混凝土应力 σ_{c1} 与应变 ε_{c1} 按下列公式计算(图 C.2):

$$\sigma_{c1} = -\frac{N_{d1}}{A_0} - \eta_1 \frac{N_{d1} e_0}{I_0} y' \tag{C.2-1}$$

$$\varepsilon_{c1} = \sigma_{c1} / E_c \tag{C.2-2}$$

式中：N_{d1}——第一阶段轴向力设计组合值；

A_0——构件全截面的换算截面面积；

$$A_0 = b_1h_1 + (\alpha_{Es} - 1)(A_{s1} + A'_{s1}) \tag{C.2-3}$$

I_0——构件全截面换算截面对换算截面重心轴的惯性矩；

$$I_0 = \frac{1}{3}b_1(y'^3 + y^3) + (\alpha_{Es} - 1)[A'_{s1}(y' - a'_{s1})^2 + A_{s1}(y - a_{s1})^2] \tag{C.2-4}$$

y'——构件截面受压较大边至换算截面重心轴的距离，

$$y' = \frac{\frac{1}{2}b_1h_1^2 + (\alpha_{Es} - 1)[A'_{s1}a'_{s1} + A_{s1}(h_1 - a_{s1})]}{A_0} \tag{C.2-5}$$

y——构件截面受压较小边至换算截面重心轴距离，$y = h_1 - y'$；

e_0——轴向力作用点至换算截面重心轴的距离，$e_0 = e + y' - \frac{h_1}{2}$；

e——轴向力作用点至混凝土截面重心轴的距离，$e = \frac{M_{d1}}{N_{d1}}$；

M_{d1}——第一阶段弯矩设计组合值；

E_c——混凝土弹性模量。

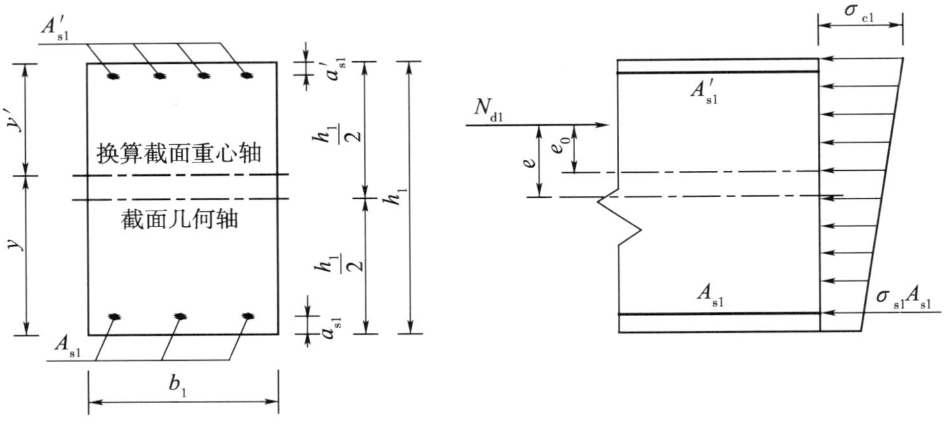

图 C.2　小偏心受压构件截面及计算简图

2　截面受压较小边钢筋的应力与应变按下列公式计算：

$$\sigma_{s1} = \alpha_{Es}\left[-\frac{N_{d1}}{A_0} + \eta_1\frac{N_de_0(y - a_{s1})}{I_0}\right] \tag{C.2-6}$$

$$\varepsilon_{s1} = \sigma_{s1}/E_s \tag{C.2-7}$$

式中符号意义见式(C.2-1)和图(C.2)。

C.3　大偏心受压构件

1　原构件截面受压较大边缘混凝土的应力 σ_{c1} 与应变 ε_{c1} 按下列公式计算(图 C.3)：

$$\sigma_{c1} = -\frac{N_{d1}}{A_{01}} - \eta_1\frac{N_{d1}e_0y'}{I_{cr}} \tag{C.3-1}$$

$$\varepsilon_{c1}=\sigma_{c1}/E_c \tag{C.3-2}$$

式中：N_{d1}——第一阶段轴向力设计组合值；

A_{01}——原构件开裂截面换算截面面积，

$$A_{01}=b_1x_1+\alpha_{Es}A_{s1}+(\alpha_{Es}-1)A'_{s1} \tag{C.3-3}$$

y'——开裂截面换算截面重心轴至截面受压边缘距离，

$$y'=\frac{\frac{1}{2}b_1x_1^2+(\alpha_{Es}-1)A'_{s1}a'_{s1}+\alpha_{Es}A_{s1}h_{01}}{A_{01}} \tag{C.3-4}$$

h_{01}——受拉区纵向钢筋重心至受压区边缘距离，$h_{01}=h_1-a_{s1}$；

y——开裂截面换算截面重心轴至截面受拉边缘距离，$y=h_1-y'$；

I_{cr}——开裂截面换算截面惯性矩，

$$I_{cr}=\frac{1}{3}b_1[y'^3+(x_1-y')^3]+(\alpha_{Es}-1)A'_{s1}(y'-a'_{s1})^2+\alpha_{Es}A_{s1}(y-a_{s1})^2 \tag{C.3-5}$$

e_0——轴向力作用点至原构件开裂截面换算截面重心轴距离，$e_0=y'+e_N$；

η_1——偏心距增大系数，按式(C.1-1)计算。

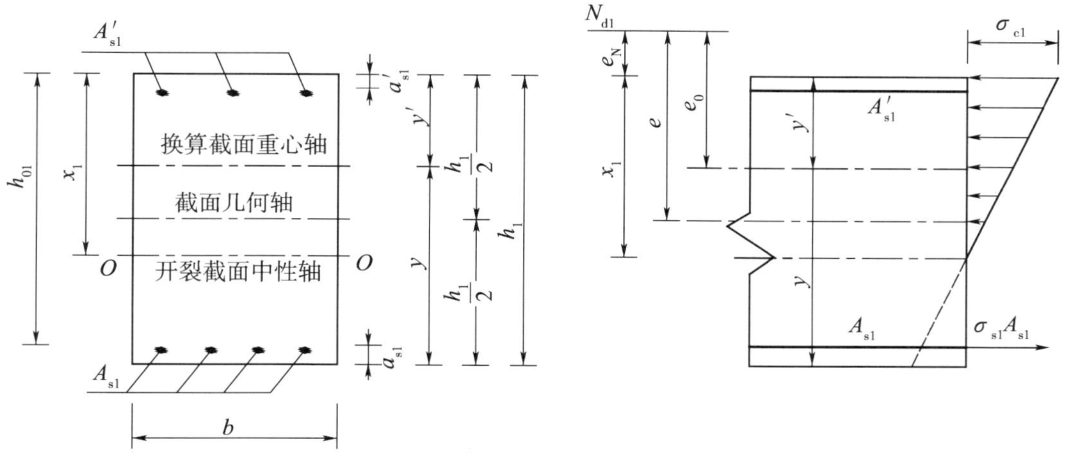

图 C.3 大偏心受压构件截面及计算简图

2 原构件截面受拉边纵向钢筋 A_{s1} 重心处应变 ε_{s1} 按下列公式计算：

$$\varepsilon_{s1}=\frac{\sigma_{s1}}{E_s} \tag{C.3-6}$$

$$\sigma_{s1}=\alpha_{Es}\frac{\sigma_{c1}}{x_1}(h_{01}-x_1) \tag{C.3-7}$$

式中符号意义见式(C.3-2)和图 C.3。

3 矩形截面受压区高度 x_1 可按下列公式计算：

$$Ax_1^3+Bx_1^2+Cx_1+D=0 \tag{C.3-8}$$

$$A=b_1 \tag{C.3-9}$$

$$B=3b_1e_N \tag{C.3-10}$$

$$C=6\alpha_{Es}(A_{s1}g_{s1}+A'_{s1}g'_{s1}) \tag{C.3-11}$$

$$D = -6\alpha_{Es}(A_{s1}h_{01}g_{s1} + A'_{s1}a'_{s1}g'_{s1}) \quad (C.3\text{-}12)$$

式中：b——矩形截面的宽度；

e_N——轴向力 N_{d1} 作用点至截面受压区边缘的距离，$e_N = e - \frac{h_1}{2}$，N_{d1} 位于截面外为正；位于截面内为负；

h_{01}——受拉区纵向钢筋重心至受压区边缘的距离，$h_{01} = h_1 - a_{s1}$；

g_{s1}——受拉区纵向钢筋重心至 N_d 作用点的距离，$g_{s1} = h_{01} + e_N$；

a'_s——受压区纵向钢筋重心至受压区边缘的距离；

g'_{s1}——受压区纵向钢筋重心至 N_d 作用点的距离，$g'_{s1} = a'_{s1} + e_N$。

C.4 两种偏心受压构件的判断

当偏心距 $\eta e_0 \leq a$ 时，为小偏心受压；偏心距 $\eta_1 e_0 > a$ 时，为大偏心受压。截面核心距 a 按下式计算：

$$a = \frac{I_0}{A_0 y'} \quad (C.4)$$

式中符号意义见式(C.2-1)。

附录 D　碳纤维片材加固混凝土结构黏结强度现场检测方法

D.0.1　本方法适用于碳纤维片材加固混凝土结构粘贴强度施工质量的现场检测。

D.0.2　检验用黏结强度检测仪可参照现行行业标准《数显式黏结强度检测仪》(JF 3056)的规定。黏结强度检测仪应每年检定一次，发现异常时应随时维修、检定。

D.0.3　现场检测应在已完成碳纤维片材粘贴加固的结构表面上进行。按实际粘贴碳纤维片材的加固结构表面面积计，每 500m² 工程取一组 3 个试样，不足 500m² 时按一组计。检测点应由随机抽取，试样间距不得小于 1m。

D.0.4　被测部位的加固表面应清除污渍并保持干燥；从加固表面向混凝土基体内部切割预切缝，切入混凝土深度 2 ~ 3mm，宽度 1 ~ 2mm，预切缝形状为直径 40mm 的圆形；采用取样黏结剂粘贴直径为 40mm 的圆形钢标准块(图 D.0.4)。取样黏结剂的正拉黏结强度应大于碳纤维片材粘贴树脂的正拉黏结强度。钢标准块粘贴后应及时固凝。

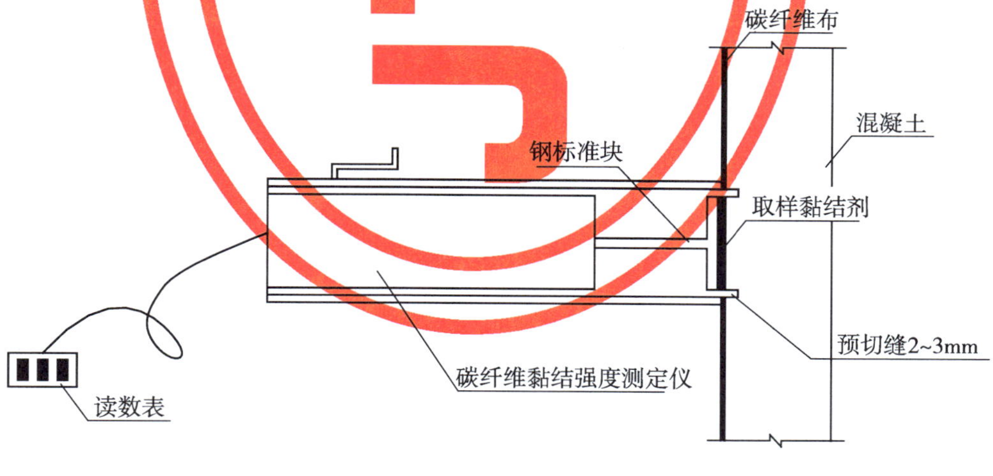

图 D.0.4　碳纤维片材黏结质量现场检测示意

D.0.5　按照黏结强度检测仪生产厂提供的使用说明书，连接钢标准块；以 1 500 ~ 2 000N/min匀速加载，记录破坏时的荷载值，并观察破坏形态。

D.0.6　正拉黏结强度应按下式计算：

$$f = \frac{P}{A} \qquad (D.0.6)$$

式中：f——正拉黏结强度(MPa)；

P——试件破坏时的荷载值(N)；

A——钢标准块的黏结面面积(mm^2)。

D.0.7 破坏形式判别。破坏类型A:混凝土破坏——混凝土试块破坏;破坏类型B:层间破坏——树脂与混凝土间复合涂层界面破坏;破坏类型C:碳纤维片材破坏——碳纤维片材内部破坏;破坏类型D:黏结失效——碳纤维片材与钢标准块之间破坏。

D.0.8 试验结果:每组3个被测试点,以算术平均值作为该组正拉黏结强度的试验结果。试验结果应包括破坏形式、3个试样的正拉黏强度值和该组正拉黏结强度的试验平均值。

D.0.9 施工质量判定:

破坏形式为A时,施工质量判定为合格;

破坏形式为B、C、D时,如满足每组试样的正拉黏结强度试验平均值不小于2.5MPa,且其中单个试样的正拉黏结强度最小值不小于2.25MPa的要求,施工质量判定为合格;

破坏形式为B、C,如不能满足每组试样的正拉黏结强度试验平均值不小于2.5MPa,且其中单个试样的正拉黏结强度最小值小于2.25MPa的要求,施工质量判定为不合格,或根据实际工程情况加大样本数量重新检验;

破坏形式为D时,如不能满足每组试样的正拉黏强度试验平均值不小于2.5MPa,且其中单个试样的正拉黏结强度最小值不小于2.25MPa的要求,应重新制备试样和检验。

附录 E 体外索加固体系结构分析方法和简支体系的内力计算方法

E.0.1 对于用体外索加固的简支梁体系，其整体计算图式为一次内部超静定结构，见图 E.0.1，可采用结构力学方法、虚功法或有限元方法进行力学分析。

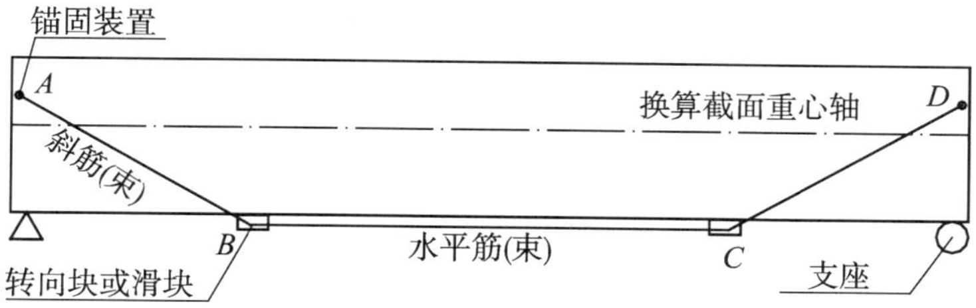

图 E.0.1 体外索加固简支体系整体图式

E.0.2 对于用体外索加固的连续梁或连续刚构体系，宜采用有限元方法计算。计算中需将体外预应力筋(束)单元在转向器(块)处固结，计算图线至固结点之间采用刚臂表示转向构造，见图 E.0.2。计算中可忽略体外索在转向器中的滑动作用，且应考虑由体外预应力引起的二次效应。

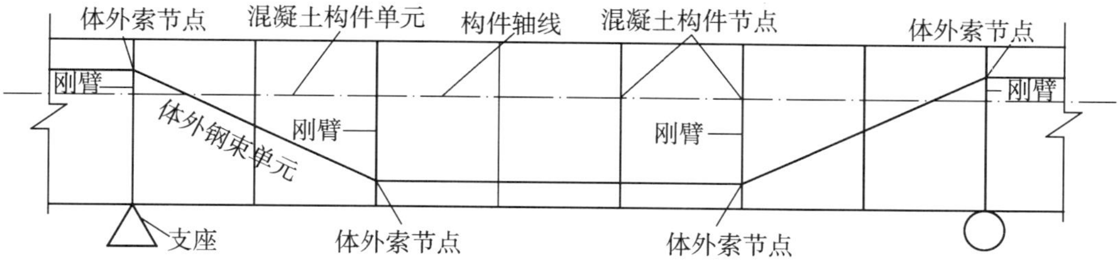

图 E.0.2 体外索加固连续体系的有限元图式

E.0.3 体外索简支加固体系由可变作用标准值产生的体外预应力筋应力增量的计算方法见图 E.0.3。

拉力增量：

$$\Delta N_{p,e} = -\Delta_{1p}/\delta_{11} \tag{E.0.3-1}$$

$$\Delta N_{pb,e} = \lambda \Delta N_{p,e} \tag{E.0.3-2}$$

应力增量：

$$\Delta\sigma_{p,e} = \Delta N_{p,e}/A_{p,e} \tag{E.0.3-3}$$

$$\Delta\sigma_{pb,e} = \Delta N_{pb,e}/A_{pb,e} \tag{E.0.3-4}$$

式中及图 E.0.3 中的参数及符号意义如下：

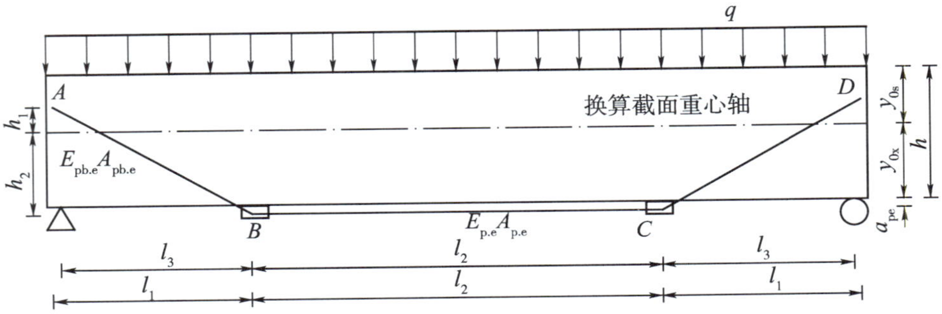

图 E.0.3 体外索加固简支体系整体计算图式

$\Delta N_{p,e}$、$\Delta N_{pb,e}$——分别为体外预应力水平和弯起筋(束)的可变作用拉力增量;

$\Delta\sigma_{p,e}$、$\Delta\sigma_{pb,e}$——分别为体外预应力水平和弯起筋(束)的可变作用拉应力增量;

$$\Delta_{1P}=\frac{1}{E_cI_0}(2\omega_1\lambda h_1\cos\theta_e-2\omega_1 y_1-\omega_2 h_2) \quad (E.0.3\text{-}5)$$

$$\delta_{11}=\frac{2\lambda^2 l_1}{E_{pb,e}A_{pb,e}\cos\theta_e}+\frac{l_2}{E_{p,e}A_{p,e}}+\frac{1}{E_cA_0}(2l_1\lambda^2\cos^2\theta_e+l_2)$$
$$+\frac{1}{E_cI_0}\left[\frac{2}{3}a\lambda^2h_1^2\cos^2\theta_e+\frac{2}{3}b(M_{DX}+M_{NX})^2+l_2h_2^2\right] \quad (E.0.3\text{-}6)$$

$$\omega_1=\frac{1}{2}ql_3^2(L/2-l_3/3)$$

$$\omega_2=\frac{1}{12}qL^3-ql_3^2(L/2-l_3/3)$$

$$y_1=(l_1-x_c)\lambda\sin\theta_e$$

$$x_c=\frac{l_3(2L-l_3)}{6L-4l_3}$$

$$a=h_1\cot\theta_e$$

$$b=l_1-h_1\cot\theta_e$$

$$M_{NX}=\lambda h_1\cos\theta_e$$

$$M_{DX}=\lambda l_1\sin\theta_e$$

ω_1——垫板中心至支座中心范围内可变作用弯矩图的面积;

ω_2——两垫板中心范围内可变作用弯矩图的面积;

θ_e——体外预应力筋(束)在竖直平面内的弯起角度(竖弯角),$\theta_e\leqslant45°$;

a——单位力引起的梁端弯矩零点至上锚固点的水平距离;

b——单位力引起的梁端弯矩零点至垫板中心的水平距离;

y_1——单位力引起的梁端弯矩图面积重心的竖坐标;

λ——体外预应力水平和弯起筋(束)的拉力比例系数,按前述公式计算;

q——作用在一片梁上的可变作用集度:

当取标准值计算时,对于车列荷载可取其等效荷载;对于车道荷载取 $q=q_1+q_2$,其中 q_1 为车道荷载的均布荷载,q_2 为由车道荷载的集中力 P 产生的等效均布荷载,$q_2=2P/L$;

当取可变作用的频遇值或准永久值计算时，应考虑相应汽车荷载的频遇值系数或准永久值系数进行组合计算；

L——简支梁桥的计算跨径，$L=2l_3+l_2$；

y_{0s}、y_{0x}——分别为原梁（跨中）换算截面重心至截面上、下缘的距离；

a_{pe}——体外索水平筋（束）重心到原梁底面的距离，以水平筋（束）位于原梁底面以下为正，以上为负；

h_1、h_2——分别为原梁（跨中）换算截面重心至上锚固点和水平筋（束）中心的垂直距离，上锚固点位于原梁（跨中）换算截面重心上方为正，下方为负，在重心上为零，$h_2=y_{0x}+a_{pe}$；

l_1——上锚固点至滑块垫板中心的水平距离；

l_2——两滑块垫板中心间的水平距离；

l_3——滑块垫板中心至支座中心的水平距离；

$E_{p,e}$、$E_{pb,e}$——分别为体外索水平筋（束）、斜筋（束）的弹性模量；

$A_{p,e}$、$A_{pb,e}$——分别为体外索水平筋（束）、斜筋（束）的截面面积；

E_c——原梁混凝土弹性模量；

A_0、I_0——分别为原梁（跨中）换算截面面积和惯性矩。

当原梁为钢筋混凝土梁且体外索斜筋的锚固点位于支承截面上时，可采用下式近似估算体外预应力水平筋（束）的拉（应）力增量：

$$\Delta N_{p,e}=\Delta\sigma_{p,e}A_{p,e}=\alpha_{Es}e_{re}\frac{M_q}{I_0}A_{p,e} \tag{E.0.3-7}$$

式中：α_{Es}——原梁钢筋与混凝土的弹性模量之比；

M_q——按简支梁计算的跨中截面可变作用弯矩，根据计算目的选用其标准值、频遇值或准永久值组合；

e_{re}——体外预应力筋（束）的折算偏心矩，可按下式计算：

$$e_{re}=0.8\left(\frac{1}{\alpha}+0.5\right)h_2-0.2667\left(\frac{1}{\alpha}-1\right)h_1 \tag{E.0.3-8}$$

α——体外预应力筋（束）两转向点间的距离与梁的跨径之比，$\alpha=l_2/L$。

对于连续梁和连续刚构加固体系，各段体外索的水平筋（束）中可变作用的拉（应）力增量需采用有限元方法计算求得。

附录 F　刚性支撑和弹性支撑铰支法加固的计算步骤

F.0.1　刚性支撑加固法

1　计算并绘制原梁的内力图；

2　初步确定支撑位置及预加顶升力(卸荷值),并绘制在支承点预加顶升力作用下梁的内力图；

3　绘制加固后主梁在新增荷载作用下的内力图；

4　将上述内力图叠加,绘出主梁各截面内力包络图；

5　计算主梁各截面实际承载力；

6　调整预加顶升力值,使主梁各截面最大内力值小于截面实际承载力；

7　根据最大的支点反力,设计支撑结构及其基础。

F.0.2　弹性支撑加固计算步骤

1　计算并绘制原主梁的内力图；

2　绘制原主梁在新增荷载下的内力图；

3　确定原主梁所需的预加顶升力(卸荷值),并由此求出相应的弹性支点反力值 R；

4　根据所需的弹性支点反力 R 及支承结构类型,计算支承结构所需的刚度；

5　根据所需的刚度设计支承结构及其基础。

附录 G　圆形和矩形截面屈服曲率和极限曲率计算

G.0.1　对于圆形截面和矩形截面，其截面屈服曲率可按下式计算：

圆形截面：

$$\phi_y D = 2.213\varepsilon_y \tag{G.0.1-1}$$

矩形截面：

$$\phi_y H = 1.975\varepsilon_y \tag{G.0.1-2}$$

式中：ϕ_y——截面屈服曲率；

ε_y——相应于钢筋屈服时的应变；

D——圆形截面的直径；

H——矩形截面计算方向的截面高度。

G.0.2　截面极限曲率可按下式计算：

1　圆形截面

对于圆形截面，可分别根据以下两式计算，取两式计算出 ϕ_m 的小者，作为截面的极限曲率。

$$\phi_m D = (2.826\times10^{-3} + 6.850\varepsilon_{cu}) - (8.575\times10^{-3} + 18.638\varepsilon_{cu})\cdot\left(\frac{P}{f_{ck}A_g}\right) \tag{G.0.2-1}$$

$$\phi_m D = (1.635\times10^{-3} + 1.179\varepsilon_{su}^{R}) + [28.739(\varepsilon_{su}^{R})^2 + 0.656\varepsilon_{su}^{R} + 0.010]\cdot\left(\frac{P}{f_{ck}A_g}\right) \tag{G.0.2-2}$$

式中：ϕ_m——截面的极限曲率；

P——截面所受到的轴力；

f_{ck}——混凝土抗压强度标准值；

A_g——混凝土毛截面面积；

ε_{cu}——约束混凝土的极限压应变，可按下式计算：

$$\varepsilon_{cu} = 0.004 + \frac{1.4\rho_s f_{sk}\varepsilon_{su}^{R}}{f_{c,ck}} \tag{G.0.2-3}$$

ρ_s——约束钢筋的体积含筋率，对于矩形箍筋 $\rho_s = \rho_x + \rho_y$；

f_{sk}——箍筋的标准强度；

$f_{c,ck}$——约束混凝土的峰值应力，一般可取 1.25 倍的混凝土抗压强度标准值；

ε_{su}^{R}——钢筋极限拉应变，可取 $\varepsilon_{su}^{R} = 0.09$。

2　矩形截面

对于矩形截面，可分别根据以下两式计算，取两式计算出 ϕ_m 的小者，作为截面的极限曲率。

$$\phi_{m}H=(4.999\times10^{-3}+11.825\varepsilon_{cu})-(7.004\times10^{-3}+44.486\varepsilon_{cu})\cdot\left(\frac{P}{f_{ck}A_{g}}\right) \tag{G.0.2-4}$$

$$\phi_{m}H=(5.378\times10^{-4}+1.097\varepsilon_{su}^{R})+[37.722(\varepsilon_{su}^{R})^{2}+0.039\varepsilon_{su}^{R}+0.015]\cdot\left(\frac{P}{f_{ck}A_{g}}\right) \tag{G.0.2-5}$$

式中符号意义见式(G.0.2-1)、式(G.0.2-2)。

本规范用词说明

对执行规范条文严格程度的用词,采用以下写法:

1 表示很严格,非这样做不可的用词:

正面词采用“必须”;反面词采用“严禁”。

2 表示严格,在正常情况下均应这样做的用词:

正面词采用“应”;反面词采用“不应”或“不得”。

3 表示允许稍有选择,在条件许可时首先应这样做的用词:

正面词采用“宜”;反面词采用“不宜”。

4 表示有选择,在一定条件下可以这样做的用词,采用“可”。

附件

《公路桥梁加固设计规范》

（JTG/T J22—2008）

条　文　说　明

1 总则

1.0.1 本条规定了制定本规范的目的和要求。我国旧桥及有缺陷的桥梁数量巨大,桥梁加固任务相当繁重,加之加固设计队伍水平良莠不齐,对桥梁加固的目的和要求不甚明确,往往只重视安全、适用和技术可靠,而忽视了经济性、耐久性和环境保护等方面的因素。因此必须加以规定,使桥梁的加固设计能够满足上述要求。

1.0.2 本规范力求涵盖各种桥型,从结构相对简单的梁式桥到较复杂的拱桥、缆索体系桥梁(包括钢结构桥梁)。针对病害产生的不同原因对桥梁的主要承载构件进行加固设计,包括恢复桥梁使用功能、提高承载能能力、结构安全性及耐久性等方面的设计。

1.0.3 对被加固桥梁实际承载能力的准确把握是做好加固设计的前提,因此应根据检测、检算及荷载试验资料对其进行详细、客观的评估,使加固设计能够做到有的放矢、安全有效。

1.0.4 本条所指特殊使用要求的桥梁主要是指处在高温、高寒、高腐蚀环境下的桥梁,或者是水电、矿山等行业的专用桥梁。

3 基本规定

3.1 一般规定

3.1.1 公路桥梁经评估认定确系不能正常使用的,应及时进行加固处理,以免引起大的事故;具体加固时应分清主次,优先对影响结构承载能力的主要承重构件进行加固,其次再考虑次要构件的加固。

3.1.2 桥梁的加固主要是通过新增构件与原构件有效组合、共同受力,必然会对原结构造成不同程度的损伤,譬如在原结构上钻孔植筋、凿除部分混凝土、增加构件、新增体外预应力束等。具体设计时应采取措施尽量降低对原结构损伤,并对其影响进行评估,使桥梁的加固设计在可控的范围内实施。

3.1.3 我国桥梁的分布区域较广,处在不良环境下的桥梁众多,因此加固设计时要考虑地域及使用环境特点,在选择加固时机、工艺、材料方面要有所区别,以保证加固效果。

3.1.4 抗震加固设计不能造成因局部加强或刚度突变产生新的薄弱部位;同时还应考虑结构刚度增大而导致地震作用效应增大的影响。

3.1.5 在加固设计时应首先考虑原结构的绝对安全,对于一些可能出现的不利因素要进行充分的分析论证,提出切实可行的措施进行预防性处理,最大限度降低事故出现概率。

3.1.6 大桥、特大桥承重件加固方案比选时应遵循以下原则:

1 优先选择设计经验成熟、构造合理、技术可靠的加固方案;

2 加固施工难度小、工艺要成熟、质量与工期要易于控制;

3 对结构安全、人员及车辆安全、环境影响要小;

4 加固费用、后期养护费用要小。

在实施过程中,应根据以上各条予以综合考虑。

3.2 加固设计计算基本假定

桥梁加固计算时应遵循:

1 结构的材料处于弹性阶段,偏安全地不考虑内力重分布。

2 结构在材料的弹性阶段工作,应符合虎克定律。

3 在极限状态下,截面受压区边缘混凝土应变达到极限值 $\varepsilon_{cu}=0.0033$。受压区混凝土应力图形可简化为矩形计算。矩形应力图的宽度取混凝土抗压强度设计值f_{cd},高度取$\chi_2=\beta\chi_{02}$(χ_{02}为有效结合后,在所加荷载作用下截面中性轴到受压区边缘的距离;β为受压区高度的折减系数,对于C50及C50以下混凝土,可采取$\beta=0.8$)。

4 原梁受拉钢筋的极限拉应变可取0.01。

5 在极限状态下,新加钢板(钢筋、复合纤维材料)的应力由其应变确定,依平截面假定求得应变后,再乘以弹性模量求得新加材料的应力值。当原截面材料达到设计值时,新加材料应力为最大,依此控制新加材料用量。

3.3 加固基本原则与设计程序

3.3.1~3.3.6 桥梁加固设计前,一般根据竣工图及现场检测结果,按照原来的荷载等级对桥梁承载力进行检算,检算时考虑材料劣化、荷载变化等因素影响并对其进行折减;加固计算则根据所确定的荷载等级,除了对加固后的桥梁的承载力及稳定性进行计算外,还需验算加固施工过程中桥梁的强度、刚度及稳定性,保证加固后的桥梁在施工、运营过程中的安全。对缺乏设计及竣工资料的大桥或技术复杂桥梁,应考虑采用荷载试验的方法来确定其实际承载力,以此作为加固设计的依据。

3.3.7 特大桥、大桥或技术复杂桥梁一般应依据桥梁技术状况及承载能力评定结论,综合考虑各种因素编制加固工程可行性研究报告,按照本条程序进行加固设计;对于一般性的桥梁,可不进行加固工程可行性研究报告,但在初步设计中对桥梁主要承重部分的加固应有不少于两个方案进行比选,从中择优选出推荐方案进行施工图设计。

4 加固用材料

本章除芳纶纤维复合材料力学性能指标外,表格中其余参数均引自《混凝土结构加固设计规范》(GB 50367—2006)。

4.1 材料选用原则

4.1.1 材料进场时应对其品种、级别、包装及出厂日期等进行检查,并应对其主要性能指标按照现行国家标准进行复检,材料质量必须符合相应国家标准的要求。

4.1.2 纤维材料和一种胶黏剂的配伍通过了安全性和适配性试验,并不等于它与其他胶黏剂的配伍都能满足要求,因此必须重新进行检验。

4.1.3 现在市场上的新材料很多,难免鱼目混珠,因此必须进行检验,只有达到国家及行业相关标准的要求后才能应用于桥梁工程的加固。

4.2 水泥混凝土

4.2.1 这主要是要保证新老混凝土有足够的黏结强度,以利于整体受力。

4.2.2 水泥的性能和质量应分别符合现行《通用硅酸盐水泥》(GB 175)等的规定。不得使用含氯化物的水泥、过期水泥、受潮水泥以及无出厂合格证和未经现场检验合格的水泥。

4.2.3 桥梁加固用混凝土配制时,粗集料的质量应符合现行行业标准《普通混凝土用碎石或卵石质量标准及检验方法》(JGJ 53)的规定;细集料的质量应符合现行行业标准《普通混凝土用砂质量标准及检验方法》(JGJ 52)的规定。

4.2.4 供饮用的水一般能满足拌制混凝土要求,使用时可不经试验。

4.2.5 粉煤灰烧失量过大,混凝土的收缩较大,会影响其加固质量。

4.2.6 目前用于加固的特种混凝土材料种类很多,但在具体应用时大多都存在一些缺陷,影响加固效果,故作此规定。

4.2.7 铝粉作为膨胀剂时,其膨胀作用在拌和混凝土时已经基本消失,故不宜采用。

4.3 钢材

4.3.1、4.3.2 桥梁加固用钢材需要保证在有限的加固区域内使钢材充分发挥其强度以承受活载的作用,同时还应保证与混凝土的黏结与握裹力,满足可焊性要求。

钢筋的质量应分别符合现行国家标准《钢筋混凝土用钢》(GB 1499)和《钢筋混凝土用余热处理钢筋》(GB 13014)的规定。普通钢筋基本性能指标应符合行业标准《公路钢筋混凝土及预应力混凝土桥涵设计规范》(JTG D62—2004)的相关规定。

钢材质量应分别符合现行国家标准《碳素结构钢》(GB/T 700)和《低合金高强结构钢》(GB/T 1591)的规定。当采用其他牌号的钢材时,尚应符合相应有关标准的规定和要求。钢材的基本性能指标应符合现行行业标准《公路桥涵钢结构及木结构设计规范》(JTJ 025)和国家标准《钢结构设计规范》(GB 50017)的规定。

4.3.3 桥梁加固用预应力钢材质量应符合以下要求:

1 预应力钢丝、钢绞线、预应力粗钢筋的质量应分别符合现行国家标准《预应力混凝土用钢丝》(GB/T 5223)、《预应力混凝土用钢绞线》(GB/T 5224)、《钢筋混凝土用钢 第2部分:热轧带肋钢筋》(GB/T 1449.2)中的相关规定。

2 桥梁加固用的预应力锚具、夹具及连接器等应按设计要求采用,其性能应符合现行国家标准《预应力筋用锚具、夹片及连接器》(GB/T 14370)的有关规定。

3 桥梁加固用体外索索体长期处于悬空状态,因此既要考虑可置换性,还要增强其抗振动性能。

4.3.4 桥梁主要承重构件采用焊接钢结构进行加固时,宜使用低氢型焊条进行施焊,这种类型的焊条所形成的焊缝对抵抗动荷载与疲劳效果较好。

1 焊条表面应无损伤、锈蚀、掉皮等缺陷,其质量应符合现行国家标准《碳钢焊条》(GB 5117)和《低合金钢焊条》(GB 5118)的规定。

2 焊接工艺应符合现行行业标准《钢筋焊接及验收规程》(JGJ 18)或《建筑钢结构焊接规程》(JGJ 81)的规定。

4.3.5 高强度螺栓应符合现行国家标准《钢结构用高强度大六角头螺栓》(GB/T 1228)、《钢结构用高强度垫圈》(GB/T 1230)、《钢结构用高强度大六角头螺栓、大六角螺母、垫圈技术条件》(GB/T 1231)、《钢结构用扭剪型高强度螺栓连接副 技术条件》(GB/T 3633)的规定。

4.4 锚固件

4.4.2 采用全螺纹螺杆,主要是为了使植入混凝土后与植筋胶之间有较强的握裹力,增强植入螺杆锚固的可靠性。其质量应符合现行国家标准《低合金高强结构钢》(GB/T 1591)和《碳素结构钢》(GB/T 700)的规定。

4.5 纤维复合材料

4.5.1 对于本条主要有两点需要说明:

1 加固用碳纤维应选用不大于12k的小丝束聚丙烯腈基(PAN基),主要因为PAN基碳纤维安全性及耐久性比其他类型的碳纤维要优越,小丝束纤维其抗拉强度稳定,变异系数较小。

2 对于抗拉强度、受拉弹性模量及伸长率,应采用现行国家标准《定向纤维增强塑料拉伸性能试验方法》(GB/T 3354)进行测定。

4.5.2 纤维复合材料的安全性及适配性检验指标的测定方法规定如下:

1 对于抗弯强度,应采用现行国家标准《单向纤维增强塑料弯曲性能试验方法》(GB/T 3356)进行测定。

2 对于层间剪切强度、纤维复合材料与混凝土正拉黏结强度,应分别按照国家标准《混凝土结构加固设计规范》(GB 50367—2006)中附录D及附录E的有关规定进行测定。

4.5.4 作此规定的主要原因是若采用的纤维布材太厚,胶黏剂不能有效渗透,影响桥梁加固质量。

1 纤维复合材料的单位面积纤维质量,必须经专门试验确认;对于厂商提供的纤维制品的密度,应出具独立检验或鉴定机构的抽样检测证明文件。

2 纤维织物的单位面积质量应采用现行国家标准《增强制品试验方法　第3部分:单位面积质量的测定》(GB/T 9914.3)进行测定。

3 碳纤维体积含量以60%~70%为佳。

4.6 胶黏剂

4.6.2~4.6.5 与混凝土的正拉黏结强度应按照国家标准《混凝土结构加固设计规范》(GB 50367—2006)中附录F的有关规定进行测定;其他指标的测定请参照现行国家相关标准的规定执行。另外,不饱和聚酯树脂、醇酸树脂其耐潮湿性、耐老化性能较差,故不能作为桥梁结构浸渍、黏结胶黏剂。

4.6.6 胶黏剂的劈裂抗拉强度、钢—钢(钢套筒法)拉伸抗剪强度标准值、约束拉拔条件下带肋钢筋混凝土的黏结强度应分别按照国家标准《混凝土结构加固设计规范》(GB 50367—2006)中附录G、附录J与附录K的有关规定进行测定;其他指标的测定参照现行国家相关标准的规定执行。

4.6.7 胶黏剂钢—钢黏结抗剪性能的湿热老化检验应按照国家标准《混凝土结构加固规范》(GB 50367—2006)附录L规定的方法进行。

4.6.8 本条从环保的角度对桥梁加固用胶黏剂进行了规定,以防止伪劣的胶黏剂流入加固市场,对施工人员造成伤害,对环境造成污染。材料检验结果应符合实际无毒卫生等级的要求和国家强制性标准《室内装饰装修材料 胶黏剂中有害物质限量》(GB 18583—2001)的要求通过毒性检验,持有有效的无毒检验报告方可使用。

4.6.9 乙二胺是一种毒性大的脆性固化剂,但因其早期强度高、价格低廉,国内许多劣质胶黏剂仍在使用,给桥梁加固工程留下了安全隐患,故必须严禁使用。

4.6.10 冻融环境温度应为 -25℃ ~35℃(允许偏差 -0℃, +2℃);循环次数不应小于50次;每次循环时间应为8h;试验结束后,试件在常温条件下进行钢—钢黏结拉伸抗剪试验,其强度降低的百分率不应大于5%。

4.7 裂缝修补用材料

4.7.1 注射用胶的可灌性可待灌注固化后通过取芯进行检验;当仅用作裂缝封闭修补时可不进行此项检验。表中其他指标的测定参照现行国家相关标准的规定执行。

4.7.2 聚合物水泥注浆料的劈裂抗拉强度、抗折强度、注浆料与混凝土的正拉黏结强度应分别按照国家标准《混凝土结构加固设计规范》(GB 50367—2006)中附录G、附录H与附录F的有关规定进行测定;其他指标的测定参照现行国家相关标准的规定执行。

4.8 混凝土表层缺陷修复及防护用材料

4.8.2 本条对混凝土用阻锈剂作了规定,以提高混凝土结构的耐久性,延长其使用寿命。有资料证明,当氯离子含量超标时,只要采用合适的阻锈剂,仍能使混凝土中的钢筋处于钝化状态,不至于被锈蚀。以亚硝酸盐类为主成分的阳极型阻锈剂,当氯离子含量达到一定量时,会加速钢筋的锈蚀,且属于致癌物,故严禁采用。

5 增大截面加固法

5.1 一般规定

5.1.1 增大截面加固法是通过增大构件的截面或增加钢筋的同时增大截面来提高原有构件的承载力和刚度的方法。从桥梁加固工程的经济性和施工可行性上考虑,增大截面加固法主要用于配筋混凝土受弯构件、受压构件加固。

5.1.2 原构件混凝土强度过低,将较大影响加固效果,故本条规定了加固构件混凝土强度的最低等级;同时,也规定了对原构件混凝土的强度应根据现场强度检测值,按相应的检测规程规定得到强度推算值后,比照《公路钢筋混凝土及预应力混凝土桥涵设计规范》(JTG D62—2004)选定混凝土强度等级。一般情况下,不宜简单采用原构件设计时的混凝土强度设计值。

5.1.3 新增混凝土加厚层在构件受力过程中应与原构件保持变形协调,应采取工程措施保证新旧混凝土的受力变形一致。本规范的设计计算方法均基于这一前提建立。

5.1.4 公路桥梁结构的恒载作用比较大,采用增大截面加固法时不可能卸除全部恒载作用。但在某些特殊情况下,例如同时进行桥面铺装更换、拱上填料更换等,可以在加固前卸除部分桥上恒载进行加固施工,待加固成桥后,再开放交通。因此进行桥梁结构增大截面加固前卸除原桥上的部分恒载以及车辆活载是有利于加固效果的。但就加固构件而言,结构构件实际上是分阶段受力,加固的设计计算应符合构件受力历史。

根据增大截面法加固桥梁结构的分析及施工情况,本规范将桥梁结构带载加固的增大截面法二次受力计算分成受力的两阶段计算:第一阶段是以原构件截面受力的结构计算;第二阶段是以加固后构件截面受力的结构计算。

5.2 受弯构件加固计算

5.2.1 公路桥梁钢筋混凝土和预应力混凝土受弯构件采用增大截面加固法主要有两种,即在截面受压区增设现浇混凝土加厚层和在截面受拉区增设现浇混凝土层。前者是增设现浇混凝土层来增大正截面高度,进而提高正截面抗弯承载力和刚度,而后者一般是在受拉区截面外增设纵向钢筋,为了保证加固纵向钢筋的正常工作,需要按构造要求浇筑混凝土保护层，进而增大了截面尺寸。

5.2.2 仅在受压区增设现浇混凝土加厚层的受弯构件，在公路桥梁下搭设支撑构件支架施工是难以做到的。一般是以原构件作为支撑，因而在加固设计计算上是按两阶段受力的组合受弯混凝土构件考虑，故可按照《公路钢筋混凝土及预应力混凝土桥涵设计规范》（JTG D62—2004）规定方法进行。

1 两阶段受力组合受弯混凝土构件的截面相对界限受压高度值与相应整体截面的界限受压高度值并不相同。将《公路钢筋混凝土及预应力混凝土桥涵设计规范》（JTG D62—2004）中对受弯构件整体截面规定的 ξ_b 值与周旺华著《现代混凝土叠合结构》一书中的 ξ_b 值比较：钢筋混凝土受弯构件，比书中的最小值小6%～7%；预应力混凝土受弯构件，比书中的最小值11%。为简便，仍取 ξ_b 与一般整浇梁相同，即《公路钢筋混凝土及预应力混凝土桥涵设计规范》（JTG D62—2004）对 ξ_b 的规定值是偏于安全的。

2 现浇混凝土层与原构件混凝土龄期相差较大，现浇混凝土层的收缩受到原构件混凝土的约束，则会在现浇混凝土层与原构件内引起内力。可按相当于现浇混凝土层内降温若干摄氏度来计算。本条文建议的降温值是参照原《公路钢筋混凝土及预应力混凝土桥涵设计规范》（JTJ 023—85）规定提出的。

3 为进一步保证增设现浇混凝土加厚层的受力，同时也为减少新增混凝土加厚层在施工期间及营运阶段发生温度、混凝土收缩引起的裂缝，因此，应按构造要求配置受压钢筋和分布钢筋。

5.2.3 受拉区加固钢筋混凝土矩形、T形截面受弯构件的正截面承载力计算仍按二阶段受力构件考虑，不同受力阶段的构件截面变形满足平截面假设。

在正截面承载力极限状态，构件加固后截面受压边缘混凝土的压应变达到极限压应变 $\varepsilon_{cu}=0.0033$，原构件截面纵向受拉钢筋已屈服，取抗拉强度设计值 f_{sd}。而新增加的纵向受拉钢筋的应力由其应变确定，取 $\sigma_{s2}=E_{s2}\varepsilon_{s2}$，且应小于其抗拉强度设计值 f_{sd2}。

5.2.5 对翼缘位于受压区的T形钢筋混凝土受弯构件，受拉区采用增大截面进行加固后正截面抗弯承载力计算依受压区混凝土 x 位置分为两种计算情况，即 $x\leqslant h_f'$ 和 $x>h_f'$。由于加固构件为二阶段受力，故直接进行两种情况判断较难。在截面复核计算中，可先按 $x\leqslant h_f'$ 情况求解受压区混凝土高度计算值 x，若计算值 $x\leqslant h_f'$，则按本条第1款规定进行计算，若计算值 $x>h_f'$，则按本条第2款重新计算受压区混凝土高度，再进行承载力计算。

5.2.6 受拉区加固受弯构件正截面承载力计算及使用条件是以截面受压边缘混凝土压应变达到极限压应变 ε_{cu} 为控制条件得到的，新增加的纵向受拉钢筋在构件破坏时可能屈服，也可能达不到屈服，因此，其应变 ε_{s2} 应根据加固构件二阶段受力特点由平截面变形假定确定。

式（5.2.6-1）为梁在受拉区新增普通钢筋的拉应变 ε_{s2} 计算表达式，是依钢筋混凝土构件加固二阶段受力的应变分析得到的(图5.2.6)。ε_{c1}即为原梁在第一阶段弯矩作用下的截面上缘混凝土压应变(又称初始应变),式(5.2.6-2)是原梁按钢筋混凝土正截面开裂弹性理论方法(容许应力法)的ε_{c1}计算表达式。

5.2.7 加固钢筋混凝土受弯构件斜截面抗剪的截面尺寸限制条件要考虑加固构件分阶段受力特点。

5.2.8 对于直接加筋类加固钢筋混凝土梁的抗剪承载力计算,张树仁著《桥梁病害诊断与改造加固设计》研究了设计计算方法。本规范参照该书提出了采用增大截面法加固后钢筋混凝土梁的抗剪承载力计算表达式,该表达式包括三项:第一项为原梁混凝土箍筋综合抗剪承载力,但bh_0是按加固后截面计算;同时,本项计算中还采用系数ψ_{cs}考虑了加固前梁腹板斜裂缝的影响;第二项为原梁的弯起钢筋的抗剪承载力;第三项为新增箍筋的抗剪承载力。其中系数ψ_{vb}是基于剪力V_{d2}由与斜裂缝相交的原梁箍筋、弯起钢筋和新增箍筋共同承担,按截面积分配到新增箍筋的数额系数,应当指出,这样的简化没有考虑梁体混凝土的作用,计算结果可能偏大,故取0.8修正。

5.3 受压构件加固计算

5.3.1 钢筋混凝土轴心受压构件加固后的承载力并不是原构件承载力和新增加部分承载力的简单叠加。

就工程实际及理论分析而言,轴心受压构件加固实际也是二阶段受力性质,存在着应变滞后问题。本规范按照混凝土结构二阶段受力分析提供了计算公式,目前对加固后构件稳定系数φ的研究资料很少,故采用现行设计规范值。

5.3.2 考虑公路桥梁的钢筋混凝土偏心受压构件与其他构件或节点相连,故本条提出宜采用增大截面加固的一般形式。

5.3.3 关于钢筋混凝土矩形截面偏心受压构件加固后正截面承载力计算,有以下几点说明:

(1)正截面承载力计算假定之一是,在承载能力极限状态下,取原构件截面受压较大边缘混凝土压应变达到极限压应变$\varepsilon_{cu}=0.0033$。这里没有取新增混凝土压应变达到极限压应变,主要是考虑到加固后构件截面受压较大边缘的新增混凝土存在压应变滞后,若以此达到极限压应变来控制,则有可能原构件截面受压较大边缘混凝土早已压坏,造成加固构件不安全。

(2)桥梁加固中,一般新增混凝土强度较原构件高;新增混凝土截面又较原构件小,加固计算中应按新、旧混凝土不同区域取相应的混凝土抗压强度设计值,但将使加固计算复杂,因此有关文献亦建议取原构件和新增混凝土强度的平均值为加固后截面受压区混凝土强度设计代表值，简化了计算。桥梁一般采用带载加固，恒载作用较大且不可能全部卸除而由原构件承受，因此，本规范从常规加固出发偏安全考虑，加固后构件正截面承载力计算中以原构件混凝土设计强度值为代表值。

运用本条文进行加固计算，必须与本规范第 5.3.4 条 ~ 第 5.3.6 条规定结合起来，确定截面受拉边或受压较小边的原构件钢筋应力 σ_{s1} 和新增钢筋应力 σ_{s2} 后才可进行相应计算。

式(5.3.3-3)是加固后构件截面复核时受压混凝土高度 x 的计算式。

5.3.4 ~ 5.3.6 增大截面法加固矩形截面偏心受压构件，在承载能力极限状态时，位于截面受拉边或受压较小边新增纵向钢筋 A_{s2} 的计算应力 σ_{s2}，既需要考虑构件受力特性（大偏心受压还是小偏心受压），又需考虑构件二阶段受力。规范编制组研究并建议了关于应力 σ_{s2} 计算公式，并且计算应力 σ_{s2} 值应按式(5.3.5-1)取值，即当 $-f_{sd2} \leqslant \sigma_{s2} \leqslant f_{sd2}$ 时，取 σ_{s2} 计算值；当 $-f_{sd2} \geqslant \sigma_{s2} \geqslant f_{sd2}$ 时，取 $\sigma_{s2}=f_{sd2}$ 或 $\sigma_{s2}=-f_{sd2}$。

式(5.3.5-2)为应变 ε_{s2} 计算式，其中 ε'_{s2} 为第一阶段受力时原构件截面相应于新增纵向钢筋 A_{s2} 位置处的名义应变。规范编制组根据加固后构件为大偏心受压或小偏心受压，并考虑在第一阶段受力时原构件处于轴心受压，大偏心受压和小偏心受压状态（图 5-1、图 5-2），建议了相关计算公式。

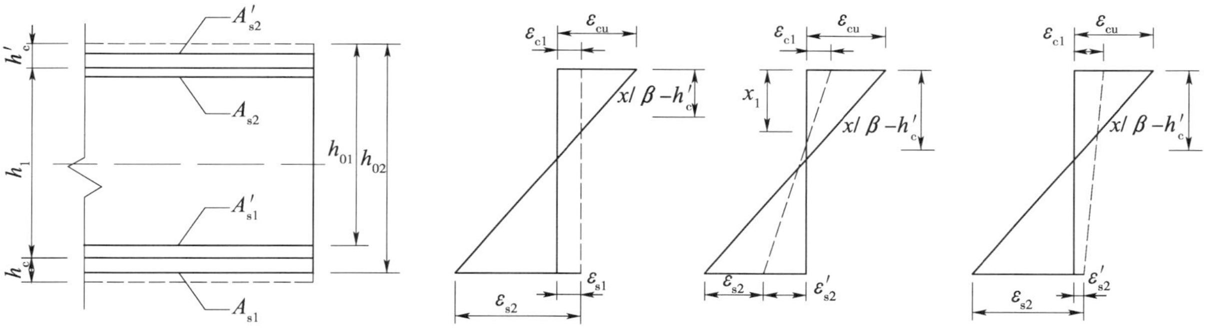

图 5-1　偏心受压构件应变计算简图

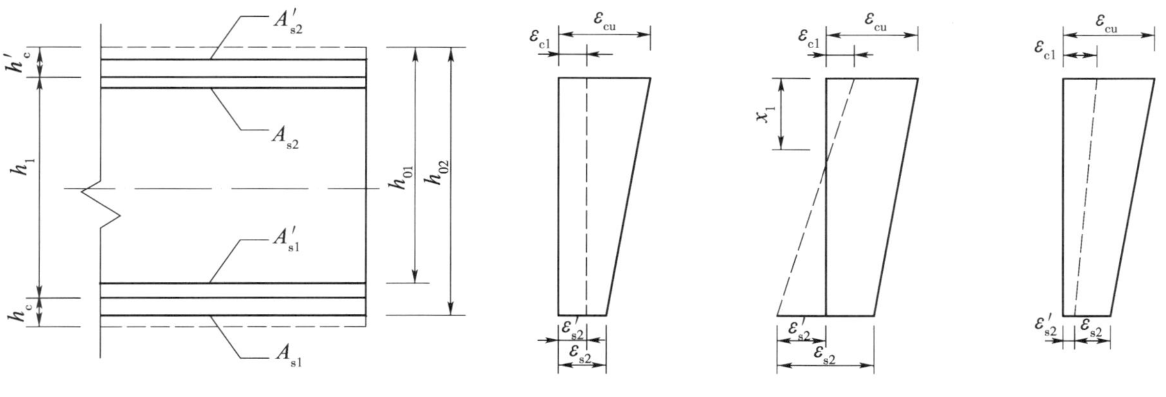

图 5-2　增大截面法小偏心受压构件应变计算简图

ε'_{s2} 计算中涉及第一阶段受力时原构件的截面应变计算，计算方法在本规范附录 C 中已提供。应变计算中，应变值均应带符号，拉应变为正号，压应变为负号。

5.3.7 本条参考《公路钢筋混凝土及预应力混凝土桥涵设计规范》(JTG D62—2004)条文编制。

5.4 新老混凝土结合计算

5.4.3 增大截面加固混凝土构件最重要的是新老混凝土的结合面的抗剪承载力计算与构造,进而保证新老混凝土共同工作。参照《公路钢筋混凝土及预应力混凝土桥涵设计规范》(JTG D62—2004)的有关规定制定的条文,尽管是针对在受压区加固受弯构件的情况,但对在受拉区加固受弯构件和受压构件加固也可参考应用。

5.5 构造要求

5.5.1 增大截面法加固混凝土构件时,对新浇的混凝土必须在施工中能够实现设计要求的结构,根据工程加固经验,对新浇混凝土的强度级别、最小厚度提出要求,同时根据工程加固对新材料应用研究成果,采用喷射高性能抗拉复合砂浆、微膨胀或自密实混凝土在桥梁的某些部位或施工困难处可以取得较好效果。

对受压区加固受弯构件,现浇混凝土层厚度不能过大,防止原构件的截面受拉钢筋"应力超前"现象加剧。

5.5.2 本条对加固构件截面新增纵向受力钢筋与箍筋提出要求。同时,最小的配筋率亦满足《公路钢筋混凝土及预应力混凝土桥涵设计规范》(JTG D62—2004)的相关规定。

5.5.3 新增加固的纵筋、箍筋都应与原有构件混凝土或钢筋有牢固的连接,以保证钢筋发挥作用。

5.5.4 此条文针对受拉区加固受弯构件的新增纵向受拉钢筋在跨间截断的问题。在实际工程中,新增纵向受拉钢筋是这类加固的主要目的,而混凝土起保护作用。当纵向受拉钢筋需要截断时必须满足本条要求,以防止加固钢筋因在混凝土中的锚固破坏而丧失作用。

5.5.5 加固设计时要对原构件的表面处理提出要求。本条的要求经过总结试验研究与工程加固实践证明是有效的。

6 粘贴钢板加固法

6.1 一般规定

6.1.1 根据桥梁工程中被加固构件的受力特性，规定了这种方法仅适用于钢筋混凝土受弯受剪、受拉和偏心受压构件的加固。

6.1.5 采用粘贴钢板加固法，钢板的受力形式应明确，即应将钢板设计成仅承受轴向应力作用。

6.1.6 采用钢板加固时，应卸除作用在桥梁上的活载及部分恒载，降低钢板的滞后应变，同时应考虑分阶段的受力特点。

6.2 受弯构件加固计算

6.2.1 试验研究表明，钢板与被加固构件之间将产生滑移，截面应变并不完全满足平截面假定，但是根据平截面假定计算的加固构件承载力与试验值相差不多，故认为平截面假定仍然适用。钢板在到达抗拉或抗压设计强度之前，认为钢板的应力应变关系满足虎克定律。

6.2.2 受拉区加固钢筋混凝土矩形、T形截面受弯构件的正截面承载力计算仍按二阶段受力构件考虑，不同受力阶段的构件截面变形满足平截面假设。在正截面承载力极限状态，构件加固后截面受压边缘混凝土的压应变达到极限压应变 $\varepsilon_{cu}=0.0033$，原构件截面纵向受拉钢筋已屈服，取抗拉强度设计值 f_{sd}。而钢板的应力由其应变确定，取 $\sigma_{sp}=E_{sp}\varepsilon_{sp}$，但应小于其抗拉强度设计值 f_{sp}。

6.2.5 采用钢板加固受弯构件，钢板应具有足够的延伸长度 l_p 传递钢板与被加固构件界面之间的黏结剪应力，最小延伸长度规定是考虑桥梁结构的受力特点而确定的。

6.2.6 加固钢筋混凝土受弯构件斜截面抗剪的截面尺寸限制条件应满足《公路钢筋混凝土及预应力混凝土桥涵设计规范》(JTG D62—2004)的规定。

6.3 偏心受压构件加固计算

6.3.1 本条用一组公式将大、小偏心受压计算公式进行了统一。式(6.3.1-1)是截面上的轴力平衡公式;式(6.3.1-2)是截面上的力矩平衡公式,力矩中心为受拉普通钢筋的合力作用点。在截面受压较大边缘粘贴的钢板,其应力可取钢板的抗压设计强度值f'_{sp}。

6.3.2~6.3.4 截面受拉边或受压较小边原构件纵向普通钢筋的应力考虑加固后构件是大偏心受压还是小偏心受压。若加固后构件是大偏心受压,则截面受拉边原构件纵向普通钢筋A_s的应力取$\sigma_s=f_{sd}$;若加固后构件是小偏心受压,则截面受拉边或受压较小边原构件纵向普通钢筋A_s的应力应根据平截面假定确定。

钢板的应力根据式(6.3.3-1)和式(6.3.3-2)计算,计算中应计入应变符号。若根据式(6.3.3-2)计算出的应变值为正值,则钢板的应力为拉应力;若根据式(6.3.3-2)计算出的应变值为负值,则钢板的应力为压应力。钢板的应力计算同时应考虑被加固构件分阶段的受力特点。在第一个受力阶段,被加固构件可能是轴心受压,也可能是大、小偏心受压,钢板滞后应变有所不同。6.3.4条给出了第一受力阶段被加固构件分别为轴心受压、大偏心受压及小偏心受压钢板滞后应变ε_{p1}的计算公式,计算时应计入应变符号,即拉应变为正值,压应变为负值。

6.4 受拉构件正截面加固计算

6.4.1 式(6.4.1-1)、式(6.4.1-2)给出了两侧对称加固钢板轴心受拉构件的计算方法,如果为不对称加固,应按实际的加固情况计算,同时公式的建立不考虑混凝土的抗拉强度。

6.4.2、6.4.3 大偏心受拉构件正截面承载力计算公式与受弯构件正截面承载力计算公式相似,钢板的应力计算同样要考虑分阶段的受力特点。

6.5 构造要求

6.5.1 本条对钢板的厚度作了相应的规定。

6.5.2 采用钢板加固时,应优先使用宽厚比较大的钢板,故本条对钢板的宽厚比作了相应的规定。

6.5.3~6.5.7 采用钢板加固时,可靠的锚固措施可以保证钢板不发生过早的剥离破坏,因此应在钢板的端部采用加强的锚固。

7 粘贴纤维复合材料加固法

7.1 一般规定

7.1.1 根据粘贴纤维复合材的受力特性，规定了粘贴纤维加固的适用范围。受压加固中因大偏心受压构件的受力状态与轴心受压有一定差异，应针对其相应的受力状态进行加固，小偏心受压构件可结合轴心受压及大偏心受压构件的加固方法联合使用。

本方法不适用于素混凝土构件，包括配筋率不符合《公路钢筋混凝土及预应力混凝土桥涵设计规范》(JTG D62—2004)最小配筋率构造要求的构件的加固。对梁板结构，若曾经在构件截面的受压区采用增大截面法加固过，现在受拉区用粘贴纤维方法进行加固时，应首先检算其最小配筋率是否满足《公路钢筋混凝土及预应力混凝土桥涵设计规范》(JTG D62—2004)的要求。

由于受冲剪作用的构件和支座局部受力复杂，不宜采用粘贴纤维复合材料加固受冲剪作用和支座局部承载能力不足的构件。

当有可靠依据时，纤维复合材料也可用于其他形式和其他受力状况的混凝土结构、构件的加固。如果用于预应力混凝土加固，其设计计算方法应专门研究。

7.1.2 在实际工程中，某些结构的混凝土强度可能低于现行国家规范的最低强度等级。如果结构混凝土强度过低，它与纤维片材的黏结强度也较低，易发生剥离破坏，纤维复合材料就不能充分发挥作用，因此应对被加固结构的混凝土强度的最低等级提出要求。若仅进行封闭裂缝等构造加固，则混凝土强度等级不受此限制。本规范附录D给出了混凝土表面粘贴强度现场试验检测方法，其室内试验检测方法参见国家标准《混凝土结构加固设计规范》(GB 50367—2006)附录F。

7.1.3 目前桥梁加固用纤维的主要类型有碳纤维、芳纶纤维、玻璃复合纤维。加固用黏结剂及表面防护材料类型较多，其适应条件各不相同，有必要对其做出一般性要求。

7.1.4 纤维复合材料为承拉材料，应将纤维复合材料沿受拉方向或围束粘贴。在加固设计中，纤维复合材料应采用配套树脂类黏结材料可靠地粘贴于构件表面。在受力过程中应与构件保证变形协调，不应由于粘贴面的过早剥离而导致纤维复合材料受力失效。本章中的设计计算方法均是基于这一条件建立的。

7.1.5 研究表明,当加固前构件计算所受的初始弯矩小于其受弯承载力的20%时,初始弯矩的作用不大,即可以忽略二次受力的影响。原结构承受一期荷载及施工荷载,加固后的组合截面承担二期恒载及活载,为了减轻原结构受力,可通过卸载方式减小一期恒载。

7.1.6 一般情况下,对结构或构件的加固是局部的。加固后结构体系或结构刚度分布可能有所改变,因此加固设计中应进行整体结构验算,以考虑加固后在荷载或结构系统改变的情况下,对结构其他构件或构件的其他性能产生影响,从而保证不发生危险的脆性破坏。例如,正截面加固后的构件,应避免斜截面破坏先于正截面破坏。

7.1.7 加固后的结构承载力受原结构材料强度控制是本规范承载力计算的前提,原结构中的钢筋或混凝土遭到破坏后,后加纤维亦无法承载而破坏。

7.1.8 对于受弯构件,当对其正截面进行加固时,应同时验算其斜截面承载力。斜截面破坏为脆性破坏,其危险性大,避免发生脆性破坏非常重要。

7.1.9 采用全长无间隔环向连续粘贴纤维复合材料的方法(环向围束法)加固受压构件最为有效,特别是圆形截面。由于环向围束对混凝土起到约束作用,使其抗压强度得到提高,其原理与配置螺旋箍筋的轴心受压构件相同。

7.1.10 附加锚固措施是指用相同纤维材料做成压条进行锚固。也可将钢板或角钢等先粘贴在纤维复合材料的外表,再用锚栓锚固于混凝土中,锚栓的数量及布置方式应根据锚固区受力大小确定。钢板压条厚度不宜小于3mm,锚栓规格不宜小于M6。设计时尚应考虑因采取附加锚固措施而造成的纤维复合材料损伤对加固效果的影响。

7.2 受压构件加固计算

7.2.1 采用环向围束法加固受压构件最为有效,特别是圆形截面。由于环向围束对混凝土起到约束作用,使其抗压强度得到提高,其原理与配置螺旋箍筋的轴心受压构件相同。但当受压柱长细比过大时,过大的纵向变形使得其约束作用丧失,故本条提出了对其的限制。矩形截面柱缠绕纤维复合材料时,截面棱角必须经过圆化打磨,以防纤维复合材料应力集中而破坏。若矩形截面边长差异过大,会使纤维材料对混凝土的约束作用明显降低,故本条规定了采用此方法加固时的适用范围。

7.2.2 本方法是在考虑了在三向约束作用条件下,混凝土抗压强度得到提高的有利因素给出的。有效约束应力 σ_1 的取值是参照了ACI440、CEB-FIP及我国台湾省的公路规程和工业技术研究院设计实录等制定的。

7.3 大偏心受压构件加固计算

本条计算公式的计算原理是参照《公路钢筋混凝土及预应力混凝土桥涵设计规范》(JTG D62—2004)的规定由力及力矩平衡方程推导的。对被加固结构构件而言,《公路钢筋混凝土及预应力混凝土桥涵设计规范》(JTG D62—2004)规定的考虑二阶弯矩影响的偏心矩增大系数 η 值,还需要引入修正系数 ψ_η 值才能与加固构件计算分析和试验结论相吻合,也才能保证受力的安全。本条与《公路钢筋混凝土及预应力混凝土桥涵设计规范》(JTG D62—2004)配套使用。

σ_f 计算应按开裂截面考虑,遵循截面内力平衡得出。

7.4 墩柱延性加固计算

采用纤维复合材料构成的环向围束作为附加箍筋来提高墩柱的延性,在我国台湾省震后修复工程中用得较多,而且有设计规程可依。本规范给出的以环形围束作为附加箍筋的体积含筋率计算式(7.4-2)是由同济大学经大量分析后给出的,经试算表明略偏于安全,供延性加固计算使用。由于桥梁墩柱尺寸较大,尺寸效应影响有待进一步研究。

7.5 受拉构件加固计算

7.5.1 计算轴心受拉构件的承载力时,可不考虑混凝土的抗拉作用,仅计钢筋及粘贴纤维的抗拉作用。

7.5.2 按照加固破坏原则,由力及力矩平衡方程可推导出本条的计算公式。

本条与《公路钢筋混凝土及预应力混凝土桥涵设计规范》(JTJ D62—2004)配套使用。

7.6 受弯构件加固计算

7.6.1 采用纤维复合材料对钢筋混凝土适筋截面进行加固,加固设计除应遵守《公路钢筋混凝土及预应力混凝土桥涵设计规范》(JTG D62—2004)正截面承载力计算的基本假定外,依据纤维复合材料加固梁、板的受力性质,对纤维复合材料的应力与应变关系、加固构件的二次受力、纤维复合材料的应变限制及避免黏结剥离破坏等亦进行了规定。值得注意的是,采用纤维复合材料对钢筋混凝土适筋截面进行加固,其承载能力提高幅度有限,当需要提高的幅度较大时,纤维复合材料的使用效率较低,不经济。

7.6.2、7.6.3 国内外的试验研究表明,在受弯构件的受拉面粘贴纤维复合材料进行抗弯加固时,截面应变分布仍符合平截面假定。为防止纤维复合材料最终产生脆性拉断破坏,采用的允许拉应变[ε_f]一般为设计极限拉应变 ε_{fu} 的 2/3;同时根据《公路钢筋混凝土及预应力混凝土桥涵设计规范》(JTG D62—2004)对构件塑性变形的控制条件,[ε_f]不应大于0.01。计算时,忽略纤维复合材料厚度及胶层对承载能力的影响,即认为纤维中心到受压边缘混凝土距离为梁高 h。

采用粘贴纤维复合材料进行抗弯加固时,构件的破坏形态主要有以下几种:

(1)受拉钢筋先达到屈服,然后受压区混凝土压坏,此时纤维复合材料未达到其允许拉应变[ε_f];

(2)受拉钢筋先达到屈服,然后纤维复合材料超过其允许拉应变[ε_f]并达到极限拉应变而拉断,此时受压区混凝土尚未压坏;

(3)因配筋量过大,在受拉钢筋达到屈服前受压区混凝土先压坏;

(4)在达到正截面极限承载力前,纤维复合材料与混凝土发生剥离破坏。

对正截面加固,按前两种破坏形态进行设计计算;对第3种破坏形态,可通过控制加固量上限来避免发生。第7.6.4条第1款规定的受压区高度 x 不大于 $0.8\xi_b h_0$,即可控制不产生第3种破坏形态。第4种破坏形态属于脆性破坏,此时纤维复合材料中的应力很小,必须避免,一般通过构造或锚固措施予以保证。

式(7.6.2-1)~式(7.6.2-3)为第1种破坏形态的抗弯承载能力计算公式。式(7.6.2-1)从对受拉钢筋截面形心取矩的力矩平衡方程得到的,式(7.6.2-2)为力的平衡方程,式(7.6.2-3)是按平截面假定得到的。

式(7.6.2-4)、式(7.6.2-5)为第2种破坏形态的抗弯承载力近似计算公式,此时受压区高度很小。式(7.6.2-4)偏安全地对受压区边缘混凝土达到极限压应变时的受压区混凝土合力作用点取矩,此时,由平截面假定可以求得相应纤维复合材料的计算应变。式(7.6.2-5)对受压钢筋合力作用点取矩,并认为受压钢筋合力作用点与受压区混凝土合力作用点重合。

由于被加固混凝土结构的强度等级一般较低,故本规范对抗弯承载力计算公式中的等效矩形应力图形系数,未考虑高强混凝土的影响。

7.6.4 限制受压区高度 x 不大于 $0.8\xi_b h_0$,是为了避免因加固量过大而导致超筋性质的脆性破坏。为了控制加固后构件的裂缝宽度和变形,以及考虑到纤维复合材料的加固应用经验尚有不足之处,本规范对加固后正常使用阶段的钢筋应力作了控制。对于粘贴纤维片材加固后结构、构件的裂缝计算,可参考袁旭斌、贺拴海、宋一凡"粘贴纤维布加固RC梁的受弯裂缝计算方法"中的建议公式。

7.6.5 在梁侧面受拉区粘贴纤维复合材料进行抗弯加固时,仍可按照平截面假定来确定纤维复合材料应变分布。纤维复合材料距受拉区边缘越远,应变越小,越不能充分发挥作用,因此本规范限制了纤维复合材料在梁侧面受拉区的粘贴高度,同时乘以折减系数来考虑应变不均匀分布的影响,以简化计算。

7.6.6 采用纤维复合材料对钢筋混凝土适筋截面进行抗弯加固时,加固构件斜截面抗剪的截面尺寸限制条件应满足《公路钢筋混凝土及预应力混凝土桥涵设计规范》(JTG D62—2004)的规定。式(7.6.6)引入了截面翼缘扩大系数是用来考虑截面翼缘对截面的抗剪贡献。

7.6.7 本方法参考了长安大学近年来的研究成果。采用纤维复合材料对钢筋混凝土梁进行抗剪加固后的承载力计算的基本原理在国际上已趋于一致,即加固后的承载力由原梁承载力与纤维复合材料对承载力的贡献的叠加。但在纤维复合材料对承载力的贡献计算上存在差异,主要表现在破坏模式及对纤维复合材料应力发挥程度的认识上。编写组收集了57根试验梁,分别按照美国ACI440建议公式、欧洲混凝土协会(fib)设计规范建议公式(EC2 1992)、英国混凝土协会规范建议公式、加拿大规范(ISIS)建议公式、中国工程建设标准化协会标准(CECS146:2003)建议公式、中国台湾台北大学建议公式、香港理工大学建议公式、Triantafillou建议公式、Khalifa建议公式进行了对比分析。分析表明,香港理工大学建议公式和Triantafillou建议公式的计算公式精度较高,而加拿大、美国及欧洲规范建议公式均偏于保守。经模型试验研究,规范编写组考虑了片材条带间的应力分布不均匀现象,并认为加固后斜截面在破坏阶段,片材已经出现滑移,即混凝土已与片材之间出现不协调变形,建立的计算模型即式(7.6.7-2)。式中引入纤维应力分布系数D_{sh}、强度折减因子等。为了确保抗剪加固方式的有效性,规定了片材条带净距不应超过剪切裂缝水平投影的长度的一半[式(7.6.7-4)]。这样在任何情况下至少会有两条条带与假想的斜裂缝相交,其中至少有一条是有效的。

7.7 构造要求

7.7.1 一般规定

1 随着纤维复合材料加固量的增加,加固效果亦会提高,但并非线性增长,即随加固量的增加,纤维复合材料的利用率逐渐降低。若所规定的层数不能满足加固目标要求,应寻求其他加固方式。

2 为了提高纤维复合材料的利用率特作此规定。

采用沿构件全长无间隔地环向连续粘贴纤维织物的方法,即环向围束法,对轴心受压构件正截面承载力进行间接加固,其原理与配置螺旋箍筋的轴心受压构件相同。

采用纤维增强复合材料加固大偏心受压构件时,之所以强调纤维应粘贴在受拉一侧,是因为本规定已在前面作出了将纤维受力方式设计成仅承受拉应力作用的规定。

外贴纤维复合材加固桥梁受拉构件时,由于非预应力的纤维复合材料在受拉杆件(如桁架弦杆、受拉腹杆等)端部锚固的可靠性差,注意处理好围拢(或棱角)部位的搭接与锚固问题。受拉构件加固在桥梁上的适用范围是有限的,应事先做好可行性论证。

因延性不足对钢筋混凝土墩柱进行抗震加固,只有采用环向粘贴纤维复合材料构成的环向围束作为附加箍筋有效,其他粘贴方式不宜使用。

3 试验研究表明,当单位面积纤维质量不超过 450g/m^2,且纤维复合材料沿受力方向的搭接长度不小于 100mm 时,破坏不会发生在搭接位置。当单位面积纤维质量超过 450g/m^2 时,尚应通过试验研究确定纤维复合材料搭接长度。纤维复合材料的搭接位置相互错开是为了施工方便。有资料表明,在施工质量有保证时,纤维复合材料的断裂或破坏一般不会发生在搭接处。

4 纤维复合材料沿其纤维方向弯折时会导致应力集中和纤维丝折断,影响其强度发挥。对于弹性模量较高的纤维复合材料,如要求纤维复合材料强度不受影响,转角处的曲率半径应该更大,但其曲率半径的大小与纤维复合材料的弹性模量高低有关。

5 长安大学、同济大学等单位的研究表明,当多层粘贴时,内短外长构造优越性更突出。在粘贴多层纤维布进行加固时,分层截断是科学合理的。截断点之间要留有一定的距离,以免端头锚固传力在混凝土基层表面处形成叠加,造成黏结失效。内短外长再加端部 U 形箍可以增强最外端头纤维布的抗剥离能力。

6 此构造规定系根据长安大学的试验研究结果和工程经验提出,并参照了国家标准《混凝土结构加固设计规范》(GB 50367—2006)、中国工程建设标准化协会标准《碳纤维片材加固混凝土结构技术规程》(CECS 146:2003)及 ACI440 的有关规定。

7.7.2 沿柱轴向粘贴的纤维复合材料的粘贴长度,由于研究不充分,可以参照 7.7.3 的基本原理进行计算,必要时应进行适当锚固。采用环向围束进行提高延性加固时,有必要限制最少的纤维层数及最小的搭接长度,以防在实际应用中达不到应有的效果。

7.7.3 粘贴长度是按照纤维抗拉与黏结抗剪等强度原则并留一定的安全长度(200mm)给出的。其中纤维复合材与混凝土之间黏结强度的取值,是根据试验研究结果和经验并参照国外有关设计指南规定给出的,考虑了施工现场与试验室的施工质量差别、黏结界面的拉应力和剪应力共同作用等因素的影响。黏结强度的取值不宜过大,否则会使计算的粘贴长度过小而不安全。

在实际工程中,会出现粘贴范围已经用尽但仍达不到上述粘贴长度要求的情况。为保证纤维复合材料与混凝土共同工作,必须采取必要的锚固措施。

8 体外预应力加固法

8.1 一般规定

8.1.1 体外预应力(简称体外索)加固体系其主要由预应力钢筋(束)、锚固系统、转向块或滑块、水平束减振装置和梁体组成,可用于钢筋混凝土及预应力混凝土简支梁、连续梁及连续刚构桥的加固。

对于横张预应力、无黏结预应力等其他预应力加固体系,可参考相关规范或指南执行。

8.1.4 体外预应力索在可变作用下将会产生振动,易引起疲劳。定位装置的作用是保证体外索位置的正确性,减小水平筋(束)的自由长度,减小其振动幅度及其位置偏差产生的二次效应。水平筋(束)的自由长度不宜超过10m。若超过该值,建议进行索的振动计算和分析。

8.2 加固计算

8.2.1 体外索加固计算时可采用如下基本假定:梁体内的预应力钢筋或普通钢筋与混凝土具有良好的黏结。在体外索加固桥梁的结构计算中,主要针对持久状态的承载力极限状态和正常使用极限状态,且加固施工过程较短,在无特殊需要的情况下可不做短暂状况的应力计算。

8.2.3 持久状况承载能力极限状态计算

1 抗弯承载力计算假设

(1)在极限状态下,加固梁仍须为适筋梁破坏,受拉区混凝土退出工作,全部拉力由原梁中预应力钢筋或普通钢筋与体外索共同承担;

(2)加固后原梁的正截面变形仍符合平截面假设;

(3)受压区混凝土的应力分布按矩形应力图考虑,其应力大小取为混凝土抗压强度设计值f_{cd},混凝土的极限压应变取为$\varepsilon_{cu}=0.0033$;

(4)原混凝土梁中普通钢筋或预应力钢筋的应力分别达到其抗拉强度设计值f_{sd}或$f_{pd,i}$;

(5)体外索水平筋(束)在极限状态下的应力达到其极限应力$\sigma_{pu,e}$,且该值可按第

8.2.3 条第1 款第4)项确定。

对于用体外预应力加固的连续梁或连续刚构的负弯矩区抗弯强度计算可参照本节的假设和方法进行。

1)、2)体外预应力加固体系的抗弯承载力计算图式和方法经多年的理论和试验研究证明是比较成熟的。在上述抗弯承载力计算公式中,若原梁为钢筋混凝土构件,取预应力钢筋面积 $A_{p.i}$ 为零;若原梁为预应力混凝土构件,取普通钢筋面积 A_s 为零;若原梁为混合配筋的预应力混凝土构件,则 $A_{p.i}$ 和 A_s 两者均不为零。

4)在体外预应力加固结构的抗弯承载力计算中,预应力水平筋(束)的极限应力 $\sigma_{pu,e}$ 是关键性计算参数之一。根据目前的理论研究和试验研究成果,关于体外预应力水平筋的极限应力 $\sigma_{pu,e}$ 的计算公式有很多。这些公式主要基于两种方法建立:其一是根据某种计算理论建立计算模型,再根据试验结果修正其中的某些参数;其二是找出影响 $\sigma_{pu,e}$ 的主要因素,并根据试验结果进行统计分析,再建立经验公式。

研究结果表明,体外预应力筋(束)的极限应力可以表示为有效预应力与极限应力增量之和的形式。根据大量的文献检索得到国内外关于体外预应力筋(束)的极限应力计算公式,主要包括美国 ACI318-02 规范公式、Chakrabarti 公式[美]、美国 AASHTO 2004 规范公式、英国 BS8110 规范公式、Harajli 公式[美]、我国 JGJ 92—93 规范公式、AASHTO 2004 规范修正公式、哈工大基于塑性理论并考虑二次效应的计算公式、牛斌基于塑性铰理论的计算公式,以及同济大学基于试验统计分析并拟纳入《体外预应力混凝土桥梁设计指南》(送审稿)中的计算公式等九种。归纳上述公式可以发现,影响体外预应力筋极限应力的主要因素有跨高比、普通钢筋面积、体外预应力钢筋面积、混凝土强度、加载方式、布索方式等六项。其中跨高比、体内受拉钢筋配筋率为最主要因素。

在上述公式中,ACI318-02、Harajli 钢绞线应力计算模式,及《无黏结预应力混凝土结构技术规程》(JGJ 92—93)均为依据极限应力与截面配筋指标之间关系建立的公式。《美国公路桥梁设计规范》(AASHTO 2004)、《英国预应力混凝土规范》(BS8110)公式均是基于等效塑性区长度理论提出的。《美国公路桥梁设计规范》(AASHTO 1994)曾采用 Naaman 提出的以黏结折减系数法为基础的计算公式,但由于其计算过程复杂在实际工程中应用不方便,AASHTO 1998 已不再使用此公式。国内现有的考虑二次效应的计算方法虽然计算起来精度较好,但也存在实际计算起来复杂和只适用于简支梁的一些不足。

为挑选一个适用于我国公路桥梁体外预应力加固设计,且简捷而准确的计算方法,在收集到的国内外 48 片体外预应力的钢筋混凝土试验梁数据的基础上,利用上述极限应力公式分别进行试算,并采用统计分析的方法,希望检验上述各公式的计算结果与试验结果的吻合程度。统计分析结果表明,AASHTO-04 公式、哈工大基于塑性理论并考虑二次效应的计算公式、AASHTO-04 修正公式及同济大学基于试验研究的统计公式的计算结果均与试验结果吻合良好,其计算值与试验值之比的平均值 $\bar{x}$ 均在 0.88 ~ 1.07 之间。其中以哈工大公式的计算精度最高,$\bar{x}=0.95$,其离散系数为 $c_v=0.04$,但由于其计算方法比较复杂且仅适用于简支梁桥,不便于采用。同济大学公式是以截面性质和配筋指标建立的回归公式,从分析结果来看,比值的平均值为 $\bar{x}=0.88$,但离散系数 $c_v=0.05$,相对大一些。

虽然 AASHTO-04 和其修正公式的形式略有不同,但其计算精度相差不多,比值的平均值分别为 $\bar{x}=0.88$ 和 0.85,其离散系数为 $c_v=0.02$ 和 0.01。综合考虑计算精度、简捷适用且能够用于连续结构计算、经过工程实际应用等因素,最终选择了 AASHTO-04 规范的修正公式。该公式除具有上述有利因素外,还可更好地适用于不同种类的体外预应力钢材。

AASHTO-04 规范的修正公式中采用的是混凝土圆柱体强度 f'_c,考虑到与我国 15cm ×15cm ×15cm 立方体强度在形状和尺寸上的差异,须将其换算为我国立方体抗压强度标准值 $f_{cu,k}$ 或轴心抗压强度的标准值 f_{ck}。经换算得到原公式中的 $0.85f'_c=0.752f_{cu,k}=1.124f_{ck}$,取用 $0.85f'_c=0.75f_{cu,k}$ 并代入到 AASHTO-04 的修正公式中使用。

在计算体外预应力筋(束)的极限应力 $\sigma_{pu,e}$ 时,首先需求出截面中性轴的位置 c。美国 AASHTO-04 规范中对于原梁中的钢筋应力均取用钢筋的屈服强度 f_y 和 f_{py},公路桥规与之相对应的指标为钢筋强度标准值 f_{sk} 和 f_{pk}。式(8.2.3-5)中第二项的物理意义可理解为在体外预应力筋有效预应力 $\sigma_{pe,e}$ 的基础上,达到控制截面附近出现塑性铰时体外预应力筋的应力增量,故在设计中应考虑其钢筋材料的安全系数 γ_p。确定该安全系数时,主要考虑两方面的因素:首先是《公路钢筋混凝土及预应力混凝土桥涵设计规范》(JTG D62—2004)表 3.2.3-2 中对于高强钢丝、钢绞线和精轧螺纹钢筋强度设计值与标准值之比;其次是结构出现塑性铰破坏(这是该公式建立的基础)应比控制截面上钢筋屈服破坏具有更大的安全余地。综合考虑上述因素及综合模拟计算的结果,暂取 $\gamma_p=2.2$。利用该系数对体外预应力筋的极限应力增量进行折减,并与有效预应力 $\sigma_{pe,e}$ 相加后,再与体外预应力筋的抗拉强度设计值 f_{pd} 相比较,取小者作为体外预应力筋(束)的极限应力 $\sigma_{pu,e}$。

2 斜截面抗剪承载力计算假设

(1)在极限状态下,加固后的混凝土梁仍须为剪压破坏;

(2)与斜裂缝相交的原梁箍筋、斜筋或梁内弯起预应力钢筋的应力均能达到其各自的抗拉强度设计值;

(3)体外索斜筋(束)或体外索弯起部分达到其极限应力 $\sigma_{pub,e}$。

目前关于体外预应力加固混凝土梁抗剪强度的计算方法虽已有几种,但其抗剪能力均由混凝土(含纵向钢筋)、箍筋、体内弯起非预应力钢筋或预应力钢筋和体外预应力弯起钢筋提供。考虑到与《公路钢筋混凝土及预应力混凝土桥涵设计规范》(JTG D62—2004)相协调,在其抗剪公式的基础上增加了体外预应力弯起钢筋的抗剪强度一项,并考虑了原梁中非预应力弯起钢筋可能出现的因腐蚀对钢筋面积的折减。该公式与《公路钢筋混凝土及预应力混凝土桥涵设计规范》(JTG D62—2004)公式具有相同的使用条件和计算精度。

1)在截面抗剪上限公式中,将体外预应力斜筋(束)对抗剪强度的贡献放在公式的左端,即作为截面的外部作用考虑。事实上将其作为对斜截面抗剪能力的贡献,放在等式的右端也是可以的。

2)在体外索加固梁的斜截面抗剪承载力计算时,根据原梁的体内配筋情况选取抗剪公式中各相关项。当原梁为钢筋混凝土时,应考虑混凝土、箍筋、弯起钢筋和体外索斜筋

(束)提供的抗剪承载力;当原梁为预应力混凝土时,应考虑混凝土、箍筋、预应力弯起钢筋和体外索斜筋(束)提供的抗剪承载力。

钢筋混凝土及预应力混凝土斜截面抗剪强度公式的形式有多种,且基于不同的抗剪理论模式。在公式选用时主要考虑对钢筋混凝土、预应力混凝土梁抗剪计算的通用性及与《公路钢筋混凝土及预应力混凝土桥涵设计规范》(JTG D62—2004)计算方法的一致性。体外预应力加固梁的抗剪承载力计算公式是在《公路钢筋混凝土及预应力混凝土桥涵设计规范》(JTG D62—2004)公式的基础上,将体外预应力斜筋(束)对抗剪承载力的贡献 $0.8\times10^{-3}\sigma_{pub,e}\sum A_{pb,e}\sin\theta_e$ 作为抗力的一部分考虑进去。其中系数 0.8 作为体外预应力斜筋(束)的安全系数,即 1/1.25。由于体外预应力斜筋(束)一般只在梁端斜裂缝区域设置一对,因此不考虑其应力不均匀问题。

3)试验证明,由于滑块或转向块的形式不同,体外索的斜筋角度不同,接触面上的摩擦系数也不同,因此体外索的斜筋(束)与水平筋(束)中的应力是不同的。在极限状态下也是如此,两者的比值为 λ,即 $\sigma_{pub,e}=\lambda\sigma_{pu,e}$。计算分析表明,当摩阻系数 $f_0=0.16\sim0.25$、体外预应力斜筋(束)的弯起角度 $\alpha=10°\sim30°$ 时,对于有水平向移动的滑块或转向块的情况,$\lambda=0.970\sim1.057$;对于采用楔形滑块的情况,$\lambda=0.741\sim0.957$。可见,体外预应力斜筋与水平筋的极限应力差别在抗剪承载力计算时是应该考虑的,尤其是后者。对于 λ 的计算公式,是借助于滑块或转向块的节点平衡方程导出的。

3 根据有限元分析及试验结果,可认为在正常使用阶段水平剪力即体外预应力束对转向块合力的水平分力由混凝土和箍筋共同承担;在极限状态下,当混凝土转向块受拉开裂后,水平剪力主要由箍筋承担。达到极限状态时,混凝土转向块受到的拔出力即体外预应力束对转向装置合力的竖向分力由箍筋承担。

1)转向块设计采用的内力应为由于体外预应力筋(束)产生的最大转向力。为便于计算,在此采用永存预加力 $N_{p,e}$。考虑到体外索布束的空间效应,将其按 θ_e 角分解在竖直方向,按 β_e 角分解在水平面内,分别得到其竖向分力 N_{vd} 和水平面内分力 N_{hd}(当 $\beta_e\neq0$ 时,N_{hd} 为出竖直平面的水平力),并用于转向装置的抗拉强度和抗剪强度计算。在极限承载力计算时,预应力的作用应按自重作用考虑其安全系数,即应取 1.2。但用于转向装置设计采用的最大控制力为永存预加力,未考虑可变荷载引起的体外预应力筋(束)拉力增量及其可变作用安全系数的影响。由于体外预应力水平筋(束)的可变作用的拉力增量与其永存预加力相比较小,为便于计算,忽略可变作用拉力增量的影响,且偏安全地取用 1.3 作为预应力作用的安全系数。考虑到预应力钢材的安全系数为 $\gamma_{fs}=1.25$(高强钢丝和钢绞线)、$\gamma_{fs}=1.2$(精轧螺纹钢筋)及结构重要性系数 $\gamma_0=1.1$,则转向块承载力设计的安全系数可以达到 1.787~2.102。

2)转向块中的箍筋受拉力和剪力的复合作用。在此情况下,箍筋的设计强度需考虑组合作用下材料强度的折减。根据第四强度理论的分析结果,引入箍筋的抗剪承载力降低系数 ϕ_v 和抗拉承载力的降低系数 ϕ_p。这两个系数的取值与计算目的有关,与环向箍筋中拉力和剪力所占的比例有关。考虑到转向块混凝土的抗剪破坏机理尚不够明确,以受拉破坏为主,因此在其抗剪承载力的计算中未计入混凝土的抗剪能力,这样做应是偏于安全的。

3)混凝土转向块处于剪拉复合受力状态。考虑混凝土开裂的影响,在计算时可不考虑混凝土抗剪作用,全部剪力由钢筋承担。混凝土转向块内的环向箍筋也处于剪拉组合作用下,其承载能力应有所降低,故引入抗剪承载力降低系数 ϕ_v。

计算转向块抗拉承载力时,可忽略预应力钢束平弯的影响。考虑到水平力作用点一般要高于验算截面 A—A,且箍筋沿纵桥向布置亦有非对称情况,因此认为在竖向力 N_{vd} 和力矩 M_d 作用下应为偏心受拉构件。

根据哈尔滨工业大学最新完成的混凝土转向块试验研究,考虑到转向块受拉的同时有弯矩存在的实际情况,提出了按偏心受拉构件的计算模式。体外预应力钢筋(束)的转向块亦可采用拉杆—压杆模型计算,即钢筋的抗拉承载力应满足 $\gamma_0 N_d \leqslant f_{sd} A_s$ 的要求,其中 A_s 为转向块中全部受拉钢筋的截面面积。分析结果表明,按偏心受拉的计算承载力要比按中心受拉的计算结果有所降低,其降低程度与偏心距 e_0 的大小有关。计算中近似认为 N_{vd} 作用点在转向钢管的形心处,而转向钢管的形心通常情况下可近似认为与转向块水平面形心重合。因此,当箍筋的截面重心与转向块截面形心重合时,可近似取 $d_2=0$。

箍筋或植入的受拉钢筋必须有足够的锚固强度。考虑到转向块裂缝控制的需要,建议上述计算中环形箍筋或受拉钢筋的抗拉强度设计值取用《公路钢筋混凝土及预应力混凝土桥涵设计规范》(JTG D62—2004)第 3.2.3 条规定的 0.8 倍。这相当于转向块承载力设计的安全度在 1.787 ~ 2.102 的基础上又提高了 25%,即达到了 2.234 ~ 2.627。可以认为,桥梁体外预应力加固结构的关键部位即转向块(肋)已具有足够的安全性。

箍筋或植入的受力钢筋受到拉力和剪力的组合作用,在此情况下材料的强度可由材料力学中第四强度理论确定,即有:

$$\sqrt{\sigma^2 + 3\tau^2} \leqslant [\sigma] \tag{8-1}$$

式中:σ、τ——分别为钢筋中的拉应力和剪应力;

$[\sigma]$——钢筋的单向受拉容许应力,在极限状态下取 $[\sigma] = f_{sd}$。

由推导可以得到 $\sigma = \dfrac{N_{vd}}{N_{hd}}\tau$,代入式(8-1)中有:

$$\left(\frac{N_{vd}}{N_{hd}}\tau\right)^2 + 3\tau^2 \leqslant f_{sd}^2$$

即

$$\tau \leqslant \sqrt{\frac{1}{3 + (N_{vd}/N_{hd})^2}} \cdot f_{sd} = \phi_v f_{sd}$$

即环向钢筋剪抗剪强度折减系数可定义为:$\phi_v = 1/\sqrt{3 + (N_{vd}/N_{hd})^2}$。

同理,将 $\tau = \dfrac{N_{hd}}{N_{vd}}\sigma$ 代入式(8-1),则有:

$$3\left(\frac{N_{hd}}{N_{vd}}\sigma\right)^2 + \sigma^2 \leqslant f_{sd}^2$$

即 $$\sigma \leqslant \sqrt{\frac{1}{1+3(N_{\mathrm{hd}}/N_{\mathrm{vd}})^{2}}} \cdot f_{\mathrm{sd}}$$

即箍筋抗拉强度折减系数定义为：$\phi_{\mathrm{p}}=1/\sqrt{1+3(N_{\mathrm{hd}}/N_{\mathrm{vd}})^{2}}$。

4)钢制转向块的设计应根据转向块上作用的竖向力和水平力按照钢结构的计算方法验算其强度。应注意验算受压较大一侧的转向块内的肋板在转向力作用下的稳定性。

5)在混凝土竖向转向肋的计算中，由于混凝土腹板对转向肋的影响目前还难以给出简化、有效的定量分析，因此需采用有限元分析方法作模拟分析。在有限元分析中可考虑腹板对混凝土竖向转向肋的影响。

6)在混凝土转向肋中转向器的凹向区域内的混凝土承受局部压力，设计中必须考虑局部承压强度的问题，必要时在钢管转向器的凹向区域内配置局部承压钢筋网。局部承压的计算方法引用《公路钢筋混凝土及预应力混凝土桥涵设计规范》(JTG D62—2004)第5.7.1条的计算方法。

7)考虑到钢板与混凝土之间的摩擦力的可靠性较差，高强度螺栓提供的抗剪强度可作为安全储备，不参与计算。其值可按下式估算：

$$\frac{nP\mu n_{\mathrm{m}}}{K} \leqslant A_{\mathrm{pb,e}}\sigma_{\mathrm{pub,e}} \tag{8-2}$$

式中：n——用于锚固的高强度螺栓个数；

P——一个高强度螺栓的设计拉力；

K——锚固安全系数，取 $K=2.0$；

n_{m}——摩擦面个数，对于图6.3.1情况，取 $n_{\mathrm{m}}=2$；

$A_{\mathrm{pb,e}}$——体外索斜筋(束)的面积；

$\sigma_{\mathrm{pub,e}}$——体外索斜筋(束)的极限应力；

μ——包含黏结力影响的摩擦系数，取 $\mu=0.5$。

8.2.4 持久状况正常使用极限状态计算

3 考虑到体外索结构的预应力损失量比体内预应力筋小很多，可变作用引起的拉力增量相对于其有效预应力的比例也很小，而且体外预应力筋(束)在正常使用阶段也不宜长期处于高应力状态，因此对于体外索加固结构，其体外预应力筋(束)的张拉控制应力取值 $\sigma_{\mathrm{con,e}}$ 比《公路钢筋混凝土及预应力混凝土桥涵设计规范》(JTG D62—2004)中关于体内预应力钢筋的取值要小一些。这与近些年的桥梁加固工程实践也是相符合的。

4 考虑到与《公路钢筋混凝土及预应力混凝土桥涵设计规范》(JTG D62—2004)相协调及设计人员的习惯排序，在此预应力损失的排序及编号保持不变。考虑到加固桥梁多为运行十几年的旧桥，其混凝土的收缩、徐变已基本完成，故在体外预应力加固旧桥的预应力损失计算中不再考虑由于收缩、徐变引起的应力损失。

1)对于体外预应力筋(束)，如采用无黏结钢绞线，管道理解为其外部的PE套管；采用光面钢绞线(束)，管道则理解为转向块中钢管或HDPE管。管道的累计计算长度是指钢筋(束)在转向和锚固构造内的累计长度。

由于管道的累计计算长度很短,因此摩擦系数 k 的影响可以忽略不计,且其反摩阻的问题也无需考虑。

3)在此假设每张拉一批体外预应力筋(束)引起其中心处的应力增量 $\Delta\sigma_{pe}$ 是相等的,且近似认为体外预应力筋(束)与原梁混凝土截面变形协调。在实际设计计算时,由于体外预应力筋(束)的分批次数较少,故若采用超张拉或重复张拉工艺,可近似忽略体外预应力筋(束)的分批张拉损失。

4)当加固梁的体外预应力筋(束)一次张拉时,由此引起的梁体弹性压缩变形在体外预应力筋(束)的控制应力读值时已包含其中,因此无需考虑弹性压缩损失。当加固梁的体外预应力筋(束)分批张拉时,后张拉的体外预应力将引起先张拉的体外预应力筋(束)和原梁的体内预应力筋(束)中的应力损失。由于体外预应力筋(束)与原梁混凝土截面的变形不协调,因此 σ_{l4} 的计算结果是近似的,而 σ_{l4o} 的计算结果应是相对准确的。

5)松弛损失一般在 1 000h,即 40d 左右基本完成,且前 10d 可完成松弛总量的 2/3。因此在预应力损失的组合计算中,忽略了松弛损失的时效作用,这样可以简化预应力损失的分组和分阶段计算。当必须分阶段计算预应力钢丝、钢绞线松弛损失时,其中间值与终值的比值可按《公路钢筋混凝土及预应力混凝土桥涵设计规范》(JTG D62—2004)附录 F 取用。

在上述预应力损失计算中,根据实际情况,摩阻损失 σ_{l1}、分批张拉损失 σ_{l4} 均有可能近似取为零。因此体外预应力加固体系中预应力筋(束)的总的损失量较体内预应力结构要小很多,主要与体外预应力筋(束)的长度及控制应力取值有关。对于高强钢丝、钢绞线,总损失量一般占控制应力的 15% 左右;对于冷拉粗钢筋,则总损失量将有所增加。

当外界环境温度突然升高且高于施工张拉温度时,由于预应力筋(索)与混凝土的线膨胀系数略有差异,将引起体外预应力筋(索)中的应力降低。这种应力降低亦可视为预应力损失 σ_{l3}。该损失可按下式计算:

$$\sigma_{l3} = (\alpha_p - \alpha_c)\Delta t E_{p,e}$$

式中:Δt——年最高月平均气温与施工温度差;

α_p、α_c——分别为预应力筋(束)和混凝土的线膨胀系数,如无实测资料时可取为:$\alpha_p = 1.2\times10^{-5}$,$\alpha_c = 1.0\times10^{-5}$。

若考虑这种应力变化时,在体外预应力筋(束)的应力损失中应可考虑 σ_{l3} 的影响。该项损失与当地的最高月平均气温及张拉时的气温有关,一般不超过 15MPa。

5 1)、2)体外预应力加固的全预应力混凝土构件和 A 类构件的正截面抗裂性控制条件比《公路钢筋混凝土及预应力混凝土桥涵设计规范》(JTG D62—2004)中的相关要求略有放松,例如《公路钢筋混凝土及预应力混凝土桥涵设计规范》(JTG D62—2004)中全预应力混凝土正截面的抗裂控制条件为 $\sigma_{st} - 0.85\sigma_{pc} \leqslant 0$ 现降为 $\sigma_{st} - 0.9\sigma_{pc} \leqslant 0$,$\sigma_{st} - 0.8\sigma_{pc} \leqslant 0$ 现降为 $\sigma_{st} - 0.85\sigma_{pc} \leqslant 0$;A 类构件正截面的控制条件为 $\sigma_{st} - \sigma_{pc} \leqslant 0.7f_{ck}$,现降为 $\sigma_{st} - \sigma_{pc} \leqslant 0.75f_{ck}$。斜截面的抗裂性要求也作了类似的降低。上述抗裂性的降低,主要是考虑对于运营多年的旧桥,其耐久性的要求应比新建桥梁有所降低。同时考虑到旧桥混凝土可能存在损伤或缺陷,不宜对其施加过大的预压应力,以体现出新、旧桥梁之差异。

3)混凝土转向块的裂缝宽度计算公式直接引用了《公路钢筋混凝土及预应力混凝土桥涵设计规范》(JTG D62—2004)第6.4.3条和第6.4.4条的计算方法。控制内力按体外预应力的永存张拉力 $N_{pe,e}$ 取用。考虑到可变作用引起的拉力增量 $\Delta N_{p,e}$ 的不利影响,取用了1.1的放大系数。

4)体外索加固体混凝土B类构件的抗裂性验算控制指标、容许的裂缝宽度及其相关的计算方法均与《公路钢筋混凝土及预应力混凝土桥涵设计规范》(JTG D62—2004)相同。考虑到旧桥对于耐久性的要求可适当放宽,因此裂缝宽度的限值可适当放宽,但不应超过20%。在裂缝宽度计算公式中的钢筋应力 σ_{ss} 取值时,必须考虑原梁为钢筋混凝土梁还是预应力混凝土梁的差异。对于前者取用钢筋的实际应力值,而对于后者应取体内预应力钢筋相对于其重心点混凝土应力为零时的拉应力增量。

6 体外预应力加固梁的变形计算中的刚度取值和可变作用的挠度控制指标取值均与《公路钢筋混凝土及预应力混凝土桥涵设计规范》(JTG D62—2004)相同。但考虑到旧桥的混凝土收缩、徐变已基本完成,因此对于计算可变作用和预应力反拱的长期增长系数 η_θ 均作了折减,其折减量约为2/3,即认为混凝土的徐变2/3已完成。考虑到现有旧桥的混凝土强度等级多在C40以下,因此将可变作用(或活载)挠度计算的长期增长系数取为 $\eta_\theta=1.2$;若原梁的混凝土强度等级高于C40,则长期增长系数 η_θ 应按现行《公路钢筋混凝土及预应力混凝土桥涵设计规范》(JTG D62—2004)第6.5.3条取用,并按上述方法折减。由体外预应力引起的使用阶段的反拱值,在计算中长期增长系数取为 $\eta_\theta=1.35$。

若原梁是已开裂的钢筋混凝土梁、部分或全预应力混凝土梁,其混凝土的抗拉强度已不存在,故上式截面开裂弯矩 M_{cr} 中的混凝土抗拉强度标准值 f_{tk} 可取为零。

8.2.5 应力计算

不论原梁是钢筋混凝土梁还是预应力混凝土梁,只要其加固后为全预应力混凝土或预应力混凝土A类构件,加固后的梁体混凝土截面不开裂,均采用全截面的换算截面几何性质,其截面应力计算应按不开裂的偏心受压构件考虑。由于钢筋混凝土桥梁的混凝土强度等级较低,施加的体外预应力也较小,因此上述两种加固情况在实际工程中出现的概率较小。钢筋混凝土桥梁加固后多为预应力混凝土B类构件或预应力钢筋混凝土构件。

若原梁为预应力混凝土构件,由于体外预应力的作用,将使原梁中预应力钢筋的应力损失发生变化,例如体外预应力将使得原梁预应力筋在原分批张拉损失的基础上新增加弹性压缩损失;由于原梁预应力钢筋重心处的混凝土压应力发生变化,其混凝土收缩徐变损失也将发生变化。原梁预应力筋的应力损失的变化在加固设计中应予以适当的考虑。

在实际工程中,由于自重、恒载作用下混凝土受压边缘常受到体外预应力的拉应力控制,采用体外预应力的方法将钢筋混凝土梁加固成全预应力混凝土或预应力混凝土A类构件的情况是比较少见的。而将原已开裂的或拟提高荷载等级的预应力混凝土梁加固成全预应力混凝土或预应力混凝土A类构件的可能性则相对大些。

5 目前采用体外预应力技术对钢筋混凝土及预应力混凝土桥梁结构进行加固的工

程已有许多,但是相关的计算理论研究尚不充分,尤其对于部分预应力混凝土 B 类构件。在此情况下,本规范套用了《公路钢筋混凝土及预应力混凝土桥涵设计规范》(JTG D62—2004)第 7.1.4 条中关于部分预应力混凝土 B 类构件开裂后的应力计算方法。其基本思路是将使用阶段可变作用的标准值作用下体外索水平筋(束)中的拉力 $N_{p0,e}$ 计入混凝土法向应力等于零时预应力和非预应力钢筋的合力 N_{p0} 之中,即第 6.1.6 条的相关公式;然后按偏心受压构件计算开裂截面的混凝土压应力和原梁开裂截面中预应力钢筋的拉应力增量,进而考虑原梁预应力钢筋中的永存预应力,求出其最大拉应力。

《公路钢筋混凝土及预应力混凝土桥涵设计规范》(JTG D62—2004)中关于预应力混凝土的计算方法具有通用性,其中包括预应力钢筋和普通钢筋,包括受压区钢筋和受拉区钢筋,唯独缺少的是体外预应力钢筋(束)。因此在引用《公路钢筋混凝土及预应力混凝土桥涵设计规范》(JTG D62—2004)中的公式计算体外预应力加固结构时,必须将体外预应力的相关因素考虑进去。同时,当原梁为钢筋混凝土结构时,应取预应力钢筋的相关参数为零;当原梁为预应力混凝土结构,且普通钢筋仅作为构造钢筋时,可取普通钢筋的相关参数为零;仅当原梁为混合配筋的部分预应力混凝土结构时,才须将预应力钢筋和普通钢筋的相关参数全部予以考虑。

值得注意的是,当原梁为钢筋混凝土结构时,《公路钢筋混凝土及预应力混凝土桥涵设计规范》(JTG D62—2004)中表示预应力钢筋和普通钢筋合力重心处的收缩、徐变损失的 σ_{l6} 和 σ'_{l6} 的物理意义,应改为由体外预应力引起的原梁受拉区、受压区普通钢筋 A_s、A'_s 中的压应力,并忽略原钢筋混凝土梁的收缩、徐变引起普通钢筋的应力变化。可将体外预应力水平筋中的拉力 $N_{p0,e}$ 以偏心压力的方式求出作用在 A_s 和 A'_s 各自重心处的压应力。在一般情况下,体外预应力引起的受压区普通钢筋 A'_s 中的应力可能为拉应力,因此可近似取其为 $\sigma'_{l6}=0$。

当原梁为钢筋混凝土或预应力混凝土结构并采用体外预应力加固成预应力混凝土 B 类构件时,中性轴的位置 c 不仅与截面尺寸、材料性质有关,还与截面上的预加力及荷载作用的大小有关,需求解一元三次方程确定,其计算图式和计算方法参见《公路钢筋混凝土及预应力混凝土桥涵设计规范》(JTG D62—2004)图 7.1.4 和附录 E 中的受压区高度 x 的相关计算方法。

6　考虑到桥梁加固后的安全性不能降低,因此使用阶段的体外索加固受弯构件正截面混凝土的压应力、体内预应力钢筋中的拉应力及混凝土的主压应力的控制条件,均与《公路钢筋混凝土及预应力混凝土桥涵设计规范》(JTG D62—2004)中第 7.1.5 条和第 7.1.6条的相关取值完全相同。体外预应力筋(束)的相关控制应力参照体内预应力筋的相关指标给出。

8.3　构造要求

8.3.1　图 8.3.1-1 中的四种构造形式,对于简支梁桥是比较简捷而有效的。在实际加固工程中,应根据加固桥梁的实际状况和交通量情况选用。一般来说,当体外索水平筋距梁底面以下的距离越大,其承载力提高的幅度越大,加固效果越明显。体外索斜筋的弯起角度越大,对抗剪承载力的贡献越大。上锚固点的位置越高,对抗弯承载力的贡献越小。当体外预应力加固中采用一根通长布置的钢束或钢绞线时,必须特别注意体外索的弯曲半径是否满足其最小半径的要求。体外索张拉端或锚固端位置的选择,需考虑桥上的交通量状况和桥下河流及通航情况。对变高度的连续箱梁桥和连续刚构桥,体外预应力束的竖向位置可由转向器、减振器的高度或在转向肋上预留孔洞的高度加以控制。

8.3.2 T形梁及I形梁加固体系构造

实际工程中发现,由于混凝土表面相对粗糙,钢板与混凝土表面间摩擦阻力的可靠性较差,因此在锚固设计中应以环氧树脂胶层的黏结力为主,可不计摩阻力的影响。尽管摩阻力客观上是存在的,但其数值变化幅度较大,可作为锚固力的安全储备。关于摩阻力的估算方法,可参照条文说明第8.2.3条第3款第6)项。

定位器的功能是保证体外索布束位置的准确性,减小由桥梁可变作用产生的水平筋(束)的振动以及由于水平筋(束)的位置变动带来的二次效应。

黏结—摩擦锚固通过环氧树脂胶的黏结力和高强度螺栓固定在原梁腹板上的锚固装置来锚固斜筋,其锚固作用是通过环氧砂浆的黏结力和高强度螺栓的预拉力将锚固板、黏结层和梁体夹紧产生的摩阻力传递预应力。

8.3.3 箱形梁加固体系的转向构造

1 应根据施工张拉方式以及是否需要更换体外预应力筋(束)来确定转向器的具体形式。对于不需要更换预应力束以及整体张拉的结构,可采用整体式转向器,并在转向器内灌注石蜡等进行防腐和定位。对于需要进行预应力束更换或者多次张拉的结构,可采用双层钢管构造的转向器整体转向,也可采用单层钢管内灌油脂的转向器。采用分散式的转向器可以满足任意方式的张拉以及换束。

2 转向钢管的弯起半径必须满足预应力钢绞线或高强钢丝束的最小半径要求。这主要是考虑体外索转向的可能性及索体在转向过程中将产生弯曲应力,使拉索处于不利的受力状态。根据柳州OVM机械股份有限公司2007年颁布的企业标准,对于钢绞线成品索,转向装置的最小弯曲半径R_{min}按表8-1控制。本规范考虑对外PE材料的保护及尽量减小体外索中的弯曲应力,钢管转向器对各种钢绞线弯曲半径不宜用足,建议其最小半径限值均放大1m,见表8-1第3列。

表8-1 转向装置的最小弯曲半径R_{min}控制值(m)

规　格	企业内控最小半径	本规范建议值
7×ϕ15.2	2.0	3.0
12×ϕ15.2	2.5	3.5
19×ϕ15.2	3.0	4.0
27×ϕ15.2	3.5	4.5
31×ϕ15.2	4.0	5.0

对钢管最小壁厚的要求主要是考虑转向器弯管时对钢管刚度的要求，确保钢管弯曲后的直径不变。

3 对于竖向转向力较大的情况，可采用连接混凝土顶、底板的竖向转向肋；对于横向转向力较大的情况，可采用在底板设置的横向转向肋；对于两方向转向力都较大的情况，可采用横隔板式转向肋。横向、竖向转向肋及横隔板式转向肋的构造必须符合《公路钢筋混凝土及预应力混凝土桥涵设计规范》(JTG D62—2004)中的相关规定。

4 混凝土转向块中的箍筋作为转向块的受力钢筋参与计算分析，而外封闭箍筋则作为构造钢筋不参与转向块的承载力计算。当采用植筋技术代替上述箍筋时，需验算其抗拔强度。

5 由于转向块或转向横肋的受力比较复杂，因此其中布置的各种类钢筋繁多，为保证局部混凝土的浇筑质量，规定箍筋距转向器上缘的最小距离、封闭箍筋在竖直方向高于箍筋的最小距离和环向箍筋、闭口箍筋沿转向器纵向布置的最小距离。

6 钢制转向块由钢板焊接而成，因此保证焊缝质量是确保转向装置正常工作的必要条件。为保证转向装置受力均匀，竖向肋板数量不应少于4片。受拉侧底板与肋板在转向力作用下受剪拉组合作用，必须采用双面焊。为保证转向器在转向力作用下不发生错动，必须将转向器与肋板在连接处进行焊接。

钢制转向装置与混凝土底板仅依靠连接件或受力钢筋连接，因此必须保证连接的可靠性。在转向力较小的情况下，可采用焊接钢筋的方式；转向力较大时，应采用连接更强的其他连接形式，例如PBL连接(带孔钢板内穿钢筋)等。无论采用何种连接方式，都必须确保在转向装置与底板内的纵向钢筋间形成有效连接。

9 改变结构体系加固法

9.1 一般规定

9.1.1 改变结构受力体系加固法在20世纪“六五”、“七五”期间曾有专门研究，是通过改变桥梁结构受力体系以达到提高结构整体承载能力为目的，一种变被动为主动的加固方法。该方法需对原结构的受力状况进行仔细的现场调查与分析，在此基础上，确定拟采用的新结构受力体系转换方法以及施工工艺、措施，并对转换后的桥梁结构进行可靠的受力分析，最终确定桥梁结构整体承载能力的提高幅度，判断是否满足设计交通荷载等级的需要。

9.1.2 目前用于桥梁结构的改变结构体系加固方法较多，但一些方法如索塔组合体系加固法等尚处于探索之中，如长安大学关于广州海珠大桥承载能力提升的相关研究及加固，以及采用斜拉索体系加固梁式桥及其他外力体系加固桥梁等，如需采用时，应对其进行专门研究论证。

9.1.3 改变结构体系加固法，对原结构的扰动较大，甚至出现加固后结构内力反向的情况。因此，采用改变结构体系加固法应持慎重态度。如需采用，应对原结构进行详细检测、检算，并对加固后结构及相关构件进行全面验算，以确保在加固施工及运营期间的安全性。

9.1.4 结构体系改变后，结构、构件的内力发生重分布，其对相关结构构件的承载能力和使用功能都有一定影响。因此，应对相关结构或构件进行必要的补充验算。例如，对被加固结构、构件的强度验算、连接件的局部验算、简支变连续后连续端桥面板强度验算、多片梁(板)式结构加固后横向传递能力验算等。

9.1.5 改变结构体系加固方法属于一种系统加固范畴，其最终目的是提高桥梁结构的整体工作性能。因此加固方案、施工组织也应成为一个完整的系统，所选用的加固方法、施工顺序及关键技术和工艺必须在设计阶段就有严格规定，并作为整个加固过程的指导原则，不得随意改变。

9.2 加固方法

9.2.1 增设支承结构加固

(1)增设支点加固法是一种传统的加固方法,适用于对外观和使用功能要求不高的梁、板等结构的加固。此外,由于它具有简便、可靠和易拆的优点,因此,还经常用于抢险工程。

增设支点加固法是通过减小被加固结构的跨度或位移,来改变结构不利的受力状态,以提高其承载力。根据支承结构及构件受力变形性能的不同,可分为固结加固法和铰支加固法。前者一般是以支顶的方法直接将荷载传给基础,但由于支点与原结构固结,新增支顶构件需承受一定弯矩,因此对新增构件基础要求较高。对于后者则需根据其支承传力构件是否有较大弹性变形分别考虑,对于较小弹性变形时,加固后各构件受力明确,较容易分析,而对于支撑构件有较大弹性变形的,在分析中应考虑上、下部协调变形的问题。

有预顶力的方案,其预顶力与外荷载的方向相反,可以抵消原结构部分内力,能较大地发挥支承结构的作用。但具体设计时应以不致使结构、构件出现裂缝以及不增设附加钢筋为度。

(2)固结法加固时新增下部结构属偏心受压构件。其计算方法可参见《公路钢筋混凝土及预应力混凝土桥涵设计规范》(JTG D62—2004)。

铰支法加固是主梁与新加构件以铰形式联结。支撑点的位置由该点主梁截面所容许承担的弯矩和剪力来确定,在恒载和活载组合的情况下,控制新加支点处不出现负弯矩。主梁按弹性支承连续梁验算。

9.2.2 简支变连续加固

(1)简支变连续梁法是多跨简支梁桥加固改造、提高承载能力的行之有效的方法。该方法可结合桥面铺装整修,在两跨主梁之间现浇混凝土前,在其上翼缘板添加负弯矩钢筋或预应力筋,从而将简支梁改变为连续梁的受力体系,以减小原桥主梁跨中截面的活载弯矩和挠度值,提高原桥的承载能力,达到加固目的。此方法可结合粘贴钢板或纤维复合材料的方法同时应用,效果更显著。由于其方法简单、受力明确、效果明显、经济实惠而受到青睐,在多跨简支梁桥的加固中得到广泛应用。

一般情况下,简支变连续加固的两种方法可根据实际情况任选其一,本规范未作具体规定。但是,如果采用普通钢筋加固,加固后结构应按照普通混凝土结构理论分析,而同时采用普通钢筋及预应力筋加固的结构,加固后应按预应力混凝土结构理论分析。

对多跨简支梁桥采用桥面连续的加固方法时,则是把相邻两跨连接处的桥面铺装凿开,增焊受拉主筋,从而使相邻数跨或全桥铺装的受力主筋连为整体,再修补好桥面铺装。此种方法也俗称假连续,成桥后依然属于简支桥梁,所以并不在本规范范围之内,一般根据新建连续板(梁)桥的桥面板构造设计即可。

实践中发现,在简支变连续的中间支点处梁段,其端部一定范围内常会出现较多斜向裂缝,斜裂缝的长度、密度及宽度均大于边支点部梁上的斜裂缝。此裂缝的出现不仅影响到主梁的耐久性能,同时有可能造成主梁端部斜截面剪压破坏,对桥梁安全造成危害。因此以简支变连续梁的方法加固多跨简支梁桥,跨中抗弯承载能力能够使活载等级提高,但梁端的抗剪能力未有明显改进。建议在采用此方法加固多跨简支梁桥的同时,应对中间支点梁段的抗剪承载力进行验算。必要时对其抗剪区进行加固处理。原梁的截面尺寸出现不足时,应采用增大截面法等措施。

(2)简支变连续加固法在体系转换期间并不改变原主梁跨中截面的受力钢筋及混凝土的几何性质等,所以加固后跨中截面抗弯承载能力未发生变化,其他截面承载能力计算可按《公路钢筋混凝土及预应力混凝土桥涵设计规范》(JTG D62—2004)执行。

9.3 构造要求

9.3.1 增设支点法加固涉及上、下部结构的安全,其各自构造应满足对应的现行规范。对于新老结构(支承结构与原梁或基础)连接,应特别给予关注,必要时应采用植筋、锚栓技术,确保其可靠连接。

9.3.2 简支变连续加固法的构造难点是中支点的连续构造,目前常用普通钢筋和预应力钢束连接。前者构造简单、施工方便,但效果不如后者。对纵向受力钢筋的布设长度,除满足结构受力要求外,亦按照经验给出了最小限制,是为了确保连接构造有效。预应力筋太短时,其回缩损失较大,张拉质量较难保证。

支点连续构造处的桥面防裂、防水非常重要,本规范仅给出一般性要求,设计时应结合实际情况进行周密设计。

目前简支变连续的加固实践中,保留原有的双排支座及更换为单排支座的情形均存在,两者在受力上并无太大区别,为经济方便起见,原支座基本完好时,保留双排支座应为首选,但由于原双排支座距离较近,简支变连续后其中一排支座会脱空,这时在自重作用下墩柱也受偏心力作用,故应对墩柱进行承载力检算。

10 梁桥加固

10.1.1 梁桥的结构性病害主要有抗弯承载能力不足(包括因拟提高承载力水平而引起的承载力的不足)、板间横向联系削弱或失效、耐久性因素附加引起的结构承载能力的降低产生的各类病害以及桥面系与预制或先期浇筑的结构层分离。T梁结构尚有翼缘板混凝土的剥落、钢筋锈蚀、裂缝,斜截面抗弯承载能力不足和部分区域截面混凝土主拉应力或主压应力超限导致混凝土开裂、钢筋锈蚀等病害。加固设计时应针对不同的病害特征采用相对应的加固方法。

11 拱桥加固

11.1 一般规定

11.1.2 拱上建筑与主拱圈的联合作用是旧拱桥承载潜力的重要组成部分,在新桥设计中往往被忽略。在加固设计中,为充分利用原桥的承载潜力,对于刚度较大的拱上结构(如拱式拱上建筑等)可以酌情考虑联合作用(主要通过采用合理的结构分析模型加以考虑)。

11.1.3 拱桥是受压为主的结构,为提高结构的耐久性,加固设计中应严格控制原拱圈截面的应力水平,确保不出现弯曲拉应力。在特殊情况下,其拉应力也不应超过材料弯曲抗拉强度设计值。

11.1.5 拱桥钢构件主要包括中下承式拱桥钢吊索(杆)、系杆,钢管混凝土拱桥钢结构部分。

11.2 加固方法

11.2.1 圬工拱桥自重较大,主拱圈主要承受压力,产生破坏的原因主要为承压不足,故一般采用增大主拱截面加固法提高其抗压承载力或者减小其自重来改善主拱圈受力状况。由于圬工砌体抗剪、抗拉强度比较低,主拱圈砌缝开裂、脱落的现象较严重,可采用压浆法配合处理。拱圈下增设新拱圈加固法一般适用于实腹圬工拱桥,通常应在桥下净空或桥下泄水面积允许缩小的情况下使用。新拱圈可采用钢筋混凝土板拱或肋拱结构。按组合正截面应力强度验算,目前还不能明确新老拱圈各自承担荷载的比例,还需要进一步开展专题研究。调整拱上建筑恒载加固法是先拆除原有拱上建筑形成裸拱圈,在其上新增钢筋混凝土板拱(即护拱),新建拱上建筑重量应小于原有拱上建筑重量(即减载)。增强横向整体性加固主要指在主拱上采取横向加劲措施或在拱上建筑中设置横向拉杆等。

11.2.2 双曲拱桥常见的病害为拱肋强度不足引起的承载力降低、横向联系不足引起的横桥向失稳。通过提高拱肋截面的配筋率有效提高截面的承载力;当拱肋间无横向联系或横向联系较弱时,在集中荷载作用下,各拱肋的变形在横桥方向是不均匀的,故采用增加横向拉杆或横向联系来使单片拱肋联成整体,形成一个框架,从而保证横向稳定,改善主拱圈受力。增大主拱截面加固法包括主拱圈拱背加固法及增大拱肋截面加固法。粘贴片材加固法包括粘贴复合纤维加固法和粘贴钢板加固法。

11.2.3 桁架(刚架)拱桥以及桁式组合拱桥结构自重较轻,整体性较差,桥梁振动效应较大。由于横向联系不足,在外荷载作用下,各桁片受力不均,引起桁片节点及系梁开裂。其中,桁式组合拱桥主孔是靠若干构件逐件、逐段拼装、连接而成的。很多桥梁的构件接头都处理不好,混凝土质量差,不同程度出现纵、横向裂缝,甚至露筋现象。此类桥梁的加固重点是采取有效措施提高桥梁的整体性,改善结构的耐久性。

(1)对于由多桁片组成的普通桁架(刚架)拱桥,当桁片受力不均且部分桁片有强度富余时,可通过加强横向联结系或改进桥面板结构调整荷载横向分布系数法进行加固。

(2)桁架(刚架)拱片结构(包括上、下弦杆、腹杆或拱腿、实腹段主梁、空腹段次梁)抗拉强度不足或出现受力裂缝时,可采用粘贴钢板、纤维片材或施加体外预应力(主要针对桁式组合拱桥)进行加固。粘贴钢板或纤维片材宜在临时减载的状态下进行,以使截面新增部分参与承担部分恒载作用。

(3)桁架(刚架)拱结构抗压强度、刚度、稳定性不足时,可通过增大构件截面法进行加固。截面增大应采用钢筋混凝土套箍方式,且在临时减载的状态下实施,以使截面新增部分参与承担部分恒载作用。

(4)对于桁架(刚架)拱片结构的非受力裂缝,采用封闭裂缝或压浆并粘贴纤维片材等被动加固法,提高其耐久性。

(5)对于桁架(刚架)节点裂缝,在进行压浆处理的同时,宜采用增设外包钢或钢筋混凝土进行加固。

本条提出的方法属于常用的加固方法,加固设计时,可以根据实际情况采用其他有效、可靠的加固方法。

11.2.4 根据箱板(肋)拱病害的不同,加固方法很多。本条针对不同病害列出了一系列加固法,在实践中均有采用。设计时可按下述考虑:

(1)箱板拱主拱抗压强度、刚度、稳定不足时,可采用增大拱箱顶板厚度,或在拱腹增设套拱,或改空心箱肋为实心箱肋等增大截面法进行加固。

(2)箱肋拱主拱抗压强度、刚度、稳定不足时,可采用增大拱箱顶板厚度,或在拱腹增设套拱,或增设钢筋混凝土套箍,或改箱肋拱为箱板拱等增大截面法进行加固。

(3)因拱上结构设计(包括恒载分布)不合理、拱脚变位等引起箱板(肋)拱主拱内力分布不均而导致部分截面强度不足时,可通过改变拱上结构形式,或恒载分布,或拱脚顶推等调整内力分布法进行加固。

(4)当箱肋拱各拱肋受力严重不均,或横向稳定性不足时,可通过增大肋间系梁断面,或增设横系梁等调整拱肋荷载横向分布系数法进行加固。

(5)箱板(肋)拱抗拉强度不足或出现受力裂缝时,可采用粘贴钢板、纤维片材进行加固。粘贴钢板或纤维片材宜在临时减载的状态下进行,以使截面新增部分参与承担部分恒载作用。

(6)对于拱箱(肋)结构的非受力裂缝,采用封闭裂缝或灌注并直接粘贴纤维片材等被动加固法,提高其耐久性。

加固设计时,可以根据实际情况采用其他有效、可靠的加固方法。喷射混凝土主要用于防护。实践表明,喷射混凝土用于结构性加固时,工作性能不稳定,施工质量难以保证,不能在箱板(肋)拱加固中采用。

11.2.5 钢管混凝土拱桥建设历史不长,其设计理论及建造技术发展滞后,加固实例更少。根据已有桥梁的资料调查,钢管混凝土拱桥的主要病害形式包括:钢管与管内混凝土脱空、拱肋钢管及节点开裂及吊杆及系杆的锈蚀、疲劳破坏等。本条根据钢管混凝土拱桥常见病害形式及病害部位列举了相应的加固方法。其中,粘贴钢板或纤维片材法仅用于局部加固或增强,如限制裂缝发展及不合格焊缝的补强。采用增大截面法加固钢管混凝土拱桥时,应确保外包混凝土与钢管的有效黏结。为保证加固施工中的结构安全,可以采用临时减载或在拱圈上设置临时扣索,以改善拱圈受力。同时应对墩台基础承载能力进行重新计算。二次灌浆法是目前解决钢管混凝土脱空最常用的方法之一,其具体做法是:在脱空处对钢管钻孔,压入高强度等级水泥(砂)浆液或改性环氧砂浆使钢管与核芯混凝土密实。

钢管混凝土拱桥加固方法具体选用如下:

(1)主拱抗拉强度不足时,可采用粘贴纤维复合材料加固。

(2)主拱抗压强度、刚度、稳定不足时,可采用外包钢管并填充混凝土、外包钢筋混凝土或增设套拱等增大截面法进行加固。

(3)中、下承式钢管混凝土拱桥悬吊系统承载力不足时,可通过改变原有桥道结构体系,或更换吊杆等进行加固。

(4)上承式钢管混凝土拱桥因主拱圈纵向受力不均而导致部分截面强度不足时,可通过改变拱上结构体系或恒载分布等调整内力法进行加固。

(5)因拱肋受力不均,或横向稳定性不足时,可通过加强肋间系梁等调整拱肋荷载横向分布法进行加固。

(6)管内混凝土脱空时,采用钻孔压浆法进行加固。

(7)钢管锈蚀导致截面损伤时,可通过粘贴钢板或纤维片材进行加固。

加固设计时,还可以根据实际情况采用其他有效、可靠的加固方法。

11.3 加固计算

11.3.2 由于建设年代久远,旧拱桥采用增大截面法加固后,新增截面混凝土材料的收缩、徐变效应必然导致结构产生附加内力。在计算由于新增混凝土截面收缩效应引起的附加内力时,参照《公路圬工桥涵设计规范》(JTG D61—2005)第5.1.8条,考虑徐变作用下的混凝土收缩效应折减系数取值为0.45。

新、老截面间的有效黏结，是保证新浇筑混凝土层与原拱圈截面共同受力的保证。当不考虑界面相对滑移时，得到如下剪应力简化计算公式：

$$\tau = \frac{S}{Ib_s}V \tag{11-1}$$

式中：V——组合截面剪力；

S、I、b_s——分别为新增截面对组合截面中性轴的静矩、组合截面惯性矩及新增拱圈厚度。

新、老截面间的抗剪强度受到黏结截面的粗糙度、植筋数量及界面剂类型等因素的影响。条件允许时，可针对新、老截面间的抗剪强度进行现场试验。

11.3.8 支架方式增大主拱混凝土截面是指将通过外设支架对整个拱圈同时进行增大截面混凝土施工，一般针对小跨径拱。吊架方式增大主拱混凝土截面是指将原拱圈作为“支架”对整个拱圈分段进行增大截面混凝土施工，一般针对大跨径拱。对拱桥采用增大截面法加固时，原拱圈和新增拱部分形成整体截面，截面应力随着施工过程逐渐形成，如图 11-1 所示。

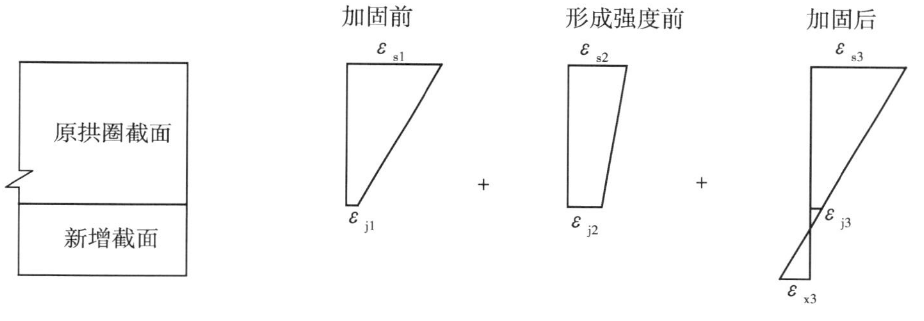

图 11-1　加固过程中新、老拱圈截面受力图示

拱桥增大截面后的结构计算很复杂，与施工过程（即拱圈形成过程）密切相关。实践中，增大混凝土变截面加固计算有下列几种方式：

（1）针对加固后的组合截面，按现行规范进行验算［第 11.3.8 条第 2 款第 1）项］。该方法不能考虑施工过程的影响。

（2）根据施工过程应力叠加，计算加固后新老混凝土应力，并采用允许应力方式进行验算［第 11.3.8 条第 2 款第 2）项］。该方法充分考虑了施工过程的影响。

（3）将原拱圈和新增拱部分视为两个变形协调的双拱圈，采用原拱圈和新增“拱圈”构成的“双拱模型”计算结构内力，其实质是采用内力分配法计算结构内力。如图 11-2 所示，以便利用现行规范进行结构验算。

加固设计中可采用上述多种方式进行计算、验算，确保设计可靠性。

本条建议的结构验算方法是基于不考虑拱圈内设钢筋的作用提出的。

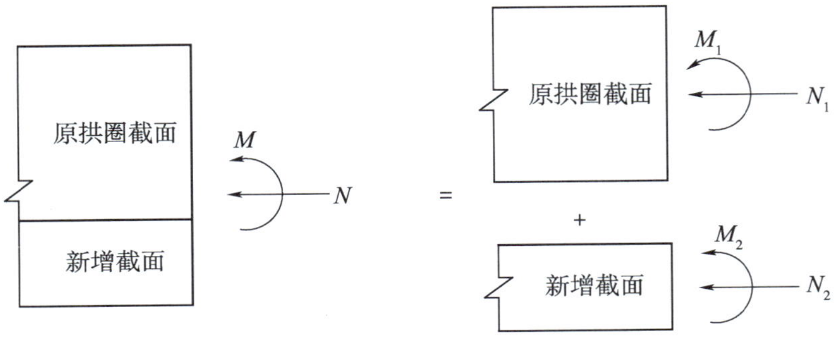

图 11-2 截面内力分配示意图

11.3.9 国家许多部门颁布了钢管混凝土设计规程,包括:中国工程建设标准化协会的《钢管混凝土结构设计与施工规程》(CECS 28:90)、国家建筑材料工业局的《钢管混凝土结构设计与施工规程》(JCJ 01—89)、国家电力部的《钢—混凝土组合结构设计规程》(DL 5099—97)、国家经贸委的《钢—混凝土组合结构设计规程》(DL/T 5085—1999)等。由于钢管混凝土在桥梁上的应用较晚,交通部的相关规范还在制定中。以往的钢管混凝土拱桥设计主要参考上述部门规程,主要采用统一理论(主要体现在 DL 5099—97)和套箍理论(主要体现在 CECS 28:90)进行设计。

加固后的钢管混凝土主拱整体稳定安全系数、刚度要求参考重庆交通大学等单位完成的交通部西部交通科技项目"大跨径钢管混凝土拱桥设计、施工、养护关键技术研究"研究成果。

另外,中、下承式拱桥吊杆、系杆一般不做疲劳强度验算,必要时应专门验算。鉴于中、下承式拱桥吊杆、系杆断裂时有发生,特别是某大桥(主跨 240m 钢筋混凝土中承式拱桥)两端短吊杆同时断裂,桥梁界对吊杆设计和养护有了新的认识。其中,吊杆疲劳破坏也被认为是导致断裂的原因之一。因此,大跨径以及重要的中、下承式拱桥加固时,根据实际需要,对中、下承式拱桥吊杆、系杆进行疲劳强度专门研究与验算。

11.4 构造要求

11.4.4 在制定本条第 2 款时,主要考虑到拱腹新增混凝土浇筑及质量保证难度大,建议采用肋形布置,最好是靠拱圈两侧布置两条肋,以便通过拱圈两侧浇筑混凝土。

12 悬索桥、斜拉桥加固

12.1 一般规定

12.1.2 主缆的构造决定了悬索桥加固不能依赖于主缆的更换或增强，具体加固方法应视情况而定，采用可行的加固方法。由于主缆为主要承重结构，在主缆承载能力不足或锚碇承载能力有限时，不得提高使用荷载等级，必要时应降低使用荷载等级。

12.1.3 悬索桥、斜拉桥为缆索承重结构，结构安全受到的影响因素多。悬索桥钢构件主要包括锚碇、主缆及索鞍、钢加劲梁及其支座、吊索及索夹、锚头，斜拉桥钢构件主要包括斜拉索及其上下锚头、钢主梁及其支座等。

12.2 加固方法

12.2.1 根据实际病害情况，悬索桥可采用下列方法进行加固：

(1)必要时可通过收紧主缆改善其活载挠度幅度，以实现实用功能的改善。

(2)悬索桥整体刚度不足时，可通过在跨中主缆与加劲梁之间设置中央扣件，改竖直吊索(杆)为倾斜吊索(杆)，或在1/4跨径处增设斜拉索等加强竖向刚度，通过加强风构增强水平刚度。

(3)吊索(杆)不满足使用要求时，必须进行更换。

(4)索塔、加劲梁结构强度不足时，采用粘贴钢板、纤维片材等被动加固法，增强使用荷载下的强度。

(5)索塔结构刚度、稳定性不足时，可采用钢筋混凝土增大截面法(围套、单侧或双侧)进行加固。

(6)混凝土索塔、加劲梁出现非受力裂缝时，采用压浆或封闭，并粘贴纤维片材等被动加固法，增强耐久性。

(7)混凝土索塔出现受力裂缝(横向、竖向)时，可采用压浆，并施加体外预应力(环向、竖向)进行主动加固。

(8)混凝土加劲梁出现受力裂缝时，可采用压浆，并施加体外预应力进行主动加固。

12.2.2 根据实际病害情况，斜拉桥可采用下列方法进行加固：

(1)斜拉索不满足使用要求时，必须进行更换。

(2)桥塔、主梁结构强度不足时,采用粘贴纤维片材等被动加固法,增强使用荷载下的强度。

(3)桥塔结构刚度、稳定性不足时,可采用钢筋混凝土增大截面法(围套、单侧或双侧)进行加固。

(4)混凝土桥塔、主梁出现非受力裂缝时,采用压浆或封闭,并粘贴纤维片材等被动加固法,增强耐久性。

(5)混凝土桥塔出现受力裂缝(横向、竖向)时,可采用压浆,并施加体外预应力(环向、竖向)进行主动加固。

(6)混凝土主梁出现受力裂缝时,可采用压浆,并施加体外预应力进行主动加固。

(7)主梁稳定性不足时,可采用增大主梁截面等方法进行加固,其前提是主梁自重增大对斜拉索、桥塔的影响在容许范围内。

12.3 加固计算

12.3.2 悬索桥主缆、吊索抗拉安全系数考虑旧桥实际并参照相关规范提出。

12.3.3 关于换索

目标:对于已建成并运营多年的斜拉桥,在换索过程中能够对桥梁线形和内力进行调整的仅有索力一项。要改善结构的线形和内力,使其达到或逼近设计理想状态,就必须在更换斜拉索的同时,对各斜拉索的索力进行调整,对全桥索力进行优化。这在本质上属于斜拉桥的索力优化问题。

方法:从理论上讲,任何一根斜拉索索力的变化都会导致全桥线形和索力的变化。将各索索力的变化量视为各索的索力调整量。若能找到一组索力增量,结构在这组索力调整增量的作用下,线形和内力(索力及梁、塔内力)达到或逼近设计理想状态,这样便能达到我们在换索的同时对结构的线形和内力进行改善的目的。当然,各索的索力调整增量必须在各索的承载力容许范围内。

注意事项:确切掌握桥梁运营后、换索前的内力状态,以便确定索力调整方案。在全桥线形、索力测量精度得到保证的前提下,换索设计应以换索前实测的线形与索力为依据准确地模拟结构换索前的内力状态,对结构进行索力优化分析,确定各拉索索力调整值,以达到通过换索对全桥线形与内力进行改善的目的。

13 钢桥及钢—混组合结构桥梁加固

13.1 一般规定

13.1.2 考虑到钢梁结构长期积灰、油漆、安装荷载、焊接作用及其他桥上附属物的重量变化等影响难以实际测得，因此乘以永久作用放大系数 1.05。当原桥缺少图纸时，必须采用现场勘测的方式获得桥梁各构件的实际尺寸，并作为永久作用计算的依据。对于钢—混凝土组合梁，由于其自重相对较大，因此不计入 1.05 的放大系数。

13.1.3 目前正处于新、旧钢桥设计规范的交替阶段，因此若按正常使用极限状态的容许应力法计算钢桥应力、变形和疲劳时，应取用各种荷载作用的标准值进行组合，即不考虑各种荷载作用的分项安全系数，其计算方法和控制指标仍须参照《公路桥涵钢结构及木结构设计规范》(JTJ 025—86)。如加固材料的弹性模量与原桥钢材的弹性模量相近，在弹性内力和应力分析时，可不作截面换算，但须考虑加固材料对截面几何性质的影响。

若按承载能力极限状态计算钢桥截面承载力时，应取用各种作用效应的设计值进行组合，即考虑各种荷载作用的分项安全系数，必须采用尚在编制中的《公路桥梁钢结构设计规范》中的计算方法和控制条件。

13.1.6 计算钢筋混凝土桥面板的裂缝宽度时，其钢筋应力可采用按换算截面弹性应力分析得到的混凝土桥面板中的上层纵向钢筋中的应力，亦可近似取为支点混凝土截面上两层纵向钢筋的平均应力。考虑到负弯矩区混凝土桥面板开裂将会引起钢梁锈蚀，故将其容许裂缝的限值定为 0.15mm。必要时需增设体外预应力或粘贴碳纤维片材或钢板，以减小或消除混凝土桥面板开裂的不利影响。

13.1.7 钢—混凝土组合梁桥中的混凝土桥面板本身应属钢筋混凝土或预应力混凝土结构。尽管桥面板在钢—混凝土组合梁桥中的作用极其重要，但由于其结构特点的相对独立性，仍可将其作为局部构件考虑，即按钢筋混凝土或预应力混凝土结构进行加固计算。

13.1.8 在钢桥加固中，对于旧牌号的钢材或非国标钢材，应按本规范第 4 章中的方法确定的屈服强度除以钢材分项安全系数 γ_{fs}。在确定钢材强度设计值取用钢材分项安全系数时，考虑到旧桥已存在疲劳损伤和桥梁荷载的动载特性，材料分项安全系数的取值宜比《建筑钢结构设计规范》(GB 50017—2003)中取值 1.111 再大一些,故取用 $\gamma_{fs}=1.2$。表 13.1.8 中的钢材容许应力值出自《公路桥涵钢结构及木结构设计规范》(JTJ 025—86)。

13.1.9 表 13.1.9 中钢材强度腐蚀环境降低系数参考《钢结构加固技术规范》(CECS 77:96),并结合《公路钢筋混凝土及预应力混凝土桥涵设计规范》(JTG D62—2004)的表 1.0.7 中的环境分类确定。其目的是从结构耐久性角度考虑桥梁周边环境对钢材的不利影响,并对钢材的强度指标进行合理的折减。

13.2 加固方法

13.2.2 由于钢桥通常是带载加固,对于主体结构的主要受力构件,应尽量采用高强度螺栓连接或黏结;对于非主体结构或次要构件可以采用焊接加固。这一规定的主要目的是尽量减小由于焊接工艺对原钢桥结构的损伤。目前铆接工艺已被淘汰,因此若原桥结构中的铆钉失效,则应以高强度螺栓替换。

13.2.4 采用体外预应力加固钢桥或混凝土组合梁桥,对于减小负弯矩区的应力、减小或闭合其裂缝宽度及提高截面承载能力是有明显意义的。但其对桥梁刚度的贡献不大,也就是说对减小活载作用下的变形意义不大。对于永久荷载作用下变形较大的桥梁,采用体外预应力方法可以有效地减小结构的长期变形,改善其使用性能。

13.2.6 疲劳是钢桥加固中必须面对的问题,必须予以足够的重视。当发现钢板出现应力集中、疲劳、损伤特征时,必须采取止缝、局部切割换板、局部敷设钢板或碳纤维复合材料,以及更换个别构件等技术措施。

13.3 钢桥加固计算

13.3.1 按容许应力法计算加固钢桥的截面强度时,若采用碳纤维复合材料或钢板作为加固材料,应将其按弹性模量的比例换算为同一材料后再按容许应力法计算。由于钢桥自重较轻,在弹性计算时可不考虑加固材料的应力滞后问题。当加固用的钢板和碳纤维复合材料的强度不小于原钢桥材料的强度时,可不必验算加固材料的应力(强度)。

表 13.3.1 考虑了《公路桥涵设计通用规范》(JTG D60—2004)与《公路桥涵设计通用规范》(JTJ 021—89)在荷载组合上的差异。在此,第一行的标准值组合是指 JTG D60—2004 第 4.1.8 条中只含自重、恒载、汽车荷载、冲击和人群作用的标准值组合,相当于 JTJ 021—89 组合 I;第二行的标准值组合相当于 JTG D60—2004 中在上述自重、恒载和汽车(含冲击)与人群作用基础上,考虑制动力、温度等其他可变作用,亦相当于 JTJ 021—89 中的组合 III 和组合 IV。JTG D60—2004 中的偶然组合与 JTJ 021—89 基本一致,仅增加

了一项汽车撞击作用。JTJ 021—89 中的组合 II 是针对挂车荷载的组合,现已取消。

13.3.2 以受压为主的构件,还应验算构件的整体稳定性。稳定验算中必须考虑加固材料的影响。

13.3.3 疲劳强度验算时,可根据桥梁实际行车情况,选用实际经常发生的荷载组合中的车辆荷载(或疲劳车)进行计算。对只承受压力的构件和临时性结构物的构件,可不验算疲劳强度。在疲劳验算中采用的净截面几何性质 A_j 和 W_j 中应扣除原桥铆钉孔和螺栓孔的影响,同时可考虑加固材料对截面几何参数的有利影响。

13.3.4 高强度螺栓的容许承载力与《公路桥涵钢结构及木结构设计规范》(JTJ 025—86)中的容许应力法相对应。各承载力公式中的系数 0.6 相当于容许应力法的安全系数 1.7 的倒数。1.25 为承受剪力和拉力共同作用时对拉力 N_t 的附加安全系数。

13.3.5 目前对钢桥承载能力极限状态缺少成熟的计算方法。这一问题预计在新编《公路桥梁钢结构设计规范》中加以解决。在新规范出台之前可按塑性理论计算。

13.4 钢—混凝土组合梁桥加固计算

13.4.1、13.4.5 当采用体外索加固钢—混凝土组合梁时,在承载能力极限状态下,可采用第 8 章中的计算图式和方法。计算中必须考虑梁体材料的差异,可取体外预应力水平筋的极限抗力为 $\sigma_{pu,e}A_{p,e}$,其中 $A_{p,e}$ 为体外预应力钢筋(束)的截面面积;$\sigma_{pu,e}$ 为体外预应力筋(束)的极限应力设计值,在无试验值的情况下可近似取为 0.85 倍的体外预应力筋(束)的强度设计值,即 $\sigma_{pu,e}=0.85f_{pd,e}$。

在正常使用极限状态下,截面应力和变形验算时采用全钢截面的几何性质,按弹性理论计算。无需考虑预应力损失计算中的弹性压缩问题。对于负弯矩区,仍需验算混凝土桥面板的抗裂性。截面的应力可采用容许应力法控制。

13.4.2 当采用增设钢板或碳纤维复合材料对桥梁结构进行加固时,要求卸载的目的是为更好地发挥加固用碳纤维复合材料或加固钢板材料的强度。如果桥梁卸载确有困难,在加固截面的应力计算中必须考虑分阶段受力问题。

13.4.3 密实型截面是钢结构按塑性理论计算的前提,对于不满足密实截面的钢结构,在构件达到塑性状态之前,将首先出现局部失稳破坏,进而可导致整体失稳的提前发生。

13.4.4、13.4.6 钢—混凝土组合梁桥的翼缘板计算宽度及连接件的计算方法及构造要求,应参照公路桥梁钢结构设计相关规范的规定计算。

13.5 构造要求

13.5.1 加大截面法主要用于加固桁架体系的桥梁构件。采用型钢或板材对原钢桥的主要杆件进行加固,以增加原桥杆件的承载能力。

选择加大截面法加固时,首先应判断被加固杆件的受力特点和截面的薄弱位置,最有效地发挥加固材料的作用,以增加截面的抗力。对于不同受力特点的杆件,其加固材料的布置方式有所不同。对于受拉杆件,加固材料应尽量靠近截面中心集中布置;对于轴心受压构件,应将加固材料尽量对称于重心布置并放在截面的外侧,以增加截面惯性矩减小构件的长细比,进而增加构件抵抗失稳的能力;对于偏心受力杆件,加固材料应在弯矩作用平面内尽量布置在原杆件的边缘,以增加截面的惯性矩,进而增加截面的抗弯和抗失稳能力;对于受弯杆件,加固材料应尽量布置在截面的受拉和受压边缘,以增加截面的惯性矩,进而增加其抗弯能力。加固后的截面重心应与原截面重心尽量重合,若有较大的偏心存在,必须在结构计算和截面验算时予以考虑。加固后的结构,在正常情况下不应该改变原结构的传力途径。在特殊情况下,也可以通过改变传力途径来增加结构的承载能力。

在钢结构中带载进行加固补强时,对于结构的主要受力杆件,应尽量避免采用焊接工艺。如果必须采用焊接时,应尽可能减少焊接工作量及注意合理的焊接顺序,以降低焊接变形和焊接应力,并竭力避免仰焊,确保焊接质量。当采用黏结或高强度螺栓连接时,对原结构的损伤将会明显减小。

采用焊接连接时,应尽量避免采用与原有构件应力方向垂直的焊缝。如做不到这点,应采取专门的技术措施和施焊工艺,以确保结构施工安全。

13.5.2 钢板梁的加固构造

2 采用加劲杆、体外预应力拉杆、支撑杆等临时措施加固钢板梁时,对结构的承载力尤其是刚度的提高是有限的。在此情况下,应做好加固杆件与原钢板梁的连接(锚固)点构造。连接(锚固)点的位置应设在钢板梁受力较小且有利于加固作用的区域,可采用钢构件焊接或黏结的方式连接。

3 将下承式桥梁加固成钢—混凝土组合梁时,可大幅度提高原钢桥结构的刚度和承载能力,但将涉及桥面高程、桥面系和桥头引道等一系列问题,需综合考虑决定。加固中采用的混凝土桥面板及连接件的构造和设计方法与钢—混凝土组合梁一样,可参照选用。

13.5.3 钢桁梁加固方法与构造

1、2 当采用增加杆件截面、改变桁梁体系、施加体外预应力或改变结构静力图式等方法加固既有钢桁梁桥时,需根据加固后的实际结构重新进行内力分析。分析中可通过调整杆件的位置、刚度来调整结构体系的内力分布,以达到提高桥梁结构承载力的目的。

3　采用体外预应力加固钢桁梁桥时，可以充分利用原桥的结构材料，较明显地提高原桥承载力，但必须做好锚固构造。此时，结构的承载力仍由原桥的每根杆件的承载力决定，每根杆件分担的内力则由于体外预应力而发生变化。

5、6　对于工字钢梁或钢箱梁实施加固时，若原桥的铆接连接已损坏，宜采用高强度螺栓取代之。在用高强度螺栓更换铆钉时，沿横桥及纵桥方向宜分批、分次更换。

14 桥梁下部结构及基础加固

14.1 一般规定

14.1.1 下部结构加固方法

4 扩大基础加固法适用于基础承载力不足或埋置太浅,而墩台又是砖石或混凝土刚性实体基础时的情况。当构造物基础具有较大的不均匀沉降,并且地基土质比较坚实时,可以采用扩大基础法进行加固。而对于扩大部分基础底部的地基承载力不足的问题,可采取在扩大部分基础下打入一定数量的桩以提高地基承载力,桩的数量根据地基变形计算来加以选定。

桥梁荷载通过桩基础传递给地基,垂直荷载一般将由桩底土层抵抗力和桩侧与土产生的摩阻力来支承,水平荷载一般由桩和桩侧土的水平抗力来支承。由于地基土的分层和其物理力学性质不同,桩的尺寸和设置方法不同,都会影响桩的受力状态。从桩的受力上分析,增补桩基加固法中常采用摩擦桩和柱桩两种桩基形式。

5 高压旋喷注浆法适用于处理淤泥、淤泥质黏土、黏性土、粉土、黄土、砂土、人工填土和碎石土等地基的扩大墩台基础,但对于土中砾石直径过大、砾石含量过多及有大量纤维质的腐殖土,则应根据现场试验结果确定其适用程度。基岩较浅时,设计为支承桩;基岩较深时,设计成摩擦桩。对于水泥、水、土三者固结体的材料强度,应在现场选取各层土样,按加固需要和现场可能达到的水泥、水、土三者之比进行配比试验决定。

6 河床较稳定,冲刷范围较小时,一般用石笼防护;河床较稳定,冲刷范围较小,并且为土质及细砾河床时,一般用板桩防护;河床不稳定,基础埋置较浅,冲刷范围较大时,一般用浆砌块片石防护;河床不稳定,基础埋置较浅,冲刷范围较大时,一般用铺混凝土预制块防护;桥梁位于弯曲河流宽大 河滩段下游,桥孔压缩大,河床变迁,水流局部冲刷很大时,可采用加设调治构造物的方法。

山区或山前区上下游附近河床被冲刷,山坡陡,冲刷较严重的小桥梁,可在其上游设置缓流井或带有阶梯的跃水槽等消能设施。对于流速较大的中小桥,当下游河床采用延长块石铺砌加固仍不能满足抗冲要求时,可采用在下游台口以外加设挑坎的办法来加强防冲能力。桥位在水库下游或桥下游有采砂场时,河床将逐年下降,这对桥梁基础特别是浅基础非常不利。当河床宽度不大时,可在桥梁下游适当位置构筑拦砂坝。对于冲刷较小的河床,可用干砌做整孔防防。对于冲刷比较严重的山区及山前区漂石、卵石及砂质河床,一般以浆砌块石护底。

14.1.2 若原结构、构件混凝土强度过低，则加固费用高，加固后耐久性差。

14.2 加固计算

14.2.2 当地基强度满足要求而缺陷仅仅表现为不均匀沉降、变形过大时，采用扩大基础底面积的加固方法，主要由地基变形计算加以选定。当基础底部扩大部分的地基承载力不足时，可采取在扩大部分基础下增加一定数量的桩，以提高地基承载力，桩的数量根据地基变形计算来加以选定。

14.2.3 增补桩基一般与原桩基的直径、长度不同，在同一基础下，可能存在两种以上的形式。由于单桩承担的荷载与该桩的材料性能、桩身的规格尺寸及桩的入土情况等因素有关，而这些因素又综合反映在单桩设计承载力上，因此按单桩设计承载力来分配沉降计算荷载是较合理的。

14.3 构造要求

14.3.5 加桩时，可以扩大原来承台尺寸或在原有承台上再加一层新承台，把上部传来的荷载通过新承台传递到新桩。为使上部荷载由墩身很好地传递给新建承台，可在新建承台与既有承台接触范围内，将原承台凿成锯齿状剪力键，设置钎钉；也可采用植筋法连接新老承台，即通过植入的钢筋承接和传导弯矩及剪力，并使新旧混凝土形成有机整体，以达到扩大原承台尺寸的目的。

15 桥梁抗震加固

15.1 适用范围

从20世纪80年代至今,我国桥梁建设发展非常快,修建了大量单跨跨径超过150m的特大跨径桥梁,以及大跨径的斜拉桥和悬索桥等特殊桥梁。这类桥梁一般在日常的交通和经济运行中占据非常重要的地位,并常常处于震后交通生命线的关键节点部位,部分桥梁甚至还承担电力、城市用水等的输送功能,其抗震设防标准与性能目标应根据其功能需求进行深入的研究,故不在本规范加固适用范围内。

15.2 抗震评估

15.2.1 对桥梁结构进行抗震性能评估的原因来自两个方面,首先是地震中桥梁的严重破坏后震害的修复或加固;其次是随着新规范的颁布执行、设计方法的发展和更新,需要对按以前方法设计的或根本就没有进行抗震设计的桥梁的抗震性能进行评估。桥梁抗震性能评估及加固过程不同于新建桥梁的抗震设计,在对桥梁进行抗震评估后,并结合投资效益分析确定桥梁是否需要加固以及加固的标准。既有公路桥梁有相当一部分未考虑抗震设防,有些虽然考虑了抗震设防,但与《中国地震动参数区划图》(GB 18306—2001)的规定相比,并不能满足相应的设防标准的要求,而且随着抗震理论水平的发展和震害经验的不断总结,抗震设计规范也进行了改进。

15.2.3 首先确定最危险及最需要加固的结构,可称为优先研究阶段;其次是对需要加固的桥梁进行详细的结构分析阶段。并非一个地区或一个国家中的所有可能遭受震害的桥梁均要同时进行加固,有些桥梁即使在地震中遭到一定的破坏,但仍能满足运行的要求,或者在降低车辆荷载等级后无需加固仍可继续使用。在选择需要加固的桥梁时,除了最危险的桥梁需优先考虑之外,同时也受到桥梁的重要性、结构的实际破坏情况和经济实力等因素的制约。

对既有公路桥梁进行抗震性能评价和抗震加固时,待评价的公路桥梁应根据路线等级及桥梁的重要性和修复(抢修)的难易程度,按《公路桥梁抗震设计细则》(JTG/T B02-01—2008)将公路桥梁分为A类、B类、C类、D类四个抗震设防类别。A类桥梁是指位于高速公路和一级公路上的单跨跨径超过150m的特大型桥梁(不含引桥及引道),B类桥梁是指高速公路和一级公路上的除A类以外的桥梁及二级公路上的大桥、特大桥等,C

类桥梁是指属 A、B、D 类以外的公路桥梁,D 类桥梁是指位于三、四级公路上的抗震次要的桥梁。

在抗震评估的优先研究阶段,主要从以下几个主要方面着手:

1 桥梁结构的重要性。

2 结构本身的特点及结构的易损性。结构易损性不但与结构的形式有关(如:桥梁的跨数、上下部结构的连接情况、桥墩的形式、桥台的布置等),而且与桥梁设计时间及建筑质量有关,有些桥梁没有进行抗震设计,有些桥梁的抗震设计单一依据强度方法,而对延性的考虑不够,桥墩在地震作用下的耗能能力很差。

3 基础及场地的特征,主要包括砂土液化的可能性、场地土的类型等。

4 桥梁所在地区的抗震设防烈度。

5 结构建造的年代及加固经济评价。

15.2.4 按《公路桥梁抗震设计细则》(JTG/T B02-01—2008),对于不同重要性的桥梁,按设计基准期内的风险概率采取相近的原则:当遭受桥梁设计基准期内发生概率较高的 E1 地震作用影响时,一般不受损坏或不需修理可继续使用;当遭受桥梁设计基准期内发生概率较低的 E2 地震作用影响时,应保证不致倒塌或产生严重结构损伤,经加固修复后仍可继续使用。其中,根据《公路桥梁抗震设计细则》(JTG/T B02-01—2008),E1 地震作用为设计基准期内超越概率为 63.2% 的地震作用;而 E2 地震作用为设计基准期内超越概率为 2% 的地震作用。

15.2.5 根据历次大地震桥梁震害的调查和大量的试验、理论研究结果,公路桥梁的地震破坏主要为:

(1)承台的抗剪及抗倾覆性能不足,导致承台倾覆;

(2)桥墩塑性铰的抗弯、抗剪强度及变形能力不足,导致桥墩破坏;

(3)桥墩钢筋的连接及锚固性能不足,导致桥墩破坏;

(4)盖梁与桥墩的节点处的破坏;

(5)桩基的强度、桥梁支座连接等破坏。

因此,对现有桥梁的抗震性能评估应从这下几方面着手:

对既有公路桥梁进行抗震性能评价时,应根据一般调查时所掌握的资料,通过与现行抗震设防标准的比较,确定待评价桥梁抗震的抗震性能水平。

地震需求为结构地震反应,包括:墩柱、桥台、支座、基础等的弯矩、剪力、轴力值以及支座、墩柱、基础和伸缩缝等的位移、转角和延性值等;能力为根据构件的实际尺寸和材料经计算分析得到或试验验证所具有的能力值。

能力与地震需求比大于或等于 1,表明该构件在该水准地震作用下不会发生破坏;小于 1,表明该构件在该水准地震作用下可能发生破坏。从结构中最低的比值开始,调查每一比值低于 1 的构件,评价由于该构件的破坏对整个结构抗震性能的影响,从而确定评价结果。如果被评价某构件的破坏导致不可接受的后果,经加固后的构件满足了抗震性能,这时仍需对整个桥梁结构的抗震性能进行重新评价。当加固好的构件改变了结构其他构件的响应时,也必须对其进行重新评价,重新计算各构件的抗震能力与地震需求比,重新评价各构件的抗震性能。

15.2.6 E1 地震作用下,结构处在弹性工作范围,可采用反应谱方法和线性时程方法计算。对于规则桥梁,由于其可简化为单自由度,因此可考虑采用简化的单模态反应谱方法计算。E2 地震作用下,由于结构已进入弹塑性工作范围,对于非规则桥梁只有采用非线性时程的方法才能正确预计结构的非线性地震反应;但对于规则桥梁,可以利用结构的弹性反应,采用修正系数的方法来考虑弹塑性效应,因此可采用简化方法。

15.2.7 由于重力式桥墩一般为混凝土等结构,结构尺寸大、延性能力低,因此可只考虑进行 E1 地震作用下的抗震性能评估。D 类桥梁是指位于三、四级公路上的抗震次要的桥梁,也只考虑进行 E1 地震作用下的抗震性能评估。

15.2.8 为了简化桥梁结构的动力响应计算及抗震设计和校核,将梁式桥、高架桥,根据其结构在地震作用下动力响应的复杂程度分为两大类,即规则性桥梁和非规则性桥梁。对于规则性桥梁的抗震评估、设计与校核,根据目前积累的大量震害经验及理论研究成果,采用简化计算方法和设计校核步骤就可以很好地把握其在地震作用下的动力响应特性,并使设计的结构满足预期的性能要求。对于非规则性桥梁,由于其动力响应特性的复杂程度,采用简化计算方法不能很好地把握其动力响应特性,因此对非规则性桥梁,要求采用比较复杂的分析方法和设计校核过程来保证其在实际地震作用下的性能满足要求。

若实际桥梁结构在地震作用下的动力反应可以近似简化为单自由度系统的动力反应,则这类结构称为规则性桥梁结构。根据这个定义,规则性桥梁的地震反应应以一阶振型为主,进而可以采用本规范建议的各种简化计算公式进行分析。对规则性桥梁采用简化的设计、校核过程,也可以保证其能够满足规范规定的预期抗震设计性能目标。

显然,要满足规则性桥梁这个定义,实际桥梁结构应在跨数、几何形状、质量分布、刚度分布以及桥址的地质条件上等需要服从一定的限制。具体地讲,要求实际桥梁的跨数不应太多,跨径不宜太大(避免轴压力过高),在桥梁纵向和横向上的质量分布、刚度分布以及几何形状都不应有突变,相邻桥墩的刚度差异不应太大,桥墩长细比应处于一定范围,桥址的地形、地质没有突变,而且桥址场地不会有发生液化和地基失效的危险等等。对弯桥和斜桥,要求其最大圆心角和斜交角应处于一定范围;对安装有隔震支座和(或)阻尼器的桥梁,则不属于规则桥梁结构定义范围。为了便于实际操作,此处对规则性桥梁给出了一些规定。迄今为止,国内还没有对规则性桥梁结构的定义范围作专门研究,这里仅借鉴国外一些桥梁抗震设计规范的规定并结合国内已有的一些研究成果。

15.3 桥墩加固方法

15.3.1 在美国，自从1989年Loma Prieta地震后，改进桥梁下部结构（桥墩、柱、盖梁和基础）抗震性能的加固措施得到大量的研究和发展。尤其是加州San Diego大学对大量新建的和加固的桥墩、柱进行了试验研究。这些研究项目主要是研究各种加固措施对提高桥墩、柱构件的弯曲、剪切强度和桥墩的弯曲延性能力的有效性。既有桥梁的钢筋混凝土桥墩通常在弯曲延性能力和剪切强度方面存在不足。弯曲强度不足可能是由于在塑性铰区的纵筋搭接不足或纵筋提前截断造成的。对于钢筋混凝土桥墩、柱，目前应用比较多的加固技术有加大截面法、钢管外包加固方法、复合材料加固方法等。

加大截面法是一种常用的墩柱加固方法，在原有墩柱的表面增加一层混凝土及纵向钢筋和横向钢筋，增加的横向钢筋能提高墩柱的剪切强度及延性能力，而纵向钢筋能否提高墩柱的弯曲强度则取决于纵筋是否锚固在承台中，承台也必须加固以便承受增加的剪力及倾覆弯矩。若纵筋在承台表面处被切断，则弯曲强度不会增加，由于外包混凝土对核芯混凝土的约束作用，提高了墩柱的延性能力。加大截面加固方法通常采用的截面形式有圆形、矩形等，加固方式可分为全截面加固和部分加固方法。为提高加固后墩柱的延性能力，必须保证加大截面对原有墩柱截面的约束作用，对圆形墩柱而言比较容易实现，可采用密布箍筋或螺旋式箍筋，而对于矩形或方形墩柱截面，则采用添加辅助箍筋，同时凿去原有墩柱转角处的混凝土，并采用多角形箍筋，可获得较好的约束效果。

钢管外包技术最初是针对圆柱桥墩提出的。采用两块半圆形的钢管现场沿竖向接缝焊接，钢管内径比桥墩直径略大，空隙中灌注添加微膨胀剂的水泥砂浆，钢管的下端与承台顶面有3～5cm的间隙，防止桥墩在地震作用下弯曲时因钢管的受压而增加截面的弯曲强度。钢管提供的是有效的被动约束应力，这种被动约束应力来自于混凝土受压而引起的膨胀受到钢管环向强度和刚度的限制。类似的效果当桥墩发生对角剪切破坏裂缝时也存在。因此，钢管可被看做连续的环向箍筋。对于矩形桥墩，为了提供类似于圆柱桥墩的连续的约束效果，建议加固时采用椭圆形的钢管，较大空隙可灌注与原桥墩（柱）同强度等级的混凝土。加固后的矩形桥墩具有很好的弯曲和抗剪能力。矩形钢管对提高桥墩、柱的抗剪能力是有效的。但桥墩进行抗剪加固时必须保证足够的弯曲延性能力，但矩形钢管提供的延性能力很差。

复合材料加固方法：通过外包组合纤维/环氧树脂套管来实现约束效果已经通过试验的研究得到证实。在桥墩的关键区域如桥墩底部可由无应力纤维/环氧树脂缠绕套管提供被动约束应力。试验研究表明该加固技术可有效提高圆形桥墩的弯曲延性能力和抗剪强度。现场安装和耐久性等因素是否能满足要求是该项技术能否应用的关键。

15.3.2 引用美国“Seismic Retrofitting Manual for Highway Bridges”的规定。

15.3.3 引用美国“Seismic Retrofitting Manual for Highway Bridges”的规定。

15.3.6 假设截面的极限曲率 ϕ_u 和屈服曲率 ϕ_y 在塑性铰范围内均匀分布(图15-1),塑性铰的长度为 L_p,则塑性铰的极限塑性转角为:

$$\theta_u = (\phi_u - \phi_y)L_p \tag{15-1}$$

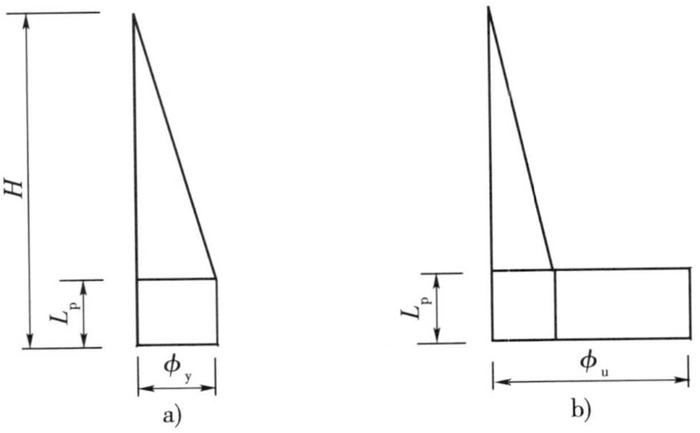

图 15-1 曲率分布模式

a)相应于钢筋屈服;b)相应于极限曲率

塑性铰等效长度 L_p 同塑性变形的发展和极限压应变有很大的关系,由于试验结果离散性很大,目前主要用经验公式来确定。欧洲规范和加州抗震设计准则(caltrans seismic design criteria)所采用的公式为:

$$L_p = 0.08H + 0.022f_y d_s \geq 0.044f_y d_s \quad (\text{cm}) \tag{15-2}$$

$$L_p = \frac{2}{3}b \tag{15-3}$$

式中:H——悬臂墩的高度或塑性铰截面到反弯点的距离;

b——矩形截面的短边尺寸或圆形截面直径;

f_y——纵向钢筋屈服强度(MPa);

d_s——纵向钢筋的直径。

15.3.7 加固后桥墩塑性铰区域的等效屈服强度、屈服曲率和破坏状态极限曲率可以通过轴力—弯矩—曲率(P-M-ϕ)分析来得到,截面的轴力—弯矩—曲率(P-M-ϕ)关系曲线可采用条带法(图15-2)计算。其基本假定为:

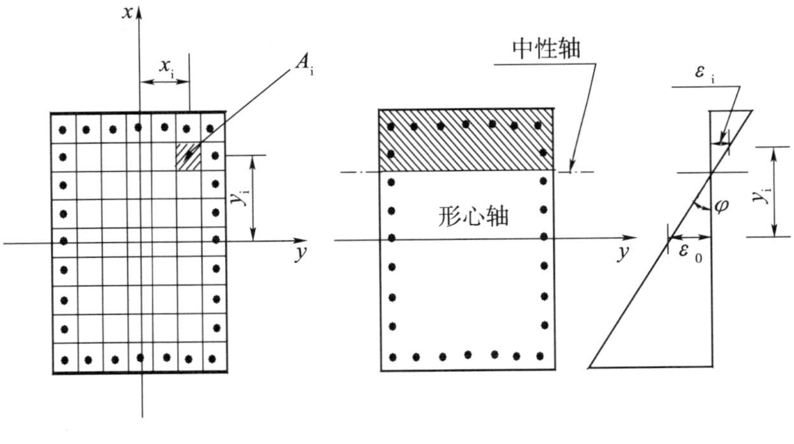

图 15-2 条带法计算简图

(1)平截面假定。

(2)剪切应变的影响忽略不计。

(3)钢筋和混凝土之间无滑移现象。

(4)采用前述的钢筋和混凝土的应力—应变关系。

用条带法求弯矩—曲率关系时有两种方法，对于给定的轴力，采用逐级加荷载法和逐级加变形法。逐级加荷载法的主要问题是每改变一次荷载，截面曲率和应变都要同时改变，而且加载到最大弯矩之后，曲线进入软化段，很难确定相应的曲率和应变，一般采用逐级加曲率法。

约束混凝土的极限压应变 ε_{cu}，定义为横向约束箍筋开始发生断裂时的混凝土压应变，可由横向约束钢筋达到最大应力时所释放的总应变能与混凝土由于横向钢筋的约束作用而吸收的能量相等的条件进行推导。Mander 给出的混凝土极限压应变的保守估计为：

$$\varepsilon_{cu} = 0.004 + \frac{1.4\rho_s f_{yh} \varepsilon_{su}^{R}}{f'_{cc}} \tag{15-4}$$

式中：ρ_s——约束钢筋的体积含筋率，对于矩形箍筋，$\rho_s = \rho_x + \rho_y$；

ρ_x、ρ_y——分别为顺桥向与横桥向箍筋体积含筋率；

f_{yh}——箍筋的屈服强度（MPa）；

f'_{cc}——约束混凝土的峰值应力（MPa）；

ε_{su}^{R}——约束钢筋的折减极限应变。

15.3.9 对于规则桥梁的单柱墩，由于可简化为单自由体系，E2 水平地震作用下，墩顶的容许位移可以根据塑性铰的塑性转动能力，参考美国《加州抗震设计规范》，按第 3.1.3 条计算得出。对于双柱墩横向，由于很难根据塑性铰转动能力直接给出计算墩顶的容许位移的计算公式，建议采用静力推导方法（Pushover）计算墩顶容许位移。

15.3.10 地震中大量钢筋混凝土墩柱的剪切破坏表明，在墩柱塑性铰区域由于弯曲延性增加会使混凝土所提供的抗剪强度降低。为此，各国对墩柱塑性铰区域的抗剪强度进行了许多研究，ACI 319—89 要求在端部塑性铰区域当轴压比小于 0.05 时，不考虑混凝土的抗剪能力；新西兰规范 NZS-3101 中规定当轴压比小于 0.1 时，不考虑混凝土的抗剪能力。而我国《公路工程抗震设计规范》（JTJ 004—89）没有对地震荷载作用下的钢筋混凝土墩柱抗剪设计作出特别的规定，工程设计中缺乏有效的依据，只能套用普通设计中采用的斜截面强度设计公式来进行设计和校核，存在较大缺陷。因此，对增大截面法加固的桥墩，采用《美国加州抗震设计准则》的抗剪计算公式，但对其混凝土提供抗剪能力计算公式进行了简化，具体如下。

《美国加州抗震设计准则》的抗剪计算公式中塑性铰区域内混凝土提供的名义抗剪应力为：

$$v_c = c_1 c_2 \sqrt{f'_c} \leqslant 0.33\sqrt{f'_c} \quad (\text{MPa}) \tag{15-5}$$

式中：f'_c——混凝土圆柱体抗压强度；

c_1、c_2——系数，按下式计算：

$$c_1 = 0.025 \leqslant \frac{\rho_s f_{yh}}{12.5} + 0.305 - 0.083\mu_d \leqslant 0.25$$

$$c_2 = 1 + \frac{P_c}{13.8A_g} \leqslant 1.5$$

μ_d——结构的位移延性。

为了简化计算,保守地取 $c_1 = 0.025$,$c_2 = 1.0$。

钢管外包加固法的抗剪计算公式直接引用美国"Seismic Retrofitting Manual for Highway Bridges"的计算公式。

15.4 桥梁基础加固方法

15.4.1 在桥梁抗震加固中,基础的加固可能是最昂贵的。发现的缺陷主要有承台弯曲强度、剪切强度、承台/柱剪切强度、桥墩纵筋锚固、桩承载力和抗倾覆能力等不足。

15.4.2 由于承台顶部钢筋较少,使承台与桩的抗拉连接不足导致承台的弯曲强度较低。底部钢筋也可能不足,尤其对于宽的承台,远离桥墩的钢筋发挥的作用很低。

15.4.3 如果超过一倍承台厚度的范围,则这些钢筋提供的抗弯强度是很少的,除非允许承台中发生较大的延性变形。

15.4.5 当受情况限制无法采用增加钢筋混凝土来提高承台的弯曲强度时,可以使用预应力技术进行加固。预应力管宜穿过原有的承台,如果不允许,也可从增加的钢筋混凝土中穿过,但后一种方式效果可能比前一种要差。

承台剪切强度不足时的加固比弯曲强度不足时的加固要复杂得多。在大多数既有承台中,桥墩压力和基础、桩反力之间的剪力是由承台内对角受压部分的混凝土承担的,这往往要求承台底部的钢筋锚固牢固,做成90°弯钩。如果对角受压部分混凝土倾斜角度小于30°,或底部受拉钢筋锚固不足,则需通过增加承台厚度(这将增加混凝土抗剪机构承受的能力),或穿过承台的竖向钢筋、预应力筋(相当于增加额外的箍筋),或水平向穿过承台的预应力筋(一般用于增强弯曲强度,同时也可增强抗剪能力)来提高承台的抗剪能力,如图15-3。

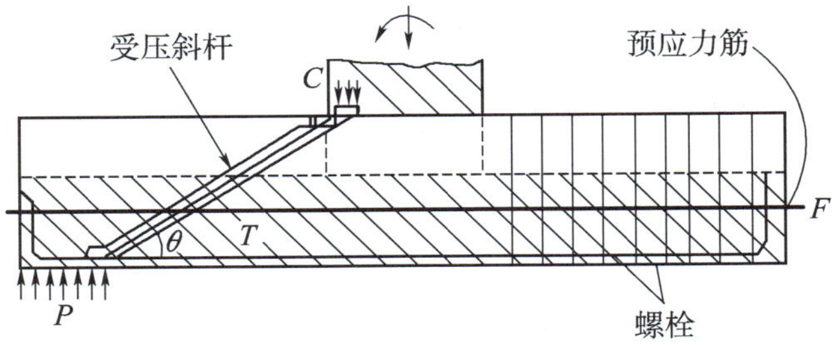

图15-3 承台抗剪切加固

15.4.6 扩大基础(承台)或桩基础支撑承台在地震作用下可能发生上拔(提离)。这种响应有时是允许的。当倾覆弯矩小于墩柱的弯曲强度时,这种承台摇摆可以起到隔震的效果,从而避免墩柱、承台发生屈服。然而当摇摆的位移很大或承台可能发生破坏时,则需进行加固,以提高抗倾覆的能力。增加拉力桩一般与增大承台平面尺寸同时应用。值得指出的是,利用地基锚固很难从地基锚固中得到主动的拉力,因为在发挥地基锚固作用以提高倾覆抗力之前,承台就可能会发生较大的位移而达不到预期效果。

15.5 减隔震措施

15.5.1 在桥梁抗震设计中,引入隔震技术的目的就是利用隔震装置在满足正常使用功能要求的前提下,达到延长结构周期,消耗地震能量,降低结构的响应。因此,对于桥梁的隔震设计,最重要的因素就是设计合理、可靠的隔震装置并使其在结构抗震中充分发挥作用。即桥梁结构的大部分耗能、塑性变形应集中于这些装置,允许这些装置中在罕遇地震作用下发生大的塑性变形和存在一定的残余位移,而结构其他构件的响应基本为弹性或有限塑性。应注意到,当隔震装置采用的是铅芯橡胶支座或高阻尼橡胶支座时,已改变了传统钢支座等提供的约束关系,其与传统的钢支座不同,不再是提供简单的"固定"、"可动"约束条件,而是弹性约束条件,为设计人员提供了一种比较自由的方式来确定分配到下部结构各构件中的水平力,改善了整个桥梁下部结构的受力。此外,在桥梁结构中使用隔震装置还具有以下一些优点:

(1)通过设计隔震系统,可改善降低后的地震力在下部结构各支座间的分布,以保护桥墩、桥台,必要时还保护上部结构。

(2)对结构横向地震反应采用隔震,可以调节横向刚度,因而可改善结构的扭转平衡,降低地震力。当上部结构隔震段在平面图上又细又长时,有时可以通过调节隔震支座的横向刚度使得下部结构的刚度近似相等,从而达到调节结构的地震反应。

(3)上部结构隔震可用来减小或消除在设计水准地震下下部结构超出弹性范围的现象,在难以检查或修复的地方,如部分埋置的桥墩和及其基础,可避免在这些部位发生严重的非弹性变形。

(4)采用隔震系统后,在同等造价情况下可获得比传统抗震设计高的抗震性能,如保护墩柱。

(5)这些隔震支座在正常使用条件下,由温度、收缩、徐变等变形引起的抗力很小,这为城市高架桥梁中超多跨连续梁桥的采用,即减少伸缩缝的使用提供了可能,使连续梁桥一联的长度增加,大大改善了行车条件并降低了维护费用。

(6)同传统非隔震桥梁比,在经历较大地震后,隔震装置的更换比较容易,维修时间比较短,费用比较低,而传统桥梁的抗震加固在时间上比较长,费用一般比较高。

值得指出的是,隔震技术的应用并不是在任何情况下均适用。对于基础土层不稳定、易于发生液化的场地;下部结构柔性大桥梁结构本身的固有周期比较长;位于场地特征周期比较长,延长周期可能引起地基与桥梁结构共振以及支座中出现较大负反力等情况,不宜采用隔震技术。

15.5.2 桥梁减隔震设计就是通过引入隔震装置来延长结构的周期,达到改变结构动力特性的目的,以避开地震能量相对集中的频段,并利用耗能装置来抑制结构的位移,从而达到全面降低结构动力响应的目的。因此,在地震作用下应以隔震装置抗震为主,非弹性变形和耗能宜主要集中于这些装置,而其他构件(如桥墩等)的抗震为辅。为了使大部分变形集中于隔震装置,就必须使隔震装置的水平刚度远低于桥墩、桥台、基础等的刚度。因此规范强制规定隔震设计的桥梁,其隔震周期至少应为非隔震周期的2倍以上。

15.5.3 当减隔震装置采用的是铅芯橡胶支座或高阻尼橡胶支座等类似的橡胶型减隔震装置时,已改变了传统钢支座等对桥梁提供的约束关系,与传统的钢支座不同,不再是提供简单的"固定"、"可动"约束条件,而是弹性约束条件。这也就使的结构的振动响应成为整体。这就给设计人员提供了一种比较自由的方式来确定分配到下部结构各桥墩、桥台间的水平力,改善了整个桥梁下部结构的受力。由于橡胶隔震支座的引入,桥梁的响应是整体的,各桥墩的响应是相互耦联的。随着计算机软件的发展,较复杂的分析计算完全可由计算机来完成,也并不会增加设计人员的工作量。因此,在本规范中,对于隔震桥的分析,其分析模型一般建议采用全桥模型,而不必沿用过去规范中所采用的简化单墩模型等。减隔震结构一般比较柔,在地震作用下结构的变形一般比较大,同普通桥梁相比,伸缩缝、挡块等因素对减隔震桥梁动力响应的影响比较显著。因此,在进行减隔震桥梁动力响应校核时,应对这些因素给予适当考虑。

15.5.4 从桥梁减隔震设计的原理知,减隔震桥梁抗震的主要构件是减隔震装置,而且,在地震中允许这些构件发生损伤。这就要求减隔震装置性能可靠,且震后可对这些构件进行维护。此外,为了确保减隔震装置在地震中能够发挥应有的作用,也必须对其进行定期的检查和维护。

15.5.5 当桥墩位于显著不同地震条件时,或桥长大于600m时,理论分析表明,由于地震动特性的空间变化,可能会对隔震桥梁的动力反应有较大影响,特别是对结构的位移反应可能影响显著,因此,建议对此给予适当考虑。

15.5.6 由于弹性反应谱分析方法的简洁性和已为大多数设计人员所熟悉,且在一定条件下,使用该分析方法进行减隔震桥梁的分析仍可得到较理想的计算结果,尤其在初步设计阶段,可帮助设计人员迅速把握结构的动力特性和响应值,因此,它仍是隔震桥梁分析中一种十分重要的分析方法。但由于目前大多数减隔震装置的力学特性是非线性的,必须借助于等效线性化模型才能采用反应谱分析方法。由于隔震装置的非线性特性,在分析开始时,隔震装置的设计位移是未知的,因而其等效刚度、等效阻尼比也是未知的,所以弹性反应谱分析过程是一个迭代过程。正是由于隔震装置的非线性特性及其与桥墩非线性特性的相互影响以及隔震桥响应对伸缩装置、挡块等防落梁装置的敏感性等因素，如果需要合理地考虑这些因素的影响时，宜采用非线性动力时程分析方法，因此要求，在进行抗震性能校核时，采用非线性动力时程分析方法进行分析。

15.5.7 由于单自由度反应谱分析方法在分析模型，以及采用等效刚度、等效阻尼比来近似描述非线性减隔震装置等方面的局限性，对于规则性桥梁，可得到满意的计算结果。此处限制在 E2 地震作用下，隔震桥梁的基本周期（隔震周期）应是未采用隔震技术桥梁基本周期的 3 倍以上的条件下，才允许采用单自由度反应谱分析方法，主要是由于隔震装置的非线性特性影响。通过分析研究表明，当满足该条件时，隔震桥梁的动力响应比较简单，可由单自由度反应谱分析方法得到比较好的计算结果；对于比较复杂的桥型，或场地条件、减隔震装置力学特性等比较特殊时，单自由度反应谱分析方法给出的计算结果有时并不理想。因此，本规范在大量研究的基础上，同时借鉴国外规范的要求，对单自由度反应谱分析方法的适用条件给出一些限制。

15.5.9 由于减隔震装置是减隔震桥梁中的重要组成部分，它们必须具有设计要求的预期的性能，因此，本规范要求在实际采用减隔震装置前，必须对预期减隔震装置的性能和特性进行严格的检测试验。原则上必须由原形测试结果来确认隔震系统在地震时的性能是否与设计相符。检测试验包括减隔震装置在动力荷载下、静力荷载下的试验两部分。并依据相关的试验检测条文、检测规程等进行。

15.6 防落梁措施

15.6.1 本规范仅列举了防落梁措施的几种典型形式。还可以根据设计的具体情况采用其他合理、有效的防落梁措施。

15.6.2 使用横向和纵向限位装置可以实现桥梁结构的内力反应和位移反应之间的协调，一般来讲，限位装置的间隙小，内力反应增大，而位移反应减小；相反，若限位装置的间隙大，则内力反应减小，但位移反应增大。横向和纵向限位装置的使用应使内力反应和位移反应二者之间达到某种平衡；另外，桥轴方向的限位装置移动能力应与支承的变形能力相适应；限位装置必须无损于支承的移动或回转等功能；限位装置必须考虑到支承部分的维护管理；限位装置的设置不得有碍于防落梁构造机能的发挥。

15.6.3 本条直接引用欧洲桥梁抗震规范的条文。

16 混凝土裂缝处理

16.1 一般规定

16.1.1 结构性裂缝是由外荷载引起的裂缝,其分布及宽度与外荷载有关。这种裂缝的出现,预示着桥梁结构承载力可能不足或者存在其他严重问题。非结构性裂缝是由变形引起的裂缝,如温度变化、混凝土收缩等因素引起的裂缝。非结构性裂缝对桥梁的承载能力影响较小。两种裂缝对结构耐久性都有影响,因此均需要进行处理。

16.3 裂缝修补方法

16.3.1 表面封闭法:采用沿构件表面涂刷水泥砂浆、胶黏剂等材料来修补构件表面细小的混凝土裂缝。

16.3.2 自动低压渗注法:借助于较小的压力装置,利用注浆材料良好的渗透性能进行修补的方法。

16.3.3 压力灌注法:以一定的压力将裂缝修补胶液或水泥浆注入裂缝腔内,达到充填密实的效果。

17　支座、伸缩缝更换

17.1　支座更换

17.1.1　桥梁支座的主要病害包括:支座垫层的油毡老化破裂;钢板滑动支座和弧形支座因生锈而不能自由转动;摆柱支座各部件对应位置出现偏差、钢筋混凝土立柱损坏;橡胶支座老化、变形、变质、失去自由伸缩的能力;滑动钢盆支座的固定螺栓剪断损坏、螺母松动,支座的滑动面不平整,轴承有裂纹和切口,滚轴有偏移和下降;桥梁支座座板翘起、扭曲或者断裂,贴角焊缝开裂,板混凝土压坏、剥离、掉角等。

附录C　钢筋混凝土矩形截面偏心受压构件应力(应变)计算

钢筋混凝土矩形截面偏心受压构件在第一阶段受力的加固计算,这时作用荷载为恒载及施工荷载,构件处于弹性工作阶段(混凝土未开裂或已开裂),因此其应力计算可以按照钢筋混凝土偏心受压构件弹性理论计算方法进行。计算基本假定为:截面变形符合平截面假定;开裂混凝土不考虑承受拉力,而由受拉钢筋承受;截面受压区混凝土应力按三角形分布。

为便于使用,附录C中的符号意义与规范条文一致。

关于大、小偏心受压构件判断,本规范取用截面核心距概念,即当轴向力作用点位于截面核心距之内时为小偏心受压,即截面边缘不出现拉应力;当轴向力作用点位于截面核心距以外时为大偏心受压。截面核心距以构件全截面换算截面几何特性计算。

附录E 体外索加固体系结构分析方法和简支体系的内力计算方法

（1）当采用有限元方法分析体外预应力加固结构时，由于约束条件选用的限制，计算图线至固结点之间必须采用刚臂表示转向构造，在此情况下难以模拟出拉索在转向装置中的滑动特性，因此具有一定的近似性。但受目前的理论研究水平所限，对于体外预应力加固的连续梁桥或连续刚构桥只能采用有限元方法进行分析。

（2）所述体外索加固简支体系的内力是根据结构力学的力法推导而得的精确结果，亦可采用结构力学中的虚功原理或有限元方法推得类似的结果。体外预应力水平筋（束）的拉（应）力增量 $\Delta N_{p,e}$ 的近似估算公式是在能量变分原理的基础上得到的。分析中将体外预应力体系看做是混凝土梁和体外预应力筋（束）组成的组合体系，充分考虑了混凝土梁体与体外预应力筋（束）之间的相互作用。为满足工程设计的需要，在精确的理论公式的基础上进行了数值拟合处理，进而得到了关于折算偏心距 e_{re} 的简化计算公式。此外，在能量变分法理论建模时，近似认为滑块或转向块到支点截面的水平距离与到其上锚固点的水平距离相等，即图E.0.3中 $l_1=l_3$。在实际工程中，体外索斜筋（束）的上锚固点不一定在理论支承线上。

对于采用体外索加固的连续梁和连续刚构，建议采用有限元方法计算可变作用下体外索水平筋（束）中的拉力增量。当计算某段水平筋（束）的最大拉力增量时，应考虑利用其影响线加载。

公路工程现行标准、规范、规程、指南一览表

（2017 年 5 月版）

序号	类别		编　　号	书名（书号）	定价（元）
1	基础		JTG A02—2013	公路工程行业标准制修订管理导则（10544）	15.00
2			JTG A04—2013	公路工程标准编写导则（10538）	20.00
3			JTJ 002—87	公路工程名词术语（0346）	22.00
4			JTJ 003—86	公路自然区划标准（0348）	16.00
5			JTG B01—2014	★公路工程技术标准（活页夹版，11814）	98.00
6			JTG B01—2014	★公路工程技术标准（平装版，11829）	68.00
7			JTG B02—2013	公路工程抗震规范（11120）	45.00
8			JTG/T B02-01—2008	公路桥梁抗震设计细则（13318）	45.00
9			JTG B03—2006	公路建设项目环境影响评价规范（0927）	26.00
10			JTG B04—2010	公路环境保护设计规范（08473）	28.00
11			JTG B05—2015	★公路项目安全性评价规范（12806）	45.00
12			JTG B05-01—2013	公路护栏安全性能评价标准（10992）	30.00
13			JTG B06—2007	公路工程基本建设项目概算预算编制办法（06903）	26.00
14			JTG/T B06-01—2007	★公路工程概算定额（06901）	110.00
15			JTG/T B06-02—2007	★公路工程预算定额（06902）	138.00
16			JTG/T B06-03—2007	★公路工程机械台班费用定额（06900）	24.00
17			交通部定额站 2009 版	公路工程施工定额（07864）	78.00
18			JTG/T B07-01—2006	公路工程混凝土结构防腐蚀技术规范（13592）	30.00
19			交通部 2007 年第 30 号	国家高速公路网相关标志更换工作实施技术指南（1124）	58.00
20			交通部 2007 年第 35 号	收费公路联网收费技术要求（1126）	62.00
21			交通运输部 2015 年第 40 号	★收费公路联网收费多义性路径识别技术要求（12484）	40.00
22			JTG B10-01—2014	公路电子不停车收费联网运营和服务规范（11566）	30.00
23			交通运输部 2011 年	公路工程项目建设用地指标（09402）	36.00
24	勘测		JTG C10—2007	★公路勘测规范（06570）	28.00
25			JTG/T C10—2007	★公路勘测细则（06572）	42.00
26			JTG C20—2011	公路工程地质勘察规范（09507）	65.00
27			JTG/T C21-01—2005	公路工程地质遥感勘察规范（0839）	17.00
28			JTG/T C21-02—2014	公路工程卫星图像测绘技术规程（11540）	25.00
29			JTG/T C22—2009	公路工程物探规程（1311）	28.00
30			JTG C30—2015	★公路工程水文勘测设计规范（12063）	70.00
31	设计	公路	JTG D20—2006	★公路路线设计规范（0996）	38.00
32			JTG/T D21—2014	公路立体交叉设计细则（11761）	60.00
33			JTG D30—2015	★公路路基设计规范（12147）	98.00
34			JTG/T D31—2008	沙漠地区公路设计与施工指南（1206）	32.00
35			JTG/T D31-02—2013	★公路软土地基路堤设计与施工技术细则（10449）	40.00
36			JTG/T D31-03—2011	★采空区公路设计与施工技术细则（09181）	40.00
37			JTG/T D31-04—2012	多年冻土地区公路设计与施工技术细则（10260）	40.00
38			JTG/T D32—2012	★公路土工合成材料应用技术规范（09908）	42.00
39			JTG D40—2011	★公路水泥混凝土路面设计规范（09463）	40.00
40			JTG D50—2017	★公路沥青路面设计规范（13760）	50.00
41			JTG/T D33—2012	公路排水设计规范（10337）	40.00
42		桥隧	JTG D60—2015	★公路桥涵设计通用规范（12506）	40.00
43			JTG/T D60-01—2004	公路桥梁抗风设计规范（0814）	28.00
44			JTG D61—2005	公路圬工桥涵设计规范（13355）	30.00
45			JTG D62—2004	公路钢筋混凝土及预应力混凝土桥涵设计规范（05052）	48.00
46			JTG D63—2007	公路桥涵地基与基础设计规范（06892）	48.00
47			JTG D64—2015	★公路钢结构桥梁设计规范（12507）	80.00
48			JTG D64-01—2015	公路钢混组合桥梁设计与施工规范（12682）	45.00
49			JTG/T D65-01—2007	公路斜拉桥设计细则（1125）	28.00
50			JTG/T D65-04—2007	公路涵洞设计细则（06628）	26.00
51			JTG/T D65-05—2015	公路悬索桥设计规范（12674）	55.00
52			JTG/T D65-06—2015	公路钢管混凝土拱桥设计规范（12514）	40.00
53			JTG D70—2004	公路隧道设计规范（05180）	50.00
54			JTG/T D70—2010	★公路隧道设计细则（08478）	66.00
55			JTG D70/2—2014	公路隧道设计规范　第二册　交通工程与附属设施（11543）	50.00
56			JTG/T D70/2-01—2014	公路隧道照明设计细则（11541）	35.00
57			JTG/T D70/2-02—2014	公路隧道通风设计细则（11546）	70.00

续上表

序号	类别		编　　号	书名(书号)	定价(元)
58	设计	交通工程	JTG D80—2006	高速公路交通工程及沿线设施设计通用规范(0998)	25.00
59			JTG D81—2006	★公路交通安全设施设计规范(0977)	25.00
60			JTG/T D81—2006	★公路交通安全设施设计细则(12609)	50.00
61			JTG D82—2009	公路交通标志和标线设置规范(07947)	116.00
62		综合	交公路发〔2007〕358 号	公路工程基本建设项目设计文件编制办法(06746)	26.00
63			交公路发〔2007〕358 号	公路工程基本建设项目设计文件图表示例(06770)	600.00
64			交公路发〔2015〕69 号	公路工程特殊结构桥梁项目设计文件编制办法(12455)	30.00
65	检测		JTG E20—2011	公路工程沥青及沥青混合料试验规程(09468)	106.00
66			JTG E30—2005	公路工程水泥及水泥混凝土试验规程(13319)	55.00
67			JTG E40—2007	★公路土工试验规程(06794)	79.00
68			JTG E41—2005	公路工程岩石试验规程(0828)	18.00
69			JTG E42—2005	公路工程集料试验规程(13353)	50.00
70			JTG E50—2006	★公路工程土工合成材料试验规程(0982)	28.00
71			JTG E51—2009	公路工程无机结合料稳定材料试验规程(08046)	48.00
72			JTG E60—2008	公路路基路面现场测试规程(07296)	38.00
73			JTG/T E61—2014	公路路面技术状况自动化检测规程(11830)	25.00
74	施工	公路	JTG F10—2006	公路路基施工技术规范(06221)	40.00
75			JTG/T F20—2015	★公路路面基层施工技术细则(12367)	45.00
76			JTG/T F30—2014	公路水泥混凝土路面施工技术细则(11244)	60.00
77			JTG/T F31—2014	公路水泥混凝土路面再生利用技术细则(11360)	30.00
78			JTG F40—2004	★公路沥青路面施工技术规范(05328)	38.00
79			JTG F41—2008	公路沥青路面再生技术规范(07105)	25.00
80		桥隧	JTG/T F50—2011	★公路桥涵施工技术规范(09224)	110.00
81			JTG/T F81-01—2004	公路工程基桩动测技术规程(0783)	20.00
82			JTG F60—2009	公路隧道施工技术规范(07992)	42.00
83			JTG/T F60—2009	公路隧道施工技术细则(07991)	58.00
84		交通	JTG F71—2006	★公路交通安全设施施工技术规范(0976)	20.00
85			JTG/T F72—2011	公路隧道交通工程与附属设施施工技术规范(09509)	35.00
86	质检安全		JTG F80/1—2004	公路工程质量检验评定标准　第一册　土建工程(05327)	46.00
87			JTG F80/2—2004	公路工程质量检验评定标准　第二册　机电工程(05325)	26.00
88			JTG G10—2016	公路工程施工监理规范(13275)	40.00
89			JTG F90—2015	★公路工程施工安全技术规范(12138)	68.00
90	养护管理		JTG H10—2009	公路养护技术规范(08071)	49.00
91			JTJ 073.1—2001	公路水泥混凝土路面养护技术规范(13658)	20.00
92			JTJ 073.2—2001	公路沥青路面养护技术规范(13677)	20.00
93			JTG H11—2004	公路桥涵养护规范(05025)	30.00
94			JTG H12—2015	公路隧道养护技术规范(12062)	60.00
95			JTG H20—2007	公路技术状况评定标准(13399)	25.00
96			JTG/T H21—2011	★公路桥梁技术状况评定标准(09324)	46.00
97			JTG H30—2015	公路养护安全作业规程(12234)	90.00
98			JTG H40—2002	公路养护工程预算编制导则(0641)	9.00
99	加固设计与施工		JTG/T J21—2011	公路桥梁承载能力检测评定规程(09480)	20.00
100			JTG/T J21-01—2015	公路桥梁荷载试验规程(12751)	40.00
101			JTG/T J22—2008	公路桥梁加固设计规范(07380)	52.00
102			JTG/T J23—2008	公路桥梁加固施工技术规范(07378)	30.00
103	改扩建		JTG/T L11—2014	高速公路改扩建设计细则(11998)	45.00
104			JTG/T L80—2014	高速公路改扩建交通工程及沿线设施设计细则(11999)	30.00
105	造价		JTG M20—2011	公路工程基本建设项目投资估算编制办法(09557)	30.00
106			JTG/T M21—2011	公路工程估算指标(09531)	110.00
1	技术指南		交公便字〔2006〕02 号	公路工程水泥混凝土外加剂与掺合料应用技术指南(0925)	50.00
2			厅公路字〔2006〕418 号	公路安全保障工程实施技术指南(1034)	40.00
3			交公便字〔2009〕145 号	公路交通标志和标线设置手册(07990)	165.00

注:JTG——公路工程行业标准体系;JTG/T——公路工程行业推荐性标准体系;JTJ——仍在执行的公路工程原行业标准体系。

批发业务电话:010-59757973;零售业务电话:010-85285659(北京);网上书店电话:010-59757908;业务咨询电话:010-85285922。带“★”的表示有勘误,详见中国交通运输标准服务平台 www.yuetong.cn/bzfw。